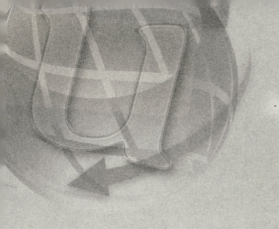

　　2010 年 3 月 5 日，国务院总理温家宝在十一届全国人大三次会议上作政府工作报告时指出，大力培育战略性新兴产业。积极推进 "三网" 融合取得实质性进展，加快物联网的研发应用。

　　2009 年奥巴马就任美国总统后，对 I B M 首席执行官彭明盛提出的 "智慧地球" 的概念给予了积极的回应，并上升至美国的国家战略。

　　2009 年 10 月，欧盟委员会以政策文件的形式对外发布了物联网战略，提出要让欧洲在基于互联网的智能基础设施发展上领先全球。

　　2004 年，日本提出 2006 至 2010 年间 IT 发展任务——u-Japan 战略。该战略希望在 2010 年将日本建设成一个 "实现随时、随地、任何物体、任何人均可连接的泛在网络社会"。

全·新·修·订·版

主　　编	张福生		
副　主　编	李小兵	仲　里	郭建业
	荀京京	李　璞	陈丽萍
	林　钰	崔扣彪	侯洪宇
编委会成员	王小明	胡志勇	巨建国
	张九天	边杏宾	陈华兵
	韩　伟		

物联网

开启全新生活的智能时代

张福生　主编

山西出版集团
山西人民出版社

图书在版编目（CIP）数据

物联网：开启全新生活的智能时代／张福生主编.
—太原：山西人民出版社，2010.4（2011.5 重印）
ISBN 978 - 7 - 203 - 06797 - 9

Ⅰ.①物… Ⅱ.①张… Ⅲ.①计算机网络 - 应用 -
物流 - 研究 Ⅳ.①F 253.9

中国版本图书馆 CIP 数据核字（2010）第 063091 号

物联网：开启全新生活的智能时代（全新修订版）

主　　编：张福生
策　　划：李广洁　姚　军
责任编辑：贾　娟
助理编辑：任　杰
装帧设计：贾兴国

出 版 者：山西出版集团·山西人民出版社
地　　址：太原市建设南路 21 号
邮　　编：030012
发行营销：0351 - 4922220　4955996　4956039
　　　　　0351 - 4922127（传真）　4956038（邮购）
E - mail：sxskcb@ 163. com　发行部
　　　　　sxskcb@ 126. com　总编室
网　　址：www. sxskcb. com

经 销 者：山西出版集团·山西人民出版社
承 印 者：山西出版集团·山西新华印业有限公司

开　　本：787mm×1092mm　　1/16
印　　张：16. 5
字　　数：350 千字
印　　数：17 001 - 22 000 册
版　　次：2010 年 4 月第 1 版
印　　次：2011 年 5 月第 4 次印刷
书　　号：ISBN 978 - 7 - 203 - 06797 - 9
定　　价：36. 00 元

序 言

　　世界经济危机的阴霾刚刚散去，新的机遇也在顺势崛起。历史的规律向我们证明，每一次大危机，都会催生一些新技术，而新技术也是使经济特别是工业走出危机的巨大推动力。物联网正是这样一种新技术，掀起了继计算机、互联网与移动通信网之后的世界信息产业新浪潮，也受到业界越来越多的重视与关注。

　　物联网是实现人与物"对话"、物与物"对话"的媒介基础系统。在比尔·盖茨的"未来之家"中，盖茨的每件衣服上，都有一个电子标签，从衣橱中拿出一件上衣时，就能显示这件衣服搭配什么颜色的裤子，在什么季节、什么天气穿比较合适。如果给放养的每一只羊都分配一个二维码，这个二维码会一直保持到超市出售的每一块羊肉上，消费者通过手机阅读二维码，就可以知道羊的成长历史，确保食品安全……物联网正在改变我们的生活。

　　2009 年 8 月 7 日，温家宝总理在中科院无锡高新微纳传感网工程技术研发中心考察，提出尽快建立"感知中国"中心，并在十一届全国人大三次会议做政府工作报告时指出："大力培育战略性新兴产业，积极推进'三网'融合取得实质性进展，加快物联网的研发应用。"美国总统奥巴马的圆桌会议，积极回应 IBM 提出的"智慧的地球"概念。综观全球，物联网已展现出全方位兴起的态势，引起世界各国的高度关注。有专家预测，10 年内物联网就可能大规模普及，发展成为上万亿规模的高科技市场。届时，在个人健康、交通控制、环境保护、公共安全、平安家居、智能消防、工业监测、老人护理等几乎所有领域，物联网都将发挥作用。

　　本书是一本全方位介绍物联网的读本，既有物联网的基础理论，又有物联网的典型应用，还包括物联网的理论技术。全书共分四篇：综述篇，本篇犹如打开大门的钥匙，让读者走进"物联网"这个神奇的世界；社会篇，本篇分别同读者探讨了物联网在科技、家庭、医疗、物流、农业、军事、城市的应用技术，展示了物联网智能社会全景图；技术篇，本篇详细介绍了物联网中感知、传输、处理、应用、安全、标准各个环节的理论技术；应用篇，涉及对科研项

目的技术、管理和效益指标的评价论证。

本书中的一个亮点就是首先提出了智能科技的概念。探讨如何评价科研项目的优劣？如何评价科技成果？建立一个科技成果转化平台的作用是什么？如何加快科技成果的转化速度和加速度？

智能科技的理论基础是 GB/T22900-2009《科学技术研究项目评价通则》，TME206 标准数据格式为"评价通则"提供了一个重要的信息共享操作方法。这份国家标准技术增加值是由中国人自己提出来的，达到国际先进水平，科技通则是科技研发领域里的重大制度创新。

2009 年 2 月 10 日，张德江副总理在中国国防科技工业企业管理协会"关于推广国家标准《科学技术研究项目评价通则》的报告"上批示："在科技领域推行'科技通则'是一项重大改革，也是一项基础性、战略性工程。建议先试点，取得经验后全面推广。"2010 年国家国防科工局、国资委都采用这套术语和评价指标。这给企业技术创新提供了全套的、具体的操作方法。

巨建国[1]和汤万金[2]两位先生提出"企业全价值理论模型＝技术增加值 TVA+经济增加值 EVA"，提出"隐性收益和显性收益"理论与操作办法。指出一个企业今天的"技术增加值"仅仅是昨天研发项目"技术增加值"的滞后反映。

《物联网——开启全新生活的智能时代》不仅以广阔的视野描绘了一幅物联网时代的"清明上河图"，而且它还以极富洞察力的眼光深刻揭示了物联网将会给我们的生活、工作、学习、娱乐……带来的深刻变革。如果说物联网是通向未来互联网的新入口，那么这本书就是我们认识物联网的绝佳指南。我相信此书的出版发行对从事物联网研制、生产、使用和管理的各类人员都有很大帮助，对我国的物联网发展有积极的作用。

① 巨建国：中国电子科技集团公司投资与资本运营部主任。
② 汤万金：中国标准化研究院工业与消费品质量安全标准化研究所所长。

目 录

物联网综述篇

物联网社会篇

物联网技术篇

物联网应用篇

物联网

CHAPTER 综述篇

- 认识物联网
- 国内外物联网发展现状
- 物联网发展趋势

第一章 | 认识物联网

●● 第一节　什么是物联网

您是否想拥有一双"千里眼"，隔过千山万水看到家里是否一切安好；您是否想拥有一双"顺风耳"，倾听一下祖国山河另一端的天籁之音；您是否想拥有一双"火眼金睛"，看到你的宝物是否物有所值；您是否想生活在一个理想王国，和您的每件爱物能够亲切交谈。这些令我们神往的世界，不是梦想，不是童话，在未来物联网世界里，这一切将伴随我们左右。

在 2009 年 9 月北京举办的物联网与企业环境中欧研讨会上，欧盟委员会信息和社会媒体司 RFID 部门负责人 Lorent·Ferderix 博士给出了欧盟对物联网的定义："物联网是一个动态的全球网络基础设施，它具有基于标准和互操作通信协议的自

物联网示意图

组织能力，其中物理的和虚拟的'物'具有身份标识、物理属性、虚拟的特性和智能的接口，并与信息网络无缝整合。物联网将与媒体互联网、服务互联网和企业互联网一道，构成未来互联网。"

物联网是以感知为前提，实现人和人、人与物、物与物全面互联的网络。

结合 2005 年 ITU 发布的物联网报告和业内人士对物联网的广泛认识，物联网有个更为通俗的定义，其英文全称为"The Internet of Things（IOT）"，顾名思义，物联网是"实现物物相连的互联网络"。其内涵包含两个方面意思：一是物联网的核心和基础仍是互联网，是在互联网基础之上延伸和扩展的一种网络；二是其用户端延伸和扩展到了任何物品与物品之间，进行信息交换和通信。物联网核心技术是通过射频识别装置（RFID）、传感器、红外感应器、全球定位系统、激光扫描器等信息传感设备，按约定的协议，把任何物品与互联网相连接，进行信息交换和通信，以实现智慧化识别、定位、跟踪、监控和管理的一种网络①。

在基础设施方面，物联网将把新一代 IT 技术充分运用在各行各业之中，具体地说，就是把感应器嵌入和装备到电网、铁路、桥梁、隧道、公路、建筑、大坝、油气管道等各种物体中，然后将"物联网"与现有的互联网整合起来，实现人类社会与物理系统的整合。在这个整合的网络当中，存在能力超级强大的中心计算机群，能够对整合网络内的人员、机器、设备和基础设施实施实时的管理和控制，以更加精细和动态的方式管理生产和生活，达到"智慧"状态，提高资源利用率和生产力水平，改善人与自然间的关系。

总体而言，在物联网概念被大众理解和接受以后，大家就会发现，物联网并不是什么全新的东西，上万亿的末端"智能物件"和各种应用子系统早已经存在于工业和我们的日常生活中。作为现代信息技术的三大基础——传感器技术、通信技术和计算机技术，它们分别完成对信息的采集、传输和处理。物联网将三种技术结合在一起，从而实现信息采集、传输和处理的真正统一。因此，物联网被认为是 21 世纪最重要的技术之一，它将会对人类未来的生活方式产生深远的影响。

●●第二节 物联网起源与背景

物联网概念的发展可追溯到 1995 年，微软总裁比尔·盖茨先生在《未来之路》

中首次提出物联网，但由于受限于无线网络、硬件及传感器的发展，当时并没有引起太多关注。1999 年，美国召开的移动计算和网络国际会议提出，传感网是 21 世纪人类面临的又一个发展机遇，其重要性得到学术界充分地肯定。2003 年，美国《技术评论》提出：传感网络技术将是未来改变人们生活的十大技术之首。2005 年，国际电信联盟（ITU）在信息社会世界峰会上发布了《互联网报告 2005：物联网》，正式提出"物联网"概念。根据 ITU 的描述，无所不在的物联网通信时代即将来临。在物联网时代，通过在各种各样的日常用品上嵌入一种短距离的移动收发器，人类在信息与通信世界里将获得一个新的沟通维度，从任何时间任何地点的人与人之间的沟通连接扩展到人与物和物与物之间的沟通连接。

2009 年奥巴马就任美国总统后，为寻找新的经济增长点，对 IBM 针对下一代的信息浪潮提出的"智慧地球"战略高度关注。在与美国工商业领袖举行的圆桌会议上，IBM 首席执行官彭明盛首次提出"智慧地球"的概念，建议政府投资新一代的智慧型基础设施，随后得到美国各界的高度关注。同时，奥巴马政府将这一构想迅速上升至美国的国家战略，并在世界范围内产生了巨大影响。

在中国，为应对全球金融危机、全球化、能源紧缩、政治和全球变暖等一系列问题，中国政府将经济可持续发展、有竞争力的企业、和谐社会、能源有效利用、环境保护五大措施列为短期挑战和长期发展目标。不论金融危机将何去何从，全球化仍将继续成为全球格局重组的重要力量，中国企业仍将面临来自国内和国际市场日趋激烈的竞争。全球化可为中国公司带来新的机遇：企业可以更好的利用全球资源、人才和资产，与海外企业建立全球化战略合作关系以及开展海外投资。能源价格稳定与否仍将是中国政府、企业和人民高度关注的问题。另外，中国也将面临着更大的国际压力去承担环境责任，减少温室气体的排放，竭尽全力减轻全球变暖所造成的危害。克服中国当前和长期面临的各种挑战，最大程度降低金融危机的影响是中国领导人工作的重中之重，因为保持快速经济增长对创造新的工作岗位和保持低失业率至关重要。

基于上述中国实际国情，继美国"智慧地球"提出后，2009 年中国政府提出了"感知中国"的发展战略。2009 年 8 月，温家宝总理到无锡微纳传感网（即物联网）工程技术研发中心视察并发表重要讲话。温总理指出："在传感网发展中，要早一点谋划未来，早一点攻破核心技术；在国家重大科技专项中，加快推出传感网发展；尽快建立中国的传感信息中心。"2009 年 11 月，温家宝总理在北京人民大会堂向北京科技界发表了题为《让科技引领中国可持续发展》的讲话，强调可持续发展的五大方面中包括着力突破传感网、物联网关键技术，及早部署后 IP 时代相关技术研发，使信息网络产业成为推动产业升级、迈向信息社会的"发动机"。其实，中科院、中国电信、中国移动、南京邮电大学、北京邮电大学等多家研究机构在上世纪 90 年代就开始了传感网的研究工作，2009 年该新兴技术开始进入"全盛时期"，成立了"无锡物联网中心"，将无锡定位为"感知中国"的试点，在《国家中长期科学与技术发展规划（2006—2020 年）》和"新一代宽带移动无线通信网"重大专项中均将物联网列入重点研究领域。2009 年物联网在中国得到了快速发展，业内人士称之为"感知中国"的"发展源年"。

此外，日本早在 2004 年提出了"U-Japan"战略，韩国在 2006 年提出了"U-Korea"战略，这些都是从国家工业角度提出的重大信息发展战略。2009 年，物联网更是引起全球广泛关注。

综上所述，全球物联网发展背景可归结为三个方面：一是 2008 年全球经济危机下的产物。根据经济长波理论，每一次经济危机都会催生一些新生技术，从而形成新的生产关系，新生的技术绝大多数可以为工业产业提供一种全新的使用价值，从而带动新一轮经济的快速增长，进而带动新的经济周期的形成。20 世纪 90 年代以来，互联网技术取得了巨大的成功。目前的经济危机又让世界不得不面临选择，于是物联网技术成为推动经济增长的下一个主题；二是传感技术的逐步成熟，随着微电子技术的发展，涉及人类生活、生产、管理等方面的各种传感器比较成熟，如常见的无线传感器（WSN）、RFID、电子标签等等；三是网络接入和信息处理能力大幅度提高，网络接入多样化、IP 宽带化和计算机软件技术的飞跃发展，基于海量信息收集和分类处理的能力大大提高。

●●第三节　物联网关键技术

国际电信联盟（ITU）将射频识别技术（RFID）、传感器技术、纳米技术、智能嵌入技术列为物联网关键技术。其中，RFID 被公认为是物联网的构建基础和核心。中科院软件研究所认为，物联网的关键技术包括物体标识、体系架构、通信和

网络、安全和隐私、服务发现和搜索、软硬件、能量获取和存储、设备微型小型化以及标准等。

物联网是在互联网的基础上利用 RFID、无线数据通信等技术构造一个覆盖世界上万事万物的网络。在这个网络中，物品能够彼此进行"交流"，无需人为干预，其实质是利用 RFID 技术，通过互联网实现物品的自动识别和信息的互联与共享。而 RFID 正是能够让物品相互沟通的一种技术。在物联世界，RFID 标签存储着规范而具有互用性的信息，通过无线数据通信网络把它们自动采集到中央信息系统，实现物品的识别，进而通过开放性的计算机网络实现信息交换和共享，实现对物品的"透明"管理。物联网概念的问世，打破了之前的传统思维。过去的思路一直是将物理基础设施和 IT 基础设施分开：一方面是机场、公路、建筑物，而另一方面是数据中心、个人电脑、宽带等。而在物联网时代，钢筋混凝土、电缆将与芯片、宽带整合为统一的基础设施。在此意义上，基础设施更像是一块新的地球工地，世界的运转就在它上面进行，其中包括经济管理、生产运行、社会管理乃至个人生活。

物联网技术是一项综合性的技术，它的开展具有规模性、广泛性、管理性、技术性、物的属性等特征，其实现步骤可分为感知层、传输层、应用层三个层次。

感知层主要包括二维码、标签和识读器、RFID 标签和读写器、摄像头、GPS、传感器以及 M2M 终端、传感器网络和传感器网关等，实现物体的感知、识别、采集、捕获信息。感知层要突破的方向是具备更敏感、更全面的感知能力，解决低功耗、小型化和低成本的问题。

网络层包括各种通信网络与互联网形成的融合网络，是相对成熟的部分，现有可用的网络包括互联网、广电网络、通信网络等。但在 M2M 应用大规模普及后，需要解决新业务模型对系统容量、Qos 的特别要求。另外，物联网管理中心、信息中心、云计算平台、专家系统等对海量信息进行智能处理亟待突破。网络层是物联网成为普遍服务的基础设施，有待突破的方向是向下与感知层的结合，向上与应用层的结合。

应用层是将物联网技术与行业专业领域技术相结合，实现广泛智能化应用的解决方案，利用现有的手机、PC、PDA 等终端实现应用。物联网通过应用层最终实现信息技术与行业专业技术的深度融合，对国民经济和社会发展具有广泛影响。应用层的关键问题在于信息的社会化共享，以及信息安全的保障。

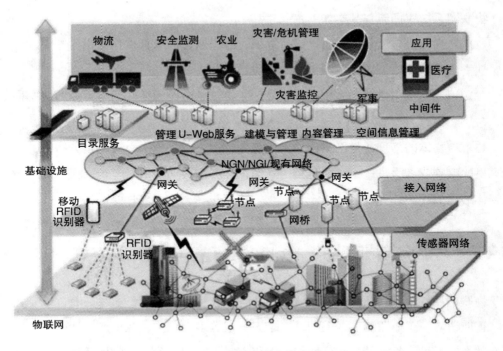

物联网技术体系

物联网关键技术组成②

技 术 类 别	子 项 目	概 述
传感节点技术	传感器技术 射频与基带芯片技术 嵌入式软件与操作系统 SOC 集成系统	传感节点技术是传感网信息采集和数据预处理的基础和核心
组网和互联技术	三网融合技术 传感器组网 节点间信息交换 网络安全与可靠性 物联网与基础网络互联	组网与互联技术是实现传感网信息传感和交互的关键,三网融合是互联的基础设施
应用技术	感知信息处理 系统软件	应用技术是物联网市场发展的基础
支撑技术	可编程技术 测试技术和测试平台支撑	支撑技术是物联网组网和模块化运营不可缺少的支撑

物联网系统应用流程基本如下：

（1）对物体静态和动态的属性进行标识，静态属性可以直接存储在标签中，动态属性需要先由传感器实时探测；

（2）识别设备完成对物体属性的读取，并将信息转换为适合网络传输的数据格式；

（3）将物体的信息通过网络传输到信息处理中心（处理中心可能是分布式的，如家里的电脑或者手机；也可能是集中式的，如中国移动的 IDC），由处理中心完成物体通信的相关计算。

●● 第四节　物联网的应用

物联网用途广泛，遍及智能交通、环境保护、政府工作、公共安全、平安家居、智能消防、工业监测、老人护理、个人健康等多个领域，在生产生活中的应用举不胜举。但可以肯定的是物联网的最大价值是提高和改善人们的生活质量，以下是物联网提高人们生活质量的几个方面：

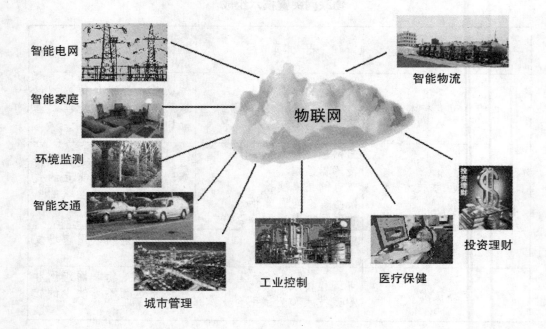

改善民生

不论是哪一种新技术或是新物体的诞生，其最终愿想是改善民生，提高老百姓的生活质量。物联网也不例外。物联网存在的最大价值也是今后最主要的发展方向即是改善生活品质、提高生活质量。

我们想要去某个地方省时又省力，于是有了汽车；我们想要在异地进行即时交流，于是有了电话；我们想让物与物、人与物之间实现"交流"，于是有了物联网。所有的高科技的出现均是为了更好的服务于老百姓的生活。

比如说交通堵塞，相信不少人对此都烦恼过。不论是坐公交车还是自己开车，堵车问题是经常存在的，尤其是在上下班高峰期，有些地方一堵就是一个小时甚至更多，耽误不少时间。然而用了物联网技术后，这一问题可以得到很大改观。比如在道路某些路口路面的结点上，检测到十字路口的车流量信息，比如说南北方向的车流量比较大，通过物联网的自动控制，把南北的绿灯时间调得长一点，这样南北会比较通畅，过一段时间南北的通向畅通了，可以再调回来，使交通压力得到缓解。

节约资源

在倡导低碳生活的今天，节约资源、减少浪费是毋庸置疑的。

不知从什么时候起，人们开始关注我们所生活的地球。在过去的日子里，我们总是肆无忌惮的索取，从不给于保护，然而，在这个我们自认为是取之不尽用之不竭的地球资源也将面临枯竭，地球已被我们人类弄的满目疮痍时，熄灯一小时等亡羊补牢的活动被人们拾起，旨在告诫人们要节约资源，因为这些能源是不再生的。然而，尽管现在已意识到浪费的可耻，浪费还是无处不在的。因为有些不是人为的，而是无意间所造成的，或者可以说是某些配置存在不合理所造成的。

比如说照明。现在许多楼道中的照明还是手动的，许多人开了之后就不知道关，然而用了物联网后，所有的照明都可以进行精确的、局部的控制和感知照明，没有人的时候过一段时间某个区域就灭灯了；或者说一个大会议厅，有些地方有人

在，另一些地方没有人在，然而却要所有的灯都开着，这样的浪费比比皆是，物联网应用后，我们就可以把某个有人的地区留下，其他的关掉，这样，所有的照明可以设置成无开关的照明，全部根据是否有人来控制照明系统。使用物联网技术要比一时兴起的熄灯一小时作用强多了，还能彻底做到节能减排。

再比如说用水。在私人家庭中，或许会注意节约用水，然而到了一些公共场所就忽略了，反正不是自己付费，就特别不珍惜、不懂得节约，浪费都极为严重。如一些公共厕所，许多人洗完手后，都不能将水龙头拧紧，人走了，水却还在那边滴答滴答；还有许多人不知是有洁癖还是想浪费，每次上厕所之前要冲一下，上完之后还是要冲一下，造成了极度的浪费。经专业人员统计，每年这些公共领域的浪费是最严重的。然而物联网普及以后，这些浪费可以得到很大的改善，所有的水都是感知流出的，只有手伸到水龙头下面水才可以流出来，水龙头下面没有感知到手的存在，一滴水都不会流下来；厕所冲水亦是如此，只有在人站起来后才开始冲水，没有手动开关，全部都是自动的，这样不仅不会出现卫生脏乱差，还可以节约能源。

当然，物联网可以广泛用于交通控制、取暖控制、食品管理、生产进程管理等各个方面，而改善民生、节约能源将是其最明确的作用。

下面简述几个比较典型的范例来展望物联网的其他应用。

（1）将传感器嵌入到家人的手表里，即使您在千里之外，也可以随时掌握他们的体征。用这种方法，医生可以随时随地了解病人的体征，为病人诊断看病。

（2）超市里销售的禽肉蛋奶，在包装上嵌入微型感应器，顾客只需用手机扫描，就能了解食品的产地和转运、加工的时间地点，甚至还能显示加工环境的照片，是否绿色安全一目了然。

（3）如果在汽车和汽车钥匙上都植入微型感应器，酒后驾车现象就可能被杜绝。当喝了酒的司机掏出汽车钥匙时，钥匙能通过气味感应器察觉到酒气，并通过无线信号通知汽车"不要发动"，汽车会自动罢工，并能够"命令"司机的手机给其亲友发短信，通知他们司机所在的位置，请亲友们来处理。

（4）IBM 在某一时间和丹麦运输公司 Container Centralen 签订了一份协议，到 2010 年 2 月为止，Container Centralen 将采用 IBM 的传感器技术允许园艺供应链中的参与者跟踪运输的进度（从种植者到批发商，再到零售商，遍及欧洲 40 个国家）。值得注意的是他们运输的货物是鲜花和盆栽植物，对运输环境非常敏感，整条运输链的各方公司都可以利用传感器对运输的条件和气候进行跟踪，并且运输过程更加透明。

（5）联网冰箱可能是最常见的物联网物品。物联网冰箱可以监视冰箱里的食物，当你的牛奶短缺时它就会通知你。它还可以跟踪最好的美食网站，为你收集食谱并在你的购物单里添加配料。这种冰箱知道你喜欢吃什么东西，其根据是你给每顿饭做出的评分。它可以照顾你的身体，因为它知道什么食物对你有好处。

（6）美国马萨诸塞州的剑桥城将在 4 年内成为全球第一个 CitySense，建成后的 CitySense 可以报告整个城市的实时监测数据，用于监测环境变量，如温度、风速、降雨量、大气压和空气质量等。而且未来的用途将会呈现多种可能性，从计算大气污染物的传感器到用于测量噪音污染的麦克风，甚至可以通过轿车和公交车上的移动传感器收集信息。

接下来我们通过设想物联网时代某个人的活动，来体验物联网带来的便利。

在物联网时代，某天，罗娜心情不好，需要一段时间自己一个人静一静。她打算开自己的智能汽车到郊外，并在一个滑雪胜地度过周末。但是她好像得在汽修厂停留一会儿了。她的爱车依法安装的 RFID 传感器在警告可能的轮胎故障。当她经过她喜爱的汽修厂入口处的时候，使用无线传感技术和无线传输技术的诊断工具对她的汽车进行了检查，并要求其驶向指定的维修台。这个维修台是由全自动的机器臂装备的。罗娜离开自己的爱车去喝点咖啡，饮料机知道罗娜对加冰咖啡的喜好，当她利用自己的互联网手表安全付款之后立刻倒出饮料。等她喝完咖啡回来，一对新的轮胎已经安装完毕，并且集成了 RFID 标记，以便检测压力、温度和形变。这时机器向导要求罗娜注意轮胎的隐私相关选项。汽车控制系统里存储的信息本来是为汽车维护准备的，但是在有 RFID 阅读器的地方，旅程的线路也能被阅读。因为罗娜不希望任何人知道自己

的动向，所以她选择隐私保护来防止未授权的追踪。

　　然后罗娜去了最近的购物中心购物，她想买一款新的嵌入媒体播放器和具有气温校正功能的新滑雪衫。那个滑雪胜地使用了无线传感器网络来监控雪崩的可能性，这样罗娜就能保证舒适安全。在某处需要安全检查的地方，罗娜没有停车，因为她的汽车里包含了她的驾照信息和护照信息，已经自动传送到相关系统了。忽然罗娜在自己的太阳镜上接到了一个视频电话请求。她选择了接听，看到她的家人有急事询问她的行踪，她马上发布指令要求导航系统禁用隐私保护，这样家人就能找到她的位置直接过来了。

　　目前，国内也已经启动了一些物联网项目，以下是几个您身边的物联网应用案例，浅显易懂，相信对您一定会有所帮助。

　　物联网应用案例之一：研华科技节能及电力监控系统助力大学实现智能电力管理③

　　台湾的一所大学用电量增加，主要是因为校园里越来越多的校舍和学生人数。为了分析其功率消耗，提高他们 52 个建筑物的能源效率，这个大学要建立一个基于网络硬件和软件的能源管理系统。考虑到这些目标，他们采用了研华科技提供的节省能源的方案，这是一则非常好的物联网应用案例。

　　他们要创建一个纵横 52 座校园建筑物的能源管理系统，以监察和改善功耗管理，保证高效的能源使用。这种系统可以监测每一栋建筑内的实时能耗，还可以预测电力需求，调整电力消耗，并改善电源管理。利用其网络的功能优势，创建一个能耗调查系统和一个实时显示系统，用以显示每个建筑内的用电情况，从而在整个校园内推动和倡导节能。

　　电源监控计算机工作站使用 webaccess 中人机界面收集数据并显示状态，这个系统用于分析和比较数据，然后采取适当措施，以减少电力消耗和节约能源。为了确保没有网络连接时数据不会丢失，bemg-4110 数据采集器被连接到数字电表，这样，数据就可以临时存储在本地计算机上，并在网络恢复时上传，以确保数据的完整性。这所大学使用 webaccess 和 bemg-4110 数据采集器来创建基于 web 的电力监控管理系统。它不仅有助于大学的工作人员和学生节约能源，而且还促进了节能和高效用能概念的推广。

物联网应用案例之二：朝阳物联网示范园试点无人驾公交

北京市朝阳区将修建一座占地 4 平方公里的物联网应用服务产业园。无人驾驶节能公交车、手机刷卡付费等生活方式将在园区内实现，一期工程将在未来 3 年内建成。这座物联网产业园区位于东五环外，目前已初步选定建设用地，将采取"政企共建"的模式，能够嵌入物联网的所有高科技产品在园内投入使用，初步划分为商业区域、企业区域、生活区域以及公共区域。

朝阳区的物联网应用案例使我们对物联网的含义有了一个基本的认识，"所谓物联网，通俗地说是将生活中的每个物件安装芯片，再通过无线系统综合联系起来，通过一个终端就能控制包括家中和户外所有设备。"目前物联网技术中包括芯片嵌入、远程指令等很多内容已能够应用，关键是将这些内容在一个有限的空间内进行整合，实现综合应用，朝阳区物联网示范园的兴建，为这种综合应用提供实验场所。

据介绍，朝阳区物联网示范园最大的看点应该是无人驾驶的公交系统，市民在园区乘坐无人驾驶的节能环保公交车，经过十字路口的时候，红绿灯也能够自动感应到公交车驶近，从而迅速变灯。

物联网应用案例之三：广东东莞实现空余车位预约服务

在交通领域，除了人们熟知的视频监控、GPS 定位外，物联网与手机技术的结合还将带来更多方便。在车位上装了无线传感器，车辆只要停在这里，系统就能感知，并把信息通过专门的客服电话或手机客户端传递给用户。在东莞等地已经实现了这种应用，人们出门前可提前了解哪里有空余车位，甚至获得预约服务。由于实现这种功能的一个小小传感器是无线的，安装起来并不麻烦，而且除了车位信息，也能告诉用户究竟停了多长时间车，以精确收费。

●● 第五节　感知家庭生活的某一天④

清晨 7：10

轻柔的音乐缓缓响起，犹如波涛拍岸之声，音量渐渐增大，旨在催你起床；同时，卧室和周边区域的照明也随着季节与时令变化调整到"清晨模式"的照度。与此同时，在你家的物联网家庭管理中心（ubiquitious House，以下简称 uHouse）引导下，电视机自动调整到你预定的"早间新闻"频道，你可以一边整理，一边收听最新报道。你的数字化自动定温煤气热水器、电热水器的阀门和开关已经自动开启，为你的洗漱做好准备。同时，智能电热水壶也已经自动开始加热，提醒你早上起床后要先喝杯温开水，帮助你清除体内垃圾。

7：30

你打开冰箱取出早餐，冰箱智能管理系统将一一记录下你刚才消费的数量，并将最新存量发送给 uHouse。利用冰箱上的语音系统，你可以给家人留言，向他们发出问候或者进行嘱托与吩咐。

你一边享用早餐，一边浏览着一块彩色 LCD "信息牌"，上面有当天的天气预报、室内外温差、交通、股票等各种预约信息。当你用物联网个人数字助理（ubiquitious Personal Digital Assistant，以下简称 uPDA）点击一下"穿衣辅助"图标时，信息牌上显示出一个衣物清单，并且附有衣物的存放位置以及样式图片等信息，这是根据 uHouse 气象部分探测到的当天温度等预报信息，并结合 uHouse 数据库中记录的你这个季节可以使用的衣物清单及你日程安排中今天的工作性质，经"辅助决策"系统确定的。你的头脑中预演着随后一天的各个工作场景……

早餐后，在你着装的同时，你用 uPDA 通知 uHouse 进行"数据同步"。当这一工作完成后，你前一天晚上下班回家后处理过的文档、编写的计划等被分别交换到你的笔记本电脑和 uPDA 中，为你继续前一天的工作做好准备。

出门时，你完全不必担心灯还没关、电器没有断电、水阀或气阀尚未关闭、大门还没上锁等问题。因为在你携带公事包出门的那一刻，放在包中的 uPDA 已经将你离开住宅的信息以无线方式通知了 uHouse，系统会自动完成传统家居主人离开家时所必须的生活场景中的全部工作。

8：30

当你启动车辆后，车载系统就开始工作；你按下了交通状况按钮，你的 uPDA 将收到一条短信息，内容是你今天要经过的主要道路的当前状况：或是路段交通拥挤，考虑绕行；或者是道路畅通，请放心前行。

开车上公路后，车载系统首先将通过物联网络向 uHouse 发出询问，是否需要发送车辆的位置及状态信息。如果得到肯定答复，车载定位系统将会依据上述回答中规定的定位精度系数，选择定位模式，并发送定位信息回 uHouse。同时，uHouse 在每次收到上述请求时，将查询车辆保养、费用交纳计划单，当发现有在三天内需要进行的事项时，系统将立刻将具体信息以文字形式通知主人。与此同时，安防系统将被启动，所有侵入探测、泄露探测、灾害探测、图像探测、状态探测系统进入工作状态。

8：40

路途中你听到车载系统的音响装置发出"哔哔，请注意，家中电话有来电，号码为 13912345678"。这是你家中 uHouse 的呼叫管理系统在你外出时，会将电话呼入时的主叫号码记下来并且及时发送给你。如果你正在驾车，消息将发送到车载系统；否则发送到你的 uPDA。当车载系统收到信息后，将以语音方式播出。此时，如果你需要回话，你只需要按一下车载系统的"回复"键，车载电话会自动拨打上述电话。

9：00

走进办公室，你提起电话听筒，然后再放下。这一动作就会把你已经到达办公室的信息通知给 uHouse。uHouse 将会自动将住宅电话、门前对讲等转移到你的办公室。此后，如果有客人造访你的住宅，当他按下你家门上的门前对讲系统按钮后，uHouse 就会自动拨打你办公室的电话，你接起电话后，就可以与你家门前的客人对话。同样，当有住宅电话呼入时，电话也将自动转接到你的办公室。对于上述过程，客人以及主叫方均不了解你的当前具体位置。

10：00

上班以后，你可以通过电话、uPDA 等手段查询住宅的状态信息。当安防系统探测到任何报警时，你的电话和 uPDA 都将收到信息。在具有图像探测的场所，告警发生后，告警时刻的图像资料也会立即发送给你。通过这一系列方式，你将被告

之系统所探测到的警情内容，为你亲自处理提供尽可能详尽的信息。

14：30

当你在工作中，需要调用存储在 uHouse 数据系统中的数据时，你可以通过你的 uPDA 发送指令给 uHouse，uHouse 在接到授权指令后，将自动启动 uHouse 到 Internet 的连接，接入成功后，uHouse 会报告你或者管理员。此时，你可以通过办公桌上的联网电脑访问 uHouse，查阅、传送文件。同时你还可以访问"控制 & 监测"界面，查看安全防护系统的摄像记录。也可以通过"观景摄像头"，浏览住宅周边的场景。如果你有家人需要监护，你还可以观察到他的一举一动。而当下午你的家人回家时，在他输入安全密码、使用身份卡等可选方式进屋的同时，你家的住宅电话自动转发，你的 uPDA 上会显示出亲人已经回家的信息。同时安防系统对应防区会解警，并上报你或者管理员。此后，当家中的电器、设备进入或退出运转状态时，你均会收到一个通知。这对于有孩子需要监护的情况非常有益，借此你可以了解到孩子看电视的持续时间、打游戏的持续时间、玩电脑的持续时间等等。你可以及时发出警告，直至遥控关闭相应系统。

17：00

下班了，整理完办公室后，你提起电话听筒，在键盘上连续按下"#88#"，然后挂上电话。这一动作将通知 uHouse 将所有转接到办公室的信息取消，改转到你的 uPDA。

17：15

下班路上，车载系统将通过短消息向家人发送问候及报告，说明你已经"在回家的路上"。在车辆进入住宅区附近地段时，车辆定位系统会自动探测到，并发送位置信息给 uHouse，uHouse 将指示家里的空调、电热水器开始工作。接着，uHouse 将查询购物计划系统中的"日常用品待购记录"，并通过短信息将采购清单发到你的 uPDA 中。这样，你就可以顺便在小区附近就近购买所需之物，而不必再次下楼采购，从而节省时间及精力。当你的车辆回到住宅前时，安装在家门口的传感器检测到你回家了，由于天色已近黄昏，院子里的大灯自动开启，车库的大门也随之自动打开。

17：30

当你走进家门，室内已经温度适宜，灯光也根据预制的季节与时令的场景模式自动开启，窗帘已经按约定模式自动放下。电热水器中已有开水可供你泡茶、饮用。这些全部要归功于你家 uHouse 的智能家电控制系统。晚餐后，你来到家庭影院前，具有硬盘录像功能的电视机机顶盒在白天已经按照你的指示自动搜索并摄录了你工作时间播出的现场直播的篮球赛节目，你可以欣赏一下。

19：15

这时门铃响起，门前的可视系统将来访者的图像显示在你的电视屏幕上，家庭影院自动进入静音状态，通过免提门前对讲系统，你可以与来客对话，并发出开锁指令，房门打开，访客进入。宾主寒暄后，客人进入客厅，此时，客厅灯光已经在你的开锁信号发出后调换到"会客"模式，或者幽暗惬意，或者热烈明快。

20：30

宾主会谈已久，客人询问洗手间位置，这时一扇房门上原本呈磨砂状的玻璃，在你的遥控器控制下会变成透明状，透过这扇门，客人可以看到洗手间的位置。客人进入后，感应式照明自动点亮，其光线设计成可以将客人引导到需要使用的设施附近的照射模式。自动冲洗小便池、感应出水式龙头、电热干手器等设备使客人感觉非常舒适。

你与客人或在观赏电视节目、欣赏音乐中畅谈，或就大屏幕投影中的微机屏幕交流业务，这时你的 uPDA 收到一个短消息，是 uHouse 自动邮件接收功能探测到一个新邮件，并通过短消息转发过来，其内容是，希望你将一份电子文档 Email 给对方。此时，你不必启动计算机进行上网一类的操作，只需要用 uPDA 发一个短消息给 uHouse，uHouse 就会利用 SMS2MAIL 功能，自动将你指定的电子文档连同你短消息中的指示文字发送到接收者的电子信箱。

21：15

宾主双方在讨论中需要查阅一些资料，于是你提议到书房进行后面的讨论。走进书房时，你用手上的戒指在一个门上的一个金属点上接触了一下，客人好奇地问你这是做什么？你告诉客人这是"位置登记"。家中每一个人均有这样一枚戒指（由于房间较多当有事需要找寻某个家庭成员时，例如，电话呼入后，应该转接到哪个分机），uHouse 需要确定该成员的当前位置时，可利用安装在过道、门口等的这种"身份 ID 阅读机"。只要家庭成员佩戴或使用自己的身份 ID，系统就可以根据这一信息的历史数据库确定成员的当前位置。便利 uHouse 系统在需要时使用，

可以将电话自动转接到适当的位置。

在与客人交谈时，对方提起一个双方感兴趣的项目，并介绍了一位该领域的专家，也正好是你的一个熟人，双方希望能立即与其取得联系。凑巧，该人的联络地址并不在你的 uPDA 电话簿中，你发送了一个短消息，数秒钟后，uHouse 将在公司数据库中查到的通讯录内容以短消息的形式回复到你的手机。接下的时间里，你利用 uHouse 的交互式会议系统接通了这个"熟人"的电话，请他立即通过网络到达你的网络会议室（或称网上客厅），在那里三个老朋友借助电话交谈、图片共览、文档交换、远程白板等多媒体形式进行了一次令人难忘的网上交流！

21：45

客人告辞，并希望你能将该套智能系统的介绍资料传真给他，你发送了一个短消息给 uHouse，这次 uHouse 利用 SMS2FAX 将你消息中指定的文档以传真的方式发送到客人指定号码的传真机上。

送走客人回到房间，此时家人已经全部入睡，客人到家后打来电话，在 uHouse 按时段选择的振铃模式控制下，客厅屋顶正中一个兼作照明和渲染房间气氛的彩色灯池上滚动出一串数字，你仰头看过，是刚才来访的朋友家中的电话，你立即拿起话机，因为你知道这个号码属于"必接编码"，在振铃 6 次后电话声将响起。对方感谢你的款待，并告之，你传真给他的文件已经收到。

22：30

睡觉前，你走向健康仪，将探测器带上手腕，同时你通过墙面上的触摸屏电脑调整明天的计划，并最后查看一下邮件，然后按下了"晚安"键。这时，你的体重、体温、血压信息已经记录到 uHouse 的"健康数据"库中。你走向卧床，你家的照明灯在 5 分钟后自动由亮到暗并最终全部熄灭，天花板上若隐若现的蓝色 LED 灯，仿佛是星空。大门锁好，大部分家庭智能设备进入节能模式，但安全防卫系统依然忠实地守卫你舒适的智慧家园。

第二章

国内外物联网发展现状

●● 第一节　国外物联网发展现状

物联网在国外被视为"危机时代的救世主"，在当前的经济危机尚未完全消退的时期，许多发达国家将发展物联网视为新的经济增长点。物联网的概念虽然是最近几年才趋向成熟的，但物联网整个相关产业在当前的技术、经济环境的助推下，在短短的几年内已有星火燎原之势。

一　美国物联网行动方案

多年来，美国很多大学在无线传感器网络方面已开展了大量工作，如加州大学洛杉矶分校的嵌入式网络感知中心实验室、无线集成网络传感器实验室、网络嵌入系统实验室等。另外，麻省理工学院从事着极低功耗的无线传感器网络方面的研究；奥本大学也进行了大量关于自组织传感器网络方面的研究，并完成了一些实验系统的研制；宾汉顿大学计算机系统研究实验室在移动自组织网络协议、传感器网络系统的应用层设计等方面做了很多研究工作；州立克利夫兰大学（俄亥俄州）的移动计算实验室在基于 IP 的移动网络和自组织网络方面结合无线传感器网络技术进行了研究。

除了高校和科研院所之外，国外的各大知名企业也都先后参与开展了无线传感器网络的研究。克尔斯博公司是国际上率先进行无线传感器网络研究的先驱之一，为全球超过 2000 所高校以及上千家大型公司提供无线传感器解决方案；Crossbow 公司与软件巨头微软、传感器设备巨头霍尼韦尔、硬件设备制造商英特尔、网络设

备制造巨头、著名高校加州大学伯克利分校等都建立了合作关系。

2009 年，IBM 与美国智库机构信息技术与创新基金会（ITIF）共同向奥巴马政府提交了 "The Digital Road to Recover: A Stimulus Plan to Create Jobs, Boost Productivity and Revitalize America"，提出通过信息通信技术（ICT）投资可在短期内创造就业机会，美国政府只要新增 300 亿美元的 ICT 投资（包括智能电网、智能医疗、宽带网络三个领域），便可以为民众创造出 94.9 万个就业机会；2009 年 1 月，在奥巴马就任总统后的首次美国工商业领袖圆桌会上，IBM 首席执行官建议政府投资新一代的智能型基础设施，上述提议得到了奥巴马总统的积极回应，奥巴马把"宽带网络等新兴技术"定位为振兴经济、确立美国全球竞争优势的关键战略，并在随后出台的总额 7870 亿美元的《经济复苏和再投资法》（Recovery and Reinvestment Act）中对上述战略建议具体加以落实。该法案希望从能源、科技、医疗、教育等方面着手，通过政府投资、减税等措施来改善经济、增加就业机会，并且同时带动美国长期发展。其中鼓励物联网技术发展的政策主要体现在推动能源、宽带与医疗三大领域开展物联网技术的应用。

IBM 提出的"智慧地球"概念（建议政府投资新一代的智慧型基础设施）已上升至美国的国家战略。该战略认为 IT 产业下一阶段的任务是把新一代 IT 技术充分运用在各行各业之中，具体地说，就是把感应器嵌入和装备到电网、铁路、桥梁、隧道、公路、建筑、供水系统、大坝、油气管道等各种物体中，并且被普遍连接，形成"物联网"。

"智慧地球"的核心是以一种更智慧的方法，通过利用新一代信息技术来改变政府、公司和人们相互交互的方式，从而提高交互的明确性、效率、灵活性和响应速度。如今信息基础架构与高度整合的基础设施的完美结合，使得政府、企业和市民可以做出更明智的决策。

"智慧地球"主要有三个方面的特征：

更透彻的感知

利用任何可以随时随地感知、测量、捕获和传递信息的设备、系统或流程。通过使用这些设备，从人的健康数据到企业的经济运营状况或者城市交通状况等任何信息都可以被快速获取并进行分析，便于立即采取应对措施和进行长期规划。

（1）世界上每个人将拥有 10 亿晶体管，平均每个晶体管成本只有十万分之一美分。该技术已被嵌入到数十亿的设备中，如车、器具、道路等。

（2）两年内全球共生产了 300 亿个 RFI （无线射频识别）标记。

（3）预计未来几年手机用户将会达到 50 亿。

（4）传感器已被利用到整个生态系统 ——供应链、医疗保健网络、城市甚至河流等自然系统。

更全面的互联互通

互联互通是指通过各种形式的、高速的、高宽带的通讯网络工具，将个人电子设备、组织和政府信息系统中收集和存储的分散的信息及数据连接起来，进行交互和多方共享，从而更好地对环境和业务状况实施监控，从全局的角度分析并解决问题，使得工作和任务通过多方协作来得以远程完成，从而彻底地改变整个世界的运行方式。

（1）2011 年网络用户将达到 20 亿，HSPA （高速分组接入）技术将促成"三种屏幕"（电视、电脑和移动手机）的融合，并有可能实现不中断的网络连接。

（2）数以万亿计的事物紧密相连——汽车、家用电器、道路、管道，甚至医药品和家畜。

更深入的智能化

智能化是指深入分析收集到的数据，以获取更加新颖、系统且全面的洞察来解决特定问题。这要求使用先进技术 （如数据挖掘和分析工具、科学模型和功能强大的运算系统）来处理复杂的数据分析、汇总和计算，以便整合和分析海量的跨地域、跨行业和职能部门的行业和信息，并将特定知识应用到特定的行业、特定的场景、特定的解决方案中，以更好的支持决策和行动。

（1）IBM 的 Roadrunner 超级计算机突破了 "petaflop" 限制 —— 每秒钟可以进行一千兆次运算，而 exaflop 计算机将实现下一个具有里程碑意义的计算速度，即每秒钟将进行一百万兆次运算，计算速度比 Roadrunner 快 1000 倍。

（2）超级计算机和云计算可被应用于处理、建模、预测和分析流程产生的所有数据。

"智慧地球"的愿景是将世界运行到一个更高的智慧水平，使个人、企业、组织、政府、自然系统和人造系统相互交互的方式更具智慧。每次交互就意味着我们可以有机会以更完美、更高效和更多产的方式完成事件。更重要的是，地球将变得越来越智慧，为我们开创更为广阔的前景。

2009 年美国振兴经济法案中与 ICT 相关计划见下表所示。⑤

美国 ICT 相关发展计划

能　源 (约 500 亿美元)	以信息技术改善能源效率： ● 电力系统：智能电网 ● 建筑物：住宅节能化、节能家具、建筑物能源使用管理系统 ● 建设现代化公共基础设施
宽　带 (72 亿美元)	● 宽带技术计划（47 亿美元） 以农村及宽带服务欠缺地区为首要对象，重点支持学校、图书馆、医院、大学等组织，并支持创造就业机会的设施及公共安全机构持续采用宽带、扩充公共电脑中心的容量。 ● 乡村公共服务计划（25 亿美元） 提供宽带基础建设的贷款，尤其是在高速宽带服务的农村地区，为当地电信公司、移动营运商宽带基础建设提供所需的贷款服务。
医　疗 (约 190 亿美元)	● 加速健康信息技术的推广 ● 加强个人隐私权的保障

二　欧盟物联网行动方案

2009 年 6 月 18 日，欧盟在比利时首都布鲁塞尔向欧洲议会、欧洲理事会、欧洲经济与社会委员会和地区委员会提交了以《物联网——欧洲行动计划》为题的公告。公告列举了行动计划所包含的 14 项行动：

行动 1：治理委员会将通过所有相关的论坛，启动并推进下述讨论：定义一套基本的物联网治理原则；建立一个足够分散的架构，使得世界各地的行政当局能够在透明度、竞争和问责等方面履行自己的职责。

行动 2：持续地监督隐私和私人数据保护问题。欧盟委员会最近通过了一项建议，该建议提供了依从隐私和数据保护原则的 RFID 应用指南。2010 年，该委员会还将公布泛在信息社会隐私与信任的指导意见。

行动 3："芯片沉默"。欧盟委员会将开展有关"芯片沉默权利"技术和法律层面的辩论，它将涉及到不同的用户在使用不同的名字表达个人想法时，可以随时断开他们的网络。

行动 4：确定潜在的风险。欧盟委员会将会遵从 ENISA（欧洲网络与信息安全局）已开展的上述工作，并将采取包括管制与非管制手段在内的进一步行动，以便提供一个政策框架，使得物联网得以迎接来自信任、接入和安全方面的挑战。

行动 5：物联网是重要的经济与社会资源。物联网是否能发展到像人们预期的那样重要？其发展过程中的任何干扰都将给经济和社会带来显著影响。欧盟委员会将密切关注物联网基础设施成为欧洲重要资源的进程，特别是要将其与关键的信息基础设施联系在一起。

行动 6：标准。欧盟委员会将对现有的以及未来与物联网相关的标准进行评估，必要时将推出附加标准。此外，欧盟委员会还将从所有利益方应在开放、透明和统一的方式下制定物联网标准出发，密切跟踪欧洲标准化组织（ETSI、CEN、CENELEC）以及国际标准化组织（ISO，ITU）和其他标准化组织与机构（IETF，EPCglobal 等）的标准制定。

行动 7：研发。欧盟委员会将会持续资助欧盟第七框架计划中有关物联网方面的研究项目，特别是在微电子学、非硅组件、能源获取技术、泛在定位、无线通信智能系统网络、语义学、隐私与安全、软件模拟人的推理以及新的应用等重要的技术领域。

行动 8：公私合作。欧盟委员会正筹备在四个物联网能发挥重要作用的领域与公共及私营部门合作，其中"绿色轿车"、"节能建筑"和"未来工厂"已经被欧盟委员会提议作为经济恢复一揽子计划的一部分，而"未来互联网"旨在进一步整合与未来互联网相关的 ICT 研究工作。

行动 9：创新与试验项目。欧盟委员会将考虑通过 CIP（竞争与创新框架计划）推出试验项目的方式，来推动物联网应用的进程。这些试验项目将集中于那些社会将会显著受益的物联网应用，如：电子健康、电子无障碍、气候变化或者帮助弥合数字鸿沟等。

行动 10：通报制度。欧盟委员会将会定期向欧洲议会、欧洲理事会、欧洲经济和社会委员会、地区委员会、欧盟第 29 条数据保护工作组（欧洲知名的隐私监督机构）以及其他相关机构通报物联网的进展。

行动 11：国际对话。欧盟委员会将在物联网所有方面加强与国际合作伙伴现有的对话力度，目的是在联合行动、共享最佳实践和推进各项工作实施上取得共识。

行动 12：RFID 再循环。作为废物管理行业定期检测的一部分，欧盟委员会将开

展一项研究，来评估推行再循环标签的难度以及将现有标签作为再循环物的利弊。

行动 13：检验。欧盟统计局将于 2009 年 12 月公布有关 RFID 技术使用的统计数据。对采用物联网相关技术的检测将会提高其信息的透明度，并可以评估这些技术对经济和社会的影响以及欧盟政策的有效性。

行动 14：演进评估。除了上述提及的具体方面外，将多方利益攸关者协调机制置于欧洲层面是十分重要的，据此可监控物联网的演进，支持欧盟委员会实现行动计划所列的各种行动等。欧盟委员会将使用第七框架计划来指导这项工作，具体而言就是召集欧洲利益攸关者并且确保与世界其他地区定期对话和分享最佳实践。

该行动计划在确保欧洲构建物联网的过程中起主导作用，14 项目内容描绘了物联网技术应用的前景，并提出要加强欧盟政府对物联网的管理，该报告谈及未来物联网的四个特征：

（1）未来互联网基础设施将需要不同的架构； （2）依靠物联网的新 Web 服务经济将会融合数字和物理世界从而带来产生价值的新途径； （3）未来互联网将会包括物品； （4）技术空间和监管空间将会分离。

该报告强调："我们呼吁决策者、制造商、实业家、技术专家、企业家、发明家和研究人员为创造一个欧盟式的互联网经济制定一个具体计划，以满足欧盟公众的需求和宏愿。欧洲现在必须采取行动来引领新的互联网时代。"

2009 年 10 月，欧盟委员会以政策文件的形式对外发布了物联网战略，提出要让欧洲在基于互联网的智能基础设施发展上领先全球，通过 ICT 研发计划投资 4 亿欧元，启动 90 多个研发项目提高网络智能化水平外，还将于 2011 年～2013 年间每年新增 2 亿欧元进一步加强研发力度，同时拿出 3 亿欧元专款，支持物联网相关公私合作短期项目建设。

三　韩国物联网行动方案

韩国是全球宽带普及率最高的国家，它的移动通信、信息家电、数字内容等都位居世界前列。自 1997 年起，韩国政府就出台了一系列推动国家信息化建设的产业政策。目前韩国的 RFID 发展已经从先导应用开始全面推广，而 USN 也进入实验性应用阶段。

　　面对全球信息产业新一轮"U"化战略的政策动向，在 2006 年韩国就已确立了 u-Korea 战略。u-Korea 主要分为发展期与成熟期两个执行阶段。发展期（2006 至 2010 年）的重点任务是基础环境的建设、技术的应用以及 u 社会制度的建立；成熟期（2011 至 2015 年）的重点任务为推广 u 化服务。u-Korea 旨在建立无所不在的社会，也就是在民众的生活环境里，布建智能型网络、最新的技术应用等先进的信息基础建设，让民众可以随时随地享有科技智慧服务。其最终目的，除运用 IT 科技为民众创造食衣住行娱乐各方面无所不在的便利生活服务，亦希望扶植 IT 产业发展新兴应用技术，强化产业优势与国家竞争力。为实现上述目标，u-Korea 包括了四项关键基础环境建设以及五大应用领域开发。四项关键基础环境建设是平衡全球领导地位、生态工业建设、现代化社会建设、透明化技术建设，五大应用领域是亲民政府、智慧科技园区、再生经济、安全社会环境、u 生活定制化服务。

韩国 RFID/USN 相关推进计划

RFID 先导计划	● 整合 u- 药物系统 ● 整合机场货物基础设施 ● 食品安全信息管理系统 ● U- 渔场系统 ● 移动 RFID 先导计划
RFID 全面推动计划	● 水资源污染管理系统 ● U- 弹药管理系统 ● 港口运营效率强化计划 ● 开城工业、交通、客户、运筹系统
USN 领域测试计划	● 水资源监测系统 ● 桥梁安全监测系统 ● 气象及海洋监测系统 ● 城市基础建设监测系统 ● 文化财产监测系统

　　在 u-Korea 的具体实施过程中，韩国信通部推出了 IT839 战略，在信通部发布的《数字时代的人本主义：IT839 战略》报告指出，无所不在的网络社会将是由智能网络、最先进的计算技术以及其它领先的数字技术基础设施武装而成的技术社会形态。在无所不在的网络社会中，所有人可以在任何地点、任何时刻享受现代信息技术带来的便利。u-Korea 意味着信息技术与信息服务的发展不仅要满足于产业和经济的增长，而且在国民生活中将为生活文化带来革命性的进步。"

　　2009 年韩国通信委员会出台了《物联网基础设施构建基本规划》，将物联网市

场确定为新增长动力。该规划提出到 2012 年实现"通过构建世界最先进的物联网基础实施，打造未来广播通信融合领域超一流信息通信技术强国"的目标，并确定了构建物联网基础设施、发展物联网服务、研发物联网技术、营造物联网扩散环境等 4 大领域、12 项详细课题。

由此可见，韩国制定并实施的"u"计划都是建立在已夯实的信息产业硬件基础上的，是完成"e"计划后启动的新一轮国家信息化战略。从"e"到"u"是信息化战略的转移，能够帮助人类实现许多"e"时代无法企及的梦想。

四　日本物联网行动方案

自上世纪 90 年代中期以来，日本政府相继制定了 e-japan、u-japan、i-japan 等多项国家信息技术发展战略，从大规模开展信息基础设施建设入手，稳步推进、不断拓展和深化信息技术的应用，以此带动本国社会和经济发展。其中日本的 u-japan、i-japan 战略与当前提出的物联网概念有许多共同之处。

日本信息化战略演进

2001 年 e-Japan	2005 年 u-Japan	2008 年 U-Japan × ICT	2009 年 i-Japan
重点：日本 ICT 硬件基础环境建设	重点：日本 ICT 的应用与深化	重点：强化日本产业 地区与 ICT 的融合。	重点：电子化政府治理、医疗健康信息服务、教育与人才培育
目标：2005 年，日本 DSL 上网家庭用户 300 万、 FTTH 上网家庭用户 1000 万	目标：建设无所不在的网络社会，2010 年实现"anytime、anywhere、anything、anyone"都能上网的环境	目标：2011 年实现日本产业、社会、地区与 ICT 融合	目标：到 2015 年，通过数位技术达到"新的行政改革"，使行政流程简单化、效率化、标准化、透明化，同时推动电子病例、远程医疗、远程教育等应用的发展。

●● 第二节　国内物联网发展现状

我国物联网产业、技术目前还处于概念和科研阶段，物联网整个产业模式还没有彻底形成，处于起步阶段，但物联网的发展趋势是令人振奋的，未来的产业空间是巨大的。

一　中国物联网行动方案

中科学院早在 1999 年就启动了传感网研究，组建了 2000 多人的团队，投入了数亿元，目前已形成从材料、技术、器件、系统到网络的完整产业链。总体而言，在物联网这个全新产业中，我国的技术研发和产业化水平已经处于世界前列，掌握了物联网世界话语权。当前，政府主导、产学研相结合共同推动发展的良好态势正在中国形成。

2004 年初，全球产品电子代码管理中心授权中国物品编码中心作为国内代表机构，负责在中国推广 EPC 与物联网技术。在同年 4 月份，北京建成了中国第一个 EPC 与物联网概念演示中心。

2005 年，国家烟草专卖局的卷烟生产经营决策管理系统实现 RFID 出库扫描、商业企业到货扫描。许多制造业也开始在自动化物流系统中尝试应用 RFID 技术。

2009 年 8 月，温家宝总理到无锡视察中科院物联网技术研发中心，总理高度关注微纳传感器研发中心，提出了把"感知中国"中心设在无锡、辐射全国的想法。江苏省委政府立即制定了"感知中国"建设的总体方案和产业规划，突出抓好平台建设和应用示范工作。与此同时，无锡市作出部署：举全市之力，抢占新一轮科技革命的制高点，把无锡建成传感网信息技术的创新高地、人才高地和产业高地。

2009 年 9 月，工业和信息化部部长李毅中部长在《科技日报》上发表题为《我国工业和信息化发展的现状与展望》的署名文章，首次公开提及传感网络，并将其上升到战略性新兴产业的高度，指出信息技术的广泛渗透和高度应用将催生出一批新增长点。

2009 年 9 月 11 日，"传感器网络标准工作组成立大会暨'感知'高峰论坛"在北京举行，标志着传感器网络标准工作组正式成立，工作组未来将积极开展传感网标准制订工作，深度参与国际标准化活动，旨在通过标准化为产业发展奠定坚实技术基础。

2009 年 9 月 14 日，《国家中长期科学与技术发展规划（2006-2020 年)》和"新一代宽带移动无线通信网"重大专项中均将传感网列入重点研究领域，并列入国家高新技术研究发展计划（863 计划）。

2009 年 11 月，温家宝总理在人民大会堂向首都科技界发表了题为《让科技引领可持续发展》的讲话，指出要将物联网并入信息网络发展的重要内容，并强调信息网络产业是世界经济复苏的重要驱动力。

在物联网标准制订方面，中国与德国、美国、韩国一起成为国际标准制定的主导国。2009 年 9 月，经国家标准化管理委员会批准，全国信息技术标准化技术委员会组建了传感器网络标准工作组。按照国家传感网标准化工作组的规划，我国将在 2011 年正式向国标委提交传感网络标准制定方案。标准工作组聚集了科学院、移动等中国传感网主要的技术研究和应用单位，将积极开展传感网标准制订工作，深度参与国际标准化活动，旨在通过标准化为产业发展奠定坚实技术基础。目前，我国传感网标准体系已形成初步框架，向国际标准化组织提交的多项标准提案被采纳，物联网标准化工作已经取得积极进展。

在基础设施建设上，我国的无线通信网络已经覆盖了城乡，从繁华的城市到偏僻的农村，从海岛到珠穆朗玛峰，到处都有无线网络的覆盖。无线网络是实现物联网必不可少的基础设施，安置在动物、植物、机器和物品上的电子介质产生的数字信号可随时随地通过无处不在的无线网络传送出去。"云计算"技术的运用，使数以亿计的各类物品的实时动态管理变为可能。

二 国内各大省市行动方案

1. 上海物联网行动方案

上海是国内物联网技术和应用的主要发源地之一，在技术研发和产业化应用方面具有一定基础。

2010 年，上海市经济和信息化委员会发布了《上海推进物联网产业发展行动方案（2010–2012 年)》。至此，在物联网发展方面，上海成为全国首个抛出具有"极强可操作性方案"的城市。该方案采用示范区或基地在行业中进行物联网推广，先吸取经验，随后全面推广。根据上海行动方案规划，环境监测、智能安防、智能交通、物流管理、楼宇节能管理、智能电网、医疗、精准控制农业、世博园区、应用示范区和产业基地等十个方面是首先列出的示范区。根据行动方案，推进十个方面的应用示范工程，通过示范工程探索完善的运作模式，形成长效运作机制，将上海打造成国家物联网应用示范城市。

到 2012 年，上海将在传感器、短距离无线通信及通信和网络设备、物联网服务等重点领域形成一定的产业规模；培育一批在国内具有影响力的系统集成企业和解决方案提供企业，扶持一批具有领先商业模式的物联网运营和服务企业，聚集一批具有自主创新能力、占领技术高端的专业企业；形成较为完善的物联网产业体系和空间布局；通过建设应用示范工程和实施标准、专利战略，在与市民生活和社会发展密切相关的重要领域初步实现物联网应用，显著提升城市管理水平。

目前，上海浦东康桥工业区制订了"智慧谷"的转型计划。将建设总面积1000 亩的浦东物联网产业园，吸引国内外企业总部尤其是头脑总部入驻，促进园区产业结构优化升级。

2. 北京物联网行动方案

2009 年 12 月举办的"2009 信息城市高层论坛"上，北京市经济和信息化委员会表示，北京将着力打造世界级城市，初步目标计划用三到五年的时间，让北京市物联网产业规划基本成型，产业链和产业群初步形成。

预计到 2012 年，北京将建成首个物联网应用资源共享服务平台、物联信息交换平台、传感信息网络平台、超级计算中心和云计算中心等共性基础支撑平台，完成政府、社会、企业三个方面涉及公共安全、城市交通、生态环境、流通供应链、社区综合服务等领域的一批示范应用和区县级、园区级综合示范。

另外，还将基本建成物联网关键技术研发基地和产业化基地，促进 RFID、传感器、二维条码、短距无线通信、IPv6、云计算、云存储、云服务等一批关键技术及自主创新产品的研发和成果产业化，产生一批传感网、物联网相关技术专利和重要标准。

北京市在传感网、物联网应用方面有非常好的基础。特别是结合奥运会的举办，物联网技术应用在城市网格管理、视频监控、智能交通、食品溯源、水质检测等方面有全国领先的成功典型应用，并逐步形成了一个产业链。

3. "感知中国"试点城市无锡行动方案

无锡作为"感知中国"试点，其特点可以归纳为：城市不大不小、成本不高不低、距离不远不近、人才不多不少、政策不偏不倚、工作不急不躁、目标不达不休。

2009 年 11 月，无锡市国家传感网创新示范区（传感信息中心）正式获得国家批准，是国内目前研究物联网的核心单位之一。该示范区规划面积 20 平方公里。

根据规划，三年后这一数字将增涨近 6 倍。到 2012 年完成传感网示范基地建设，形成全市产业发展空间布局和功能定位，产业规模达到 1000 亿元，具有较大规模各类传感网企业 500 家以上，形成销售额 10 亿元以上的龙头企业 5 家以上，培育上市企业 5 家以上，到 2015 年，产业规模将达 2500 亿。

无锡在物联网方面有六大基础：一是技术研发优势；二是物联网标准的同发优势或者叫先发优势；三是拥有标准层面上的重要话语权；四是在物联网产业链核心产业方面有比较大的优势；五是人才资源优势；六是产业环境优势。无锡出台了两个纲要：一个是无锡传感网建设中心的纲要，另一个是开展传感网示范工程的意见。2009 年 12 月 1 日，无锡市召开了"建设创新型领域暨国家传感信息中心动员大会"，提出了举全市之力建设国家传感信息中心。同时也制定好了四个规划：一是产业发展规划；二是总体的方案和行动计划；三是通信规划；最后是相关的政策。

无锡从空间规划了三个层面，一个是核心区；一个是重点区；一个是示范区。在核心区规划了 15 平方公里，主要是建设五大园区；在重点园区规划了 60 平方公里，主要是配套推进扶持物联网发展；在示范区把全市的两县四区都作为物联网产业发展的推动示范区。在国家有关部委的关心和支持下，许多国家品牌已经锁定在无锡，如国家创新型城市、国家新型产业化示范区、国家传感网的示范基地等。同时引进了北京大学、北京邮电大学、上海复旦大学等一批国内一流高校的物联网研究院进驻无锡园区。

三 高校物联网行动方案

物联网在高校的研究，当前的聚焦点是在北京邮电大学和南京邮电大学。无锡市 2009 年 9 月与北京邮电大学就传感网技术研究和产业发展签署合作协议，标志着物联网进入实际建设阶段。2009 年 9 月 10 日，全国高校首家物联网研究院在南京邮电大学正式成立。南邮的"无线传感器网络研究中心"的研究者与物联网打交道已有五六年，在实验室里，一些物联网产品已经初见雏形。此外，南邮还通过系列举措推进物联网建设的研究：设立物联网专项科研项目，鼓励教师积极参与物联网建设的研究；启动"智慧南邮"平台建设；在校园内建设物联网示范区等。

国内高校物联网研发项目

类型	研发单位	名 称	关键技术及功能
硬件现状	南京邮电大学	无线传感器网络系列节点 UbiCell	UbiCell 系列节点集成了传感器、微处理器、无线收发器等多种嵌入式芯片,拥有信息采集、信号处理、数据传输和实时监控等多种功能。
	南京邮电大学	UbiCell无线医疗传感器节点	UbiCell 医疗节点,可实现高精度的脉搏、血氧、体温等人体生理指标的监测。
	南京邮电大学	无线多媒体传感器网络节点	UbiCell-MUbiCell-M拥有30万像素和60FPS的图像采集与处理能力,足以满足网络监测与识别的应用需求。
	科学院计算技术研究所	GAINS 系列节点	GAINSJ、GAINZ 等系列传感器节点,其基于 ZigBee 无线通信协议栈,实现多种网络拓扑:星型、成簇、网状网等,用户可以根据协议栈提供的 API 设计自己的应用,组成更复杂的网络。
	香港科技大学	无线传感器网络节点	基于 Telos-B 的平台建了一个低功耗的无线传感器网络节点。节点基于 IEEE802.15.4 无线收发器芯片的下一代超低功耗、高传输率、无线传感网络应用程序的 Telos 平台,具有完善的板上内置天线,传输距离较长。该节点目前主要用于智能车的研究中。
软件现状	南京邮电大学	基于移动代理的无线传感器网络中间件平台	实现了对 MantisOS、TinyOS 和 SOS 多操作系统的支持,屏蔽了不同操作系统的差异性,同时扩大了硬件节点的选择范围。对外提供便捷的接口,使用户无需了解底层细节,极大的降低了无线传感器网络应用开发的难度。深联科技开发的无线传感器网络开发套件,提供了功能齐全的硬件开发平台和自主开发的无线通信协议栈。
	南京邮电大学、哈尔滨工业大学、清华大学、上海交通大学、北京邮电大学等	理论研究	对无线传感器网络协议、算法、体系结构等方面,提出了许多具有创新性的想法与理论。
	南京邮电大学	无线传感器网络中间件软件 DisWare	DisWare 是基于移动代理的无线传感器网络中间件平台,它实现了对 MantisOS 和 TinyOS 多操作系统的支持,同时扩大了硬件节点的选择范围。
	南京邮电大学	无线传感器网络集成开发平台 Mesh IDEMeshIDE	是一个可视化编程、应用程序融合于一体的无线传感器网络集成开发平台。作为用户的可视化开发工具,实现可视化烧制、管理和控制。
	科学院宁波计算所	无线传感器网络分析与管理平台	针对无线传感器网络的协议、功耗、数据处理和分布式计算等诸多方面,开展定量的分析和管理,并提供图形化界面。

第三章

物联网发展趋势

●● 第一节 物联网发展趋势分析

　　根据 2008 年 3 月欧洲智能系统集成技术平台（EPOSS）在《Internet of Things in 2020》报告中分析预测，未来物联网的发展将经历四个阶段：2010 年之前 RFID 被广泛应用于物流、零售和制药领域；2010-2015 年物体互联；2015-2020 年物体进入半智能化；2020 年之后物体进入全智能化。其实，这四个阶段是事物形成发展的必然阶段。第一个为概念形成阶段，一般这一时期为事物发展的最初期，只有一个雏形和长远的发展目标，是概念的逐步完善过程。第二个为技术形成阶段，技术研发是这个阶段的重要内容。目前世界各国正处这个阶段，美国、欧盟、日本、韩国等国家都在投入巨资深入研究探索物联网技术，我国已经规划在 2020 年之前投入 3.86 万亿资金用于物联网研发。第三个为实验验证阶段，科学实验是这个阶段的重要内容，是物联网从理论走向实践最重要的一个阶段，届时物联网将在一定范围内进行检测和试点，实验中大量数据的分析处理以及技术的改进，将耗费人们较多的时间和较大的精力，物联网商用将初见规模和效益。第四个为应用拓展阶段，物联网将在这个阶段全面推广和应用。这也是投入资金最大和效益最显着的时期。这个时期，物联网将覆盖整个社会，成为世界经济新的增长点。

　　就目前而言，许多物联网相关技术仍在开发测试阶段，离不同系统之间融合、物与物之间的普遍链接的远期目标还存在一定差距。EPOSS 提出的各阶段物联网技术研发、产业化、标准化等工作的重点如下图[⑥]。

物联网在研重点及发展趋势

	2010 年左右	2010–2015	2015–2020	2020 年以后
社会愿景	● 全社会接受 RFID	● RFID 得到普及	● 对象相互关联	● 个性化对象
人 类	● 实际生活（食品安全、防伪、卫生保健） ● 消费关系（保密） ● 改变了工作方法	● 改变商业模式（工艺、模式、方法） ● 智能应用 ● 无处不在的读卡器 ● 存取权 ● 新的零售及后勤	● 综合应用 ● 智能传输 ● 能源保护	● 周边环境高度智能 ● 虚拟世界与物理世界相互交错 ● 探求物理世界（google of things） ● 虚拟世界
政策及管理	● 事实管理 ● 保密立法 ● 全社会接受 RFID ● 定位文化范围 ● 出台下一代互联网管理办法	● EU 管理 ● 频谱管理 ● 可接受的能源消耗方针	● 鉴定、信用及确认 ● 安全、社会稳定	● 鉴定、信用及确认 ● 安全、社会稳定
标 准	● RFID 安全和隐私 ● 无线电频率使用	● 部分详细标准	● 交互标准	● 行为标准标准
技术愿景	连接对象	网络目标	半智能化（对象可执行指令）	全智能化
使 用	RFID 在后勤保障、零售、配药领域的实施	互动性增长	分布式代码执行全球化应用	统一标准的人、物及服务网络产业整合
设 备	小型、低成本传感器及有源系统	增加存储及感知容量	超高速	更低廉的材料新的物理效应
能 源	低能耗芯片减少能源消耗	提高能量管理更好的电池	可再生能源多能量来源	能源获取元素

物联网的新要求及强化研究方向

	2010 年左右	2010–2015	2015–2020	2020 年以后
技术愿景	RFID 使用范围的拓展	对象的集成	物联网	完全开放的物联网
人 类	社会接受 RFID	辅助生活 生物测定 IDs 产业化生态系统	智能生活 真实的健康 安全的生活	人、计算机、物体的统一 自动保健措施
政 策	全球导航 标准	全球管理 统一的开放式互通	鉴定、信用及确认	物联网的范围

	2010 年左右	2010-2015	2015-2020	2020 年以后
标准	网络安全 Ad-hoc 传感器网络 分布控制机处理协议	协同协议和频率 能源和故障协议	智能设备的协作	公共安全
技术愿景	低能耗、低成本	无处不在的标签、传感网络的集成	标签及对象可执行命令	所有目标智能化
使用	互通性架构 （协议和频率）	分布控制与数据库 网络融合 严酷的环境	全球应用 自适应系统 分布存储于处理	异质系统
设备	智能多频带天线 小的便宜标签 高频标签 微型嵌入式阅读器	标签、阅读器及其较高频率范围的拓展 传输速率 芯片级天线 与其他材料的集成提高速率	执行标签 智能标签 自制标签 合作标签 新材料	可分解的设备 纳米级功率处理器件
能源	低功率芯片组 超薄电磁 电源优化系统（能源管理）	电源优化系统（能源管理） 改善能量管理；提高电池性能；能量捕获（储能、光伏）；印刷电池	超低功耗芯片组可再生能源；多种能量来源；能量捕获（生物、化学、电磁感应）	恶劣环境下发电；能量循环利用；能量捕获生物降解电池；无线电力传输

●● 第二节 国内物联网发展趋势

国内需要以物联网的发展带动整个产业链的发展，借助信息产业的第三次浪潮实现经济发展的再一次腾飞，要着力突破物联网关键技术，把物联网作为推进信息产业迈向信息社会的"发动机"。物联网在 2009 年被再次提出以后，经历了近一年的发展，"物联网"在国内已经被炒得沸沸扬扬，当我们"冷静"以后，我们会发现，物联网毕竟是一个新生的事物，它需要经历一个过程，而这个过程随时间、环境因素的影响将会持续很长时间。起步阶段的物联网在国内的未来发展形式是什么？未来国内物联网的趋势又是什么？

通过资料分析，中国物联网产业发展呈现以下四大趋势：

一、中国物联网产业的发展是以应用为先导，存在着从公共管理和服务市场到企业、行业应用市场，再到个人家庭市场逐步发展成熟的细分市场递进趋势。

目前，物联网产业在中国还处于前期的概念导入期和产业链逐步形成阶段，没有成熟的技术标准和完善的技术体系，整体产业处于酝酿阶段。此前，RFID 市场一直期望在物流、零售等领域取得突破，但是由于涉及的产业链过长，产业组织过于复杂，交易成本过高，产业规模有限成本难于降低等问题，整体市场成长较为缓慢。物联网概念提出以后，面向具有迫切需求的公共管理和服务领域，以政府应用示范项目带动物联网市场的启动将是必要之举。随着公共管理和服务市场应用解决方案的不断成熟、企业集聚、技术的不断整合和提升，逐步形成比较完整的物联网产业链，从而带动各行业、大型企业的应用市场。待各个行业的应用逐渐成熟后，再带动各项服务的完善、流程的改进，个人应用市场也会随之发展起来。

二、物联网标准体系是一个渐进发展成熟的过程，将呈现从成熟应用方案提炼形成行业标准，以行业标准带动关键技术标准，逐步演进形成标准体系的趋势。

物联网概念涵盖众多技术、众多行业、众多领域，试图制定一套普适性的统一标准几乎是不可能的。物联网产业的标准将是一个涵盖面很广的标准体系，将随着市场的逐渐发展而发展和成熟。在物联网产业发展过程中，单一技术的先进性并不一定保证其标准一定具有活力和生命力，标准的开放性和所面对的市场的大小是其持续下去的关键和核心问题。随着物联网应用的逐步扩展和市场的成熟，哪一个应用占有的市场份额更大，该应用所衍生出来的相关标准就更有可能成为被广泛接受的事实标准。

三、随着行业应用的逐渐成熟，新的通用性强的物联网技术平台将出现。

物联网的创新是应用集成性的创新，一个单独的企业是无法完全独立完成一个完整的解决方案的。一个技术成熟、服务完善、产品类型众多、应用界面友好的应用，将是设备提供商、技术方案商、运营商、服务商协同合作的结果。

随着产业的成熟，支持不同设备接口、不同互联协议，可集成多种服务的共性技术平台将成为物联网产业发展成熟的结果。物联网时代，移动设备、嵌入式设备、互联网服务平台将成为主流。随着行业应用的逐渐成熟，将会有大的公共平台、共性技术平台出现。无论终端生产商、网络运营商、软件制造商、系统集成商、应用服务商，都需要在新的一轮竞争中寻找各自的重新定位。

四、物联网领域的商业模式将是把技术与人的行为模式充分结合的结果。

物联网将机器、人、社会的行动都互联在一起。新的商业模式出现将是把物联

网相关技术与人的行为模式充分结合的结果。中国具有领先世界的制造能力和产业基础，具有五千年的悠久文化，中国人具有逻辑理性和艺术灵活性兼具的个性行为特质，物联网领域在中国一定可以产生领先于世界的新的商业模式。

物联网对于我国来讲其战略意义主要体现在以下 4 个方面：

（1）物联网是实现技术自主可控、保障国家安全的迫切需要。大家可以想象到当物联网时期物与物之间由原来的非智能变成能够直接的智能化对话，那么万物的信息安全就变得至关重要。当上升到一个国家层面上时，它将涉及到整个国家的安全。因此在推进物联网产业发展的过程当中一定要注重我国的自主知识产权。

（2）物联网是促进产业机构调整、推进两化融合的迫切需要。由于传感网技术是信息技术改造提升传统产业最关键、最重要的手段，因此在提升产业结构方面起着举足轻重的作用。

（3）由于传感网产业是一个潜力大、成长快、爆发力强、附加值高、能耗低、污染小的新兴产业，所以它带动产业发展的效果比较好。因此，发展创新型产业离不开物联网产业的发展。

（4）物联网产业从战略意义上来讲，它是提升整体创新能力、建设创新型国家的迫切需要。创新能力的核心需要高、精、尖的技术，而物联网产业涉及到的技术有计算机技术、现代通信技术、新材料技术、智能控制技术等尖端的前沿技术。

●● 第三节　物联网产业链的机遇

产业和经济发展的需求是物联网发展更大的一种拉动力。一种技术难度有限、社会需求强烈的产物，快速发展是必然的。有专家预测，10 年内物联网就可能大规模普及。如果预测成真，建设物联网必然需要大量的信息传感设备，互联网也需要加速升级。因此，相关设备生产产业将大大发展，与之相配套的服务产业也将应运而生。到那时，物联网将是继计算机、互联网与移动通信网之后的又一次信息产业浪潮，将迎来一个上万亿元规模的高科技市场。

当前，物联网一方面可以提高经济效益，大大节约成本；另一方面可以为全球经济的复苏提供技术动力。目前，美国、欧盟等都在投入巨资深入研究探索物联网。我国也正在高度关注、重视物联网的研究，工业和信息化部会同有关部门在新一代信息技术方面开展研究，以形成支持新一代信息技术发展的政策措施。

物联网可以细分为标识、感知、智能处理和信息传输四个技术环节，各自的关键技术分别为 RFID、传感器、智能芯片和电信运营商的无线传感网络。将这些关键技术分布到产业链中，其产业链构成应包括芯片与传感提供商、应用设备提供商、系统集成商、网络提供商、软件及应用开发商和运营及服务提供商。

一 芯片与传感器提供商

芯片与技术是物联网产业发展的基础上游市场，主要包括 RFID 芯片设计、二维码码制等技术提供商。目前，国内物联网这一领域，特别是在高端产品市场技术水平比较国外发达国家还有很大差距。作为物联网发展的排头兵，RFID 成为了市场最为关注的技术，包括标签、阅读器、其它基础设施、软件和服务等。

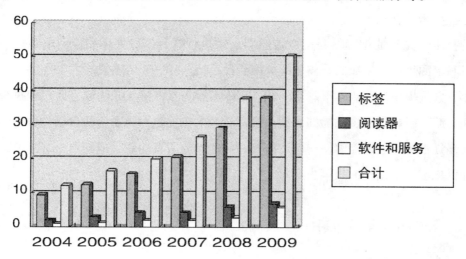

2004 年—2009 年中国 RFID 市场规模数据

市场调研机构 ABI 公司最新市场研究报告显示，RFID 的发展前景良好，未来五年将稳步增长。ABI 公司预测 2014 年 RFID 市场总体会超过 82.5 亿美元，用于汽车 immobilization（汽车防盗等）约 74.6 亿美元。未来五年中年复合增长率为 14%。

报告显示，RFID "现代化" 应用的增长速度将比 "传统" 的应用快。"传统" 的应用包括门禁管理、汽车 immobilization、电子收费等，今天约占总市场的 61%。

在 2010 到 2014 年期间，这些应用的年复合增长率预计为 6%。与之相比，这些"现代化"的应用，包括动物识别、资产管理、行李处理、货物跟踪与安全、POS 无接触支付、RTLS、供应链管理和售票等，预计同期约增长 19%。

在 RFID 应用中，汽车 immobilization 是最大的应用项目，其增长率低，对总的市场有影响，所以在审视市场发展趋势时常将其除外。另外，RFID 市场应用领域存在一种不均衡的状态，到 2014 年，增长率最高的将是 RTLS（实时定位系统）、行李处理、动物识别和服装、零售单件贴标签。美国权威咨询机构预测，到 2020 年，世界上物与物互联的业务，跟人与人通信的业务相比，将达到 30∶1。

其他主要的机会有电子车辆登记、继续推广的电子身份识别和电子政府证件，以及继续推广的图书馆系统。还可以看到增长的有：继续缓慢增长的 CPG 零售供应链管理和各种撬动 RFID 技术的资产管理，包括专业无源 UHF 标签。

MEMS（Micro-Electro-Mechanical Systems）是微机电系统的缩写，MEMS 技术建立在微米/纳米基础上，是对微米/纳米材料进行设计、加工、制造、测量和控制的技术，完整的 MEMS 是由微传感器、微执行器、信号处理和控制电路、通讯接口和电源等部件组成的一体化的微型器件系统。MEMS 传感器的主要优势在于体积小、大规模生产后成本下降快。MEMS 传感器能够将信息的获取、处理和执行集成在一起，组成具有多功能的微型系统，从而大幅度地提高系统的自动化、智能化和可靠性水平。它还能够使得制造商将一件产品的所有功能集成到单个芯片上，从而降低成本，适用于大规模生产。

二 应用设备提供商

应用设备产品主要集中在数据采集层面，包括电子标签、读写器模块、读写设备、读写器天线、微机电系统、传感器等提供商。我国物联网应用与设备市场是较其他产业链环节发展较快领域，企业数量较多，但多以中小企业为主。

三 系统集成商

系统集成商是根据客户需求，将实现物联网的硬件和软件集成为一个完整解决方案提供给客户的厂商。系统集成商的发展一方面反应了物联网业务的应用推广程度，另一方面也是影响应用推广的重要因素。国内多家系统集成公司涉足物联网系统集成项目，推出多种行业系统解决方案并完成部分系统产品的自主研发和销售。但国内在物联网应用集成方面企业多数规模不大，并且以专注于某一行业的集成商为主，还缺乏关注多行业的大型公司。

四 软件及应用开发商

信息化与工业化融合推动信息化向深度发展，未来以物联网为代表的信息技术趋势推动信息化向广度发展，信息化的应用将影响到人类生活与工作的方方面面。狭义的软件服务厂商已逐渐过渡到广义的信息化提供商，参与到信息化这一空间更为广阔的新兴市场。

金融危机之后，调整经济结构成为重点，持续推进信息化和工业化的融合、拓宽信息化应用领域已成为经济结构调整的重要途径，物联网产业的兴起正是这一调整的产物。政府是我国物联网产业的策划者和推动者，工信部等部委积极落实电子信息等重点产业的调整和振兴规划，大力发展和推广应用工业软件、行业应用解决方案，为企业的技术改造和技术进步提供支撑。物联网代表新一轮的技术革命，通信技术、计算机技术、人工智能技术等信息技术的飞速发展，尤其是传感网技术的突破，使得城市建设、传统工业与农业均有望实现全面智能化，创造新的信息化应用。这种战略性的产业调整升级给软件产业带来了重大发展机遇。

五 网络提供商

网络提供商指数据的传输承载网络服务商，国内可利用的网络有通信网、互联网、广电网络。目前，国内已经启动了"三网融合"项目，国家信息化专家咨询委员会在"2009 中国数字电视产业高峰论坛"表示，电话网、互联网、电视网"三网融合"将给国家带来 6000 – 7000 亿的经济效益，可以带动近 20 万人的就业。

互联网除了远程传输物联网的数据，还要在这些数据的基础上提供各种网络服务，为远程用户提供信息，这样物联网的信息才能在更大的范围甚至在全球共享。

因此，物联网为互联网拓展应用服务提供了空前广阔的发展空间。比如，远程家庭管理、远程医疗、智能交通等，无不需要建立新的互联网应用来提供丰富的网上服务。所以，物联网产业的兴起，将给互联网产业注入新的活力和开拓出更加宽广的发展前景。

另外，无线传感器网络已经成为政府推进物联网发展的首要着力点。在政府的高度关注和明确支持以及产业的技术发展、需求推动等协同作用下，中国无线传感器网络市场将在未来一段时间内以超过 200% 的年均复合增长率增长，预测 2015 年达到 200 亿的规模。

无线传感器网络不但是政府扶持和行业应用的热点，还将成为市场竞争和产业投资的热点。无线传感器网络的发展将帮助物联网实现社会生产生活中信息感知能力、信息互通性和智能决策能力的全面提升，为我国争夺国际经济科技制高点、实现"建设创新型国家"的战略性目标和国家的跨越性发展做出重大贡献。

中国权威报告中的数据显示，作为物联网现阶段发展核心的无线传感器网络（WSN）产业，其市场规模将在未来两年内增长 15 倍，达到 40 亿元。无线传感器网络的发展，还将带动 RFID 等其他物联网产业。

六 运营及服务提供商

运营及服务提供商主要是为客户提供统一的终端设备鉴权计费等服务，实现终端接入控制、终端管理、行业应用管理、业务运营管理、平台管理等服务。目前，我国物联网运营及服务市场受制于应用的推广，还没有发展起来。未来，随着物联网应用范围的不断扩大，运行状态、升级维护、故障定位、维护成本、运营成本、决策分析、数据保密等运营管理的需求将越来越多，对运营及服务提供商的要求也将越来越高。

综上所述，物联网战略的实施，将带动整个产业链快速向前发展，并产生相当可观的经济效益。但不可避免的是会对某些行业或产业造成冲击，淘汰一些工作岗位，比如，当智能电网建设成熟后，大量的抄表工职位将不再存在；智能家居将冲击家政服务业；智能交通系统将会淘汰收费、交通指挥等一些岗位。但这种对岗位数量的影响只是暂时的，因为人类社会中的事情最终只能由人类自己来决断、执行，不可能由智能化的技术和设备完成一切。所以随着新的、适应物联网战略的行业的产生和新的工作岗位的出现，经过必要的培训，从过时的、旧的岗位上退下来的人们会重新上岗，而且工作会更加轻松自如。

从最终的社会效益来说，实施物联网战略的根本意义在于让人们的生活更加方便舒适，使人们摆脱那些枯燥无味、被动机械、或者环境恶劣的工作，使人们能更专注于需要更高智能、更加体现人类主观能动性、更富有乐趣和挑战性的工作，从而提高人们的生活质量。

●● 第四节　国内物联网存在的技术瓶颈

一　企业技术研发水平薄弱，在超高频领域继续突破

纵观全球 RFID 产业，我国已经在高频应用领域占据了世界第一的位置，形成了从芯片设计、制造、封装和读写机具设计、制造到应用的成熟的产业链。而在国际上重点发展的超高频领域，我国的研究与应用也加紧了追赶的步伐。但是目前，我国 RFID 产业在超高频领域与国际先进水平相比，还存在着五大瓶颈。

1. 企业技术研发水平薄弱

目前，我国进入 RFID 领域的企业基本都是中小型企业，企业资金实力相对薄弱，用于技术研发的资金很受限制，大大影响了企业的技术创新。另外，国外凭借其几十年的发展，在 RFID 领域积累了大量人才，而我国 RFID 的发展仅有短短几年时间，技术创新人才相当匮乏，需要国家和企业加大人才的培养力度，为我国 RFID 产业的发展提供坚实的人才基础。

2. RFID 标签成本过高，限制了其应用范围的扩大

目前，中国制作一个标签的成本大约在 1.5 元左右，高额成本决定了这项技术只能应用在附加值相对较高的商品上，比如汽车、高档酒、门票等方面，而在低价值商品上则无法推广，这大大限制了 RFID 应用范围的推广。企业使用 RFID 标签无形中会增加成本，因此，一般的企业不会主动去用 RFID 标签。另外，目前中国企业真正了解 RFID 作用的人还比较少，也造成在实际推广中存在着很大困难。

3. 缺乏国家标准

目前在高频领域我国主要沿用国际标准，但在关键的超高频领域，标准仍由国外组织控制着，我国如果照搬这个标准，未来就要支付大量的专利费用，这将大大增加中国企业的成本。因此，尽快制定出自己的超高频 RFID 标准迫在眉睫。

二 云计算瓶颈——数据传输

物联网数据传输环节中，云计算是较为显著的瓶颈。设想一下，未来许多本地计算都被转移到"云端"上完成，必然需要高速、稳定的网络支持，而这一点，在目前远未达到要求。

2009 年，加州大学伯克利分校的研究人员曾经做过一项研究：将 10T 数据从伯克利发送到亚马逊公司所在的西雅图。研究表明，这项任务如果通过网络完成，将需要超过 45 天和 1,000 美元，然而，如果邮寄 10 个 1T 的磁盘，只需要不到 1 天和大约 400 美元。

事实上，考虑到我们现实的计算、网络环境，云计算所面临的这种网络瓶颈远比想象中要严重。据 speedtest.net 的数据，2010 年中国网络平均下载速度排名全球 183 个国家和地区中的第 80 位，为 2.78Mb/s，只相当于第一名韩国的 12.17%；上传速度略好，为 1.30Mb/s，排名 34 位。与个人 PC 的数据传输速度相比，可以清晰地看到差距：以当前市场上最低配置而言，PC 主板前端总线 FSB 为 800Mhz，换算为网络传输速度为：$800 \times 64 = 51,200$Mb/s，大约相当于我国网络平均下载速度的 18,417 倍，上传速度的 39,385 倍。在这样的传输速度差距下，如果像云计算所设想的，将个人电脑的处理任务转移到"云端"，可想而知，与本地处理相比，必然产生极大差异。

另外，据 speedtest.net 的数据，2008 年我国的网络下载速度是 1.92Mb/s，2009 年是 2.37Mb/s，同比分别增长 23.44% 和 17.30%。而网上信息量的年增长率为 132%。根据摩尔定律，微处理器的性能每隔 18 个月提高一倍，约合年增长率 58.7%，仍然高于当前网络速度的提升——目前的信息处理需求、处理能力和网络数据传输能力之差在短期内不见缩小的趋势，反而会不断增加。

未来网络速度的提升是必然的趋势，但是相比较信息量的增加以及 PC 端数据传输、处理能力的提升而言，仍然较慢。在未来的云计算时代，我们无法设想"数据中心＋快递"的模式会成为典型应用，如何快速提升网络传输能力，在未来 3-5 年内将依然是横亘在云计算拥趸面前的一道高峰。

三　物联网应用的开发

物联网应用普及到生活及各行各业中必须根据行业的特点，进行深入的研究和有价值的开发。这些应用开发不能依靠运营商，也不能仅仅依靠所谓物联网企业，因为运营商和技术企业都无法理解行业的要求和这个行业具体的特点。很大程度上，这是非常难的一步，也需要时间来等待。只有一个物联网的体系基本形成，一些应用形成示范，更多的传统行业感受到物联网的价值，这样才能使更多企业看清楚物联网的意义，看清楚物联网有可能带来经济和社会效益。

嵌入式系统是指将应用程序、操作系统与计算机硬件集成在一起的系统。它以应用为中心,以计算机技术为基础,而且软硬件可以裁剪,因而是能满足应用系统对功能、可靠性、成本、体积和功耗的严格要求的专用计算机系统。这种系统具有高度自动化、可靠性高等特点。嵌入式系统主要由硬件和软件两部分组成，硬件主要包括嵌入式核心芯片、存储器、I/O 端口等，软件由嵌入式操作系统和相应的各种应用程序构成，有时把这两者结合起来，应用程序控制着系统的运作和行为，操作系统则控制着应用程序编程与硬件的交互作用。

目前，嵌入式智能技术在智能信息家电的应用上取得长足进步，特别是数字信号处理的应用和发展，使得系统的语音和图像处理能力大大增强，不仅可以最大限度地利用硬件投入，而且还避免了资源浪费。嵌入式技术是在 Internet 的基础上产生和发展的，因此在智能家居控制中，应具有安全性和能快速地与外界进行信息交换，这就需要计算机对存储器、运算速度等性能指标要求比较高，而嵌入式系统一般情况下都是小型的专用系统,这样就使得嵌入式系统很难承受占有大量系统资源的服务。实现嵌入式系统的 Internet 接入、"瘦" Web 服务器技术以及嵌入式 Internet 安全技术，是嵌入式系统 Internet 技术的关键和核心。物联网技术中所采用的各类高灵敏度识别、专用的信号代码处理等装置的研发，将会更进一步推动嵌入式智能技术在物联网中应用的扩大。

四 IP 地址和协议问题

每个物品都需要在物联网中被寻址，这就需要一个地址。物联网需要更多的 IP 地址，IPv4 资源即将耗尽，那就需要 IPv6 来支撑。IPv4 向 IPv6 过渡是一个漫长的过程，因此物联网一旦使用 IPv6 地址，就必然会存在与 IPv4 的兼容性问题。

物联网是互联网的延伸，在物联网核心层面是基于 TCP/IP，但在接入层面，协议类别五花八门，GPRS/CDMA、短信、传感器、有线等多种通道，因此，物联网需要一个统一的协议栈。

五 纳米技术

纳米技术不是物联网的专有技术。目前，纳米技术在物联网技术中的应用主要体现在 RFID 设备、感应器设备的微小化设计、加工材料和微纳米加工技术上。纳米技术是研究尺寸在 1～100nm 的物质组成体系的运动规律和相互作用以及可能的实际应用中的技术问题的科学技术。纳米技术的发展，不仅为传感器提供了优良的敏感材料，例如纳米粒子、纳米管、纳米线等，而且为传感器制作提供了许多新型的方法，例如纳米技术中的关键技术 STM、研究对象向纳米尺度过渡的 MEMS 技术等。与传统的传感器相比，纳米传感器尺寸减小、精度提高等性能大大改善，更重要的是利用纳米技术制作传感器是站在原子尺度上，从而极大地丰富了传感器的理论，推动了传感器的制作水平，拓宽了传感器的应用领域。纳米传感器现已在生物、化学、机械、航空、军事等方面获得广泛的发展。

参考文献：

① 《ITU 互联网报告 2005：物联网》，http://www.blogupp.com/directory/blog/chiong.cn

② 《物联网培训 PPT》，http://wenku.baidu.com/view/9de35e563c1ec5da50e270ec.html

③ 《物联网应用案例解析，发生在身边的物联网应用案例》，http://www.cu-market.cn/alfx/2010-6-13/182126.html

④ 居家智能 IxSys@iHouse.cn 的一日生活，http://www.jnzzw.gov.cn/bupin_show.asp?id=226，2010 年 3 月 15 日访问

⑤ 参见《国内外物联网发展综述》，上海情报服务平台，杜渐，2009-12-25

⑥ 《The Internet Of Things》，www.itu/internetofthings

物联网

CHAPTER 社会篇

第四章 | # 智能家庭

智能家庭将给人们的居家生活带来哪些益处呢?

首先,使得生活环境更加安全。安全防范是家庭智能的第一需求,防盗、防劫、防可燃气体泄漏、防火、防胁迫、紧急救援等多项功能组成,它以防盗报警为中心、监控与联动自动控制系统为手段确保人身安全为目的,将技防与物防、人防有机地结合在一起。

其次,家庭环境更加环保、更加节能。室内环境监测可方便地告诉人们室内环境的质量,从而可以使得家庭生活环境更加环保;各种设备均采用人性化的智能控制,可根据室内光线和人们的作息时间智能调整室内采光情况,各种新型能源被接入智慧屋,家庭耗能更加合理。

再次,家庭信息化、自动化程度更高。所有的家电均有智能处理功能,可与主人进行交流,根据主人意识的需要来满足日常生活的需求。

最后,家庭娱乐项目更加丰富。三网互联实现个性化定制服务,人们可方便地根据自己爱好定制自己喜欢的栏目,包括各种互动节目、点播节目、娱乐游戏等。

●● 第一节 智能家庭简介①

智能家庭,或称智慧家庭、智慧住宅,在英文中常用 Smart Home。与智能家庭的含义近似的还有家庭自动化(Home Automation)、电子家庭(Electronic Home、E-home)、数字家园(Digital family)、家庭网络(Home net/Networks for Home)、网络家居(Network Home),智慧家庭 / 建筑(Intelligent home/building),在香港、台湾等地区还有数码家庭、数码家居等称法。

2009 年初,"中国智慧家居网"根据行业实际的发展,重新定义了智慧家庭

这一名词的含义：智慧家庭是以住宅为平台，利用综合布线技术、网络通信技术、安全防范技术、自动控制技术、音视频技术将家居生活有关的设施集成，构建高效的住宅设施与家庭日程事务的管理系统，提升家居安全性、便利性、舒适性、艺术性，并实现环保节能的居住环境。在智慧家庭系统包含的主要子系统中，智慧家庭（中央）控制管理系统、家居照明控制系统、家庭安防系统为必备系统，家居布线系统、家庭网络系统、背景音乐系统、家庭影院与多媒体系统、家庭环境控制系统为可选系统。在智慧家庭环境的认定上，只有完整地安装了所有的必备系统，并且至少选装了一种及以上的可选系统的智慧家居才能称为智慧家庭。

一　智能家庭的功能

家庭智能终端是智能家庭的心脏，智能家庭平台系统实现的功能和提供的服务包括：

1.始终在线的网络服务

可实现各种网上服务：网上购物——在家中的电脑前轻轻一按，商品按时送来；远程教学——孩子不用出门，就可得到最好的老师教学；远程医疗——病人不用出门，就可得到专家的会诊；网上办公——与互联网随时相连，为在家办公提供了方便条件……

2. 智能安防报警

家人安全最重要，智能安全防护系统采用双重防线将非法闯入、火灾、煤气泄露、紧急呼救等危险置于门外。住宅周界采用主动红外探测设备；室内重点区域，如门窗、厨房、客厅、密室、收藏品区等，采用红外探头等进行重点防范。而智能家庭报警系统则通过人体移动侦测器或微波加被动红外探测器、煤气泄漏检测器、烟雾检测器、声光报警器、门窗磁开关报警装置、幕帘式双元红外探头、全自动人体红外线感应开关和紧急报警按钮红外探测器等无线与有线连接结合的方式检测家中异常现象。一旦出现警情，系统会自动向中心发出报警信息，并立即启动警号威慑、自主录音、现场监听和远程布防等方式进入应急联动状态，进行主动防范，起到保护家人和财产安全的作用。

3. 网络视频实时监控

通过物联网，您可以实时监控家中各房间的状况。例如，您可以通过互联网看到家中的孩子是否已经安然入睡……

4. 设备预设日程管理

您可以设定网络上各种设备按照预设的时间来进行工作，并可以设定动作执行的循环周期。例如，您可以设定每天早晨 7:00，系统自动打开卧室灯光、拉开窗帘、控制 CD 机自动播放喜欢的音乐……

5. 智能照明控制

（1）可实现全自动调光。系统有若干个基本状态，这些状态会按预先设定的时间相互自动切换，并将照度自动调整到最适宜的水平。

（2）可调节有控光功能的建筑设备（如百页窗帘）来调节控制天然光，还可以和灯光系统连动。当天气发生变化时，系统能够自动调节，无论在什么场所或天气如何变化，系统均能保证室内的照度维持在预先设定的水平。

（3）可保证照度的一致性。采用智能照明控制，系统将会按照预先设置的标准亮度使照明区域保持恒定的照度，而不受灯具效率降低和墙面反射率衰减的影响。

（4）实现光环境场景的智能转换。智能照明控制系统可预先设置不同的场景模块，需要时只要在相应的控制面板上进行操作即可调入所需的场景。用户还可以通过可编程控制面板对场景进行实时调节以适应不同要求。另外，用户还可以通过接口用便携式编程器进行不同场景的变换设置。

（5）运行中节能。智能照明控制系统通过智能调光，给需要的地方、在需要的时间以充分的照明，及时关掉不需要的灯具，充分利用自然光，其运行节能效果充分。

（6）在智能家居系统中，通过网络连接的显示设备，也可以担任照明的功能，只要用户愿意，可以在墙面上呈现各种照片和场景，并根据气氛改变照明效果。例如在结婚纪念日，可以投射温馨而浪漫的色调，而在需要大亮度的时候，则可以设置为照明全面开启。

智能照明，让灯光成为艺术，让生活更显温馨与浪漫！

6. 家电的智能控制和远程控制

如对灯光照明进行场景设置和远程控制、电器的自动控制和远程控制等，场景统一管理——根据个人喜好，对所有联网设备自定义场景设置，轻按一键，就可以使得多种联网设备进入预设的场景状态。您可以设计一系列的场景：例如"回家"、"离家"、"娱乐"、"会客"等等，使您的生活更高效、更方便。室内无线 / 红外遥控——通过手持遥控器，可以方便地管理家中所有的联网设备，无线射频遥控器将使操作不再有方向性和距离的限制。例如，在客厅通过红外遥控位于主卧室的空调，打开厨房的灯光等，使您的生活更加舒适。电话远程控制——在任意地方，您都可以通过电话或手机对家庭网络上的各种电器设备进行远程遥控。例如在全家出外旅行时，亦可通过电话遥控您的家居。Internet 远程遥控——在世界的任何一个角落，您都可以登录互联网，通过 Web 浏览器对家中所有联网设备进行直观的远程控制和状态查询。

7. 交互式智能控制

可以通过语音识别技术实现智能家电的声控功能，通过各种主动式传感器（如温度、声音、动作等）实现智能家居的主动性动作响应。如通过先进的语音识别技术，您可以通过身上佩戴的无线麦克风发出语音控制命令，对全家的联网设备进行控制。系统如同您忠实的仆人，可以与您对话，代替您完成相关复杂的操作。

8. 环境自动控制

不管外面是寒冬还是酷暑，房间里永远春意融融、润泽舒适，并且这种舒适完全来自于"天然"。空气中的湿度保持在30%至70%之间，同时，室外的空气经过外部新风系统的除尘、过滤、杀毒、调节温湿度等流程的处理，进入室内，风从房间底部缓缓送入室内，没有噪音，人基本感觉不到风吹，但室内空气会如"郊野"

智慧家庭的核心价值在于其实用、易用及人性化

一样清新。

这如梦幻般的场景正在变为现实。目前已研制成功了一种特定为室内温湿度调节控制、带有节能功耗的"电子鼻"系统：只需将室内所需的温湿度范围、灯光和空调等耗能值等参数信息预先设置好，一旦这些电器运行数值超过预先设置的标准，"电子鼻"系统便可通过传感器检测到超标信息，随后控制器会将超标信息与设置好的参数进行比较分析，并发出指令控制相关设备，自动将温湿度、能耗值调节到可接受范围。该系统犹如一套智能化的感官系统，确保了舒适的家居环境。

9. 提供全方位家庭娱乐

如家庭影院系统和家庭中央背景音乐系统：家庭中央背景音乐系统是智能家庭的重要组成部分，我们在自家的每个房间都可以听到高品质、高保真立体声音乐，并且每个房间可以进行独立、智慧、个性化的控制与操作，比如独立调节高低音及音量、选择音源及音乐播放模式、设定不同的定时开关机时间、选择不同的曲目、电话接入时相应房间音量自动减小等等，并且每个家庭可以根据自身实际情况选择理想的音乐家居模式，享受现代科技带来的高品质和谐生活。背景音乐如潜流，轻轻流淌在各个房间，提供一种轻松、愉悦、优美的音乐环境，并可配合照明系统、空调系统、窗帘等进行复杂的场景设置。

10. 现代化的智能厨卫环境

随着高科技不断进入家庭，我们的厨房也开始进入智能化的过程。未来智能化厨房所涉及的如光电技术、遥测感应技术、遥控技术、计算机和自动控制技术、远红外线等很多已经成熟，只是尚未全面普及或者整合到我们日常的厨房产品制造之中而已。如果这些技术在厨房设计和生产中得到整合集成，将给厨房家具和人们的生活带来一场深刻的革命。

11. 家庭信息服务

用户不仅可以透过手机监看家里的视频图像，确保家中安全；也可以由手机与家里的亲戚朋友进行通话，极大地拓宽了与外界的沟通。自动抄表——无须人工入户查表记录，电表、冷水表、热水表、煤气表等计量表可进行自动传送；可视对讲——住户与访客、访客与物业中心、住户与物业中心均可进行可视或语音对话，从而保证了对外来人员进入的控制……

12. 家庭理财服务

虚拟银行将银行服务从分行延伸到家里、办公室，或任何可接入互联网的地方，通过手机、Internet 就可完成理财和消费服务。

13. 自动维护功能

智能信息家电可以通过服务器直接从制造商的服务

"手机钱包"可实现智慧支付

网站上自动下载、更新驱动程序和诊断程序，实现智能化的故障自诊断、新功能自动扩展等。

科技的发展使人们坚定不移地追求更高品质的生活，智能家庭作为高品质信息生活的代表得到越来越多的瞩目。但无论智能家庭系统功能如何增强，怎样做到实用、易用、人性化，真正提高人们的生活品质，才能真正体现智慧家庭的价值，而这也是现代科技价值的核心所在。

二　低碳的智能家庭

夏天，您可以在到家前几分钟，用手机打开家中空调降温；冬季，随时通过远程遥控提前启动家中独立供暖系统；睡觉前，您可以摸一下"晚安"键，家庭主控系统会进入"晚间休息模式"，此刻，家中的灯全部熄灭，窗帘落下，大门锁好，防盗报警与自动探头同时工作，它们对外防盗抢，对内为家

欧洲未来低碳智能 Atika 概念住宅

国内首座"零能耗"生态示范住宅
——"沪上·生态家"

人起夜自动照明和关闭；外出时，家中家电监控系统就可以在确认家中无人后，自动关闭您忘了关闭的各种应该关闭的电器、电灯。这些都是智能家庭带给你的高舒适低碳生活体验。

智能家庭系统将整合包括浅层地能系统（地源热泵）、可再生能源系统（太阳能光伏发电）、冰蓄冷系统、全热交换置换式新风系统、中央除尘系统、同层后排水系统、3G 网络通信系统等在内的先进设备设施，打造高舒适低碳的智能家庭。

入驻上海世博会的国内首座"零能耗"生态智慧住宅——"沪上·生态家"——采用绿色、环保、节能的生态技术，如太阳能一体化建筑技术、天然采光和 LED 照明技术、雨水污水综合利用技术、智慧集成管理技术、自然通风技术和浅层地热利用技术等，展现可持续发展的生态住宅理念，探索普遍适用型宜居模式。

三　国外的智能家庭发展状况[2]

1. 日本

日本是一个智能化家居比较发达的国家，除了实现室内的家用电器自动化联网之外，还通过生物认证实现了自动门识别系统，站在安装于入口处的摄像机前，用大约 1 秒钟的时间，如果确认来人为公寓居民，大门就会打开。即使双手提着东西，也能打开大门。

日本的智能化家居还在厕所的便器垫圈上安装有血压计，当人坐在便器上时血压计便能检测其血压。而安装在便器内的血糖检测装置，能自行截流尿样并测出血糖值。此外，厕所内洗手池前的体重仪，可在人洗手的同时测量体重。检测结果均能出现在一个显示器上，全家人的检测值都可被分别保存。

2. 澳大利亚

澳大利亚智能家居的特点是让房屋做到百分之百的自动化，而且不会看到任何手动的开关。如一个用于推门的按钮，在内部装上一个模拟手指来自动激活；泳池与浴室的供水系统相通，自动加水或者排水；下雨天花园的自动灌溉系统将自动停止工作等等很多自动化的设置。不仅如此，这样的智化房屋只有一处安装了42英寸的等离子屏幕可供观察，而大多数房间的视频设备则都隐藏在房间的护壁板中。安全问题也是考验智能家居的标准之一，澳大利亚智能家居保安系统里的传感器数量更多，即使飞过一只小虫，系统都可以探测出来。

3. 西班牙

西班牙是一个艺术氛围浓厚的国家，住宅楼的外观大多是典型的欧洲传统风格。但当你走进它的时候，才会发现智能化家居的设计的确与众不同。室内自然光充足的时候，带有感应功能的日光灯会自动熄灭，减少能源消耗；安放在屋顶上的天气感应器能够随时得到气候、温度的数据，在下雨的时候它会自动关闭草地洒水喷头、关闭水池；而当太阳光很强的时候，它会自动张开房间和院子里的遮阳篷。地板上不均匀分布着的黑孔是自动除尘器，只需要轻松遥控，它们就会在瞬间清除地板上的所有灰尘、垃圾等等，这一切都充满了柔和的艺术气息。

4. 韩国

韩国电信用 4A 描述他们的数字化家庭系统（HDS）的特征，即 Any Device，Any Service，Any Where，Any Time，以此表示这套系统能让主人在任何时间、任何地点操作家里的任何用具、获得任何服务。比如客厅里，录像设备可以按照要求将电视节目录制到硬盘上，电视机、个人电脑、PDA 都会有电视节目指南，预先录制好的节目可在电视、个人电脑和 PDA 上随时播放欣赏；厨房里，始终处于开启状态并联网的电冰箱成了其他智慧家电的控制中心，冰箱可以提供美味食谱，也可上网、看电视；卧室内设有家庭保健检查系统，可以监控病人的脉搏、体温、呼吸频率和各种症状，以便医生提供及时的保健服务，通过与卧室的电视机相连，病人则可向医生"面对面"咨询。

●● 第二节　智能家庭实施方案

一　海尔 U-home 智慧屋③

海尔全新的智慧家居平台 U-home 在应用中实现了 "物联网" 概念在生活中的延伸。海尔 U-home 与杭州电信 "我的 e 家" 合作推出了 "我的 e 家·智慧屋" 产品，让用户切身感受到了 "物联网" 的无穷魅力。

"我的 e 家·智慧屋" 产品是通过 "物联网网桥 （WSN Bridge）"，实现用户通过手机、互联网、固话与家中灯光、窗帘、报警器、电视、空调、热水器等家电的沟通，通过 "网桥"，可以轻松实现人与家电之间、家电与家电之间、家电与外部网络之间、家电与售后体系之间的信息共享，其最大的优势就是将物联概念与生活实际紧密联系起来，使之成为像水、电、气一样的居家生活的基础应用服务。

二　西门子智能家庭④

西门子的 "智能家庭网络" 方案在 2006 年 5 月推出，充分整合了西门子在通信、自动化、照明、家电和医疗等多个业务领域的优势，实现通过智能家庭网关对家庭中机顶盒、PC、PDA、WIFI 手机、打印机、电话以及照明、家电等进行组网，提供统一的便于操作的用户界面，提供更加生动、便利和休闲的生活方式。用户不仅能够在家中享受到无线上网、视频电话、视频会议、视频邮箱，还能通过远程进行家电、照明控制，家庭安全防护、门禁安全控制以及远程医疗服务等智能化功能。

西门子智能家庭的功能实现主要分为家庭内部的家庭网关和控制系统，局端业务使能平台和业务控制平台两部分。终端设备和户内系统通过 IP 网连接，未来能够与 NGN、3G 以及安全报警服务中心、医院服务中心等互联，具有良好的可扩展性。通过业务使能平台，实现统一的控制界面，为最终用户提供直观的家庭生活信息及控制，通过电视机、手机 /PDA、笔记本电脑等随时随地进行业务控制。

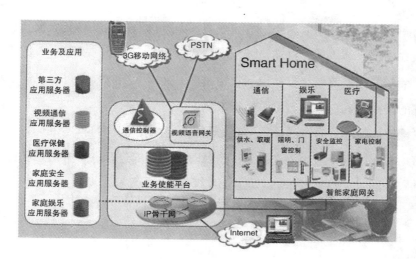

西门子智能家庭网络连接图

●● 第三节 智能家庭用品

一 智能冰箱

采用 RFID 技术的智能冰箱可以计算冰箱中的食物储量并通过界面和用户交互。只需每份食品都贴有 RFID 单品标签，智能冰箱就能与网络相连，提供食物保存、处置和制作的正确方法。智能化的冰箱会告诉你存放在冰箱里的食品哪些时间过长，需要及时处置，让你以最安全最健康的方法处置食物。冰箱上还装有电视机和收音机，人们可以在厨房里，一边做饭一边看电视或听新闻，也可以通过与它连接的摄像机，监视门前的情况和孩子的平安。冰箱还能提供大量的中西菜谱，只要照单烹调，美味佳肴便能上桌。

二 智能洗衣机

物联网洗衣机是采用电网识别技术，自动识别电网负荷、电费信息，随时调整洗涤过程

海尔物联网"冰洗空"产品

和启动时间，从而避开用电高峰，节约能源。通过自动识别洗涤剂品类、自来水硬度、洗涤衣物重量等信息，自动判断和调整洗涤剂的投放量，选择最合适的洗涤程序，达到最好的洗涤效果。自动识别衣物布质，无需人工判断即可对不同衣物面料选择最佳的洗涤模式，节水节电、保护衣物。

物联网洗衣机还具有产品运行信息短信提示功能，洗涤过程中的运行信息，洗衣机会自动发短信到指定手机上，让用户及时了解洗衣进程；多种娱乐功能使用户能够在洗衣的同时，收听音乐、浏览图片、观看视频等。

三　三网电视

"三网电视"是基于模卡技术平台的动态三网电视，不仅率先实现了互联网、广电网和通讯网的三网融合，并可实现三屏互动，随时随地可以利用手机、电脑和电视进行上传、下载、分享。

同时，模卡技术成功实现了"机卡分离"，解决了传统固态电视内置功能模块无法硬件升级的弊端，实现了从软件到硬件的全面升级，从根本上解决了技术发

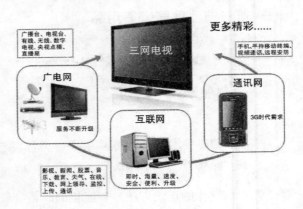

海尔三网电视

展迅速，电视更新换代带来的污染和浪费。并可通过不同功能的模卡进行自由组合，随需改变，为人们打造个性化的网络生活。

四　智能电表

智能电表不仅可以测量用电量，它还是电网上的传感器，可以协助检测波动和停电。它还能储存和关联信息，支持电力提供商完成远程开启或关闭服务，也能远程支持使用后支付或提前支付等付费方式的转换。

智能电表根据一天中电量的变化，产生基础价格，并将信息显示出来以供消费

者查看。价格透明使用户知道什么时候征收高峰电价，这样他们能够在了解所有情况后自行决定用电时间。而且，该解决方案减少了用电高峰时间的电力需求，降低了整个系统的成本，最大化实现可再生资源的供电，并且授权客户管理其电力使用。

五　智能插座

为了控制家用电器的耗能指数，需要房屋原有的电器插座更加智能化。使用一种新型的"智能插座"，这个目标很快就能实现了。国外生产的一种智能插座可以安装在房间原有的插座上，用户通过这个智能插座就能了解每个电器耗电的情况。

智能插座内部设有 RFID 芯片、微处理器和无线网络，这样的设计能在互联网上创造控制节点。而且智能插座是可编程的，人们可以通过程序控制相应插座上使用的电器，例如，通过网络程序关闭暂时不用的电器。

如果用户同时使用多个智能插座，则可以通过网络路由器发送信息，从而创建一个家庭能源网络，监测用电情况。

六　智能床

当我们坐在这个床上时，它会自动的感应到我们，就启动睡眠模式，空调改为睡眠模式了、天花板上的灯关了，地灯开了、窗帘也正在关闭，整个环境状态都发生了改变，这更符合我们睡觉的环境和习惯，当我们起来后，就会启动起床模式。这种智能控制，也可以根据每个人的不同习惯进行设置，而满足不同人的需求。

七　触摸感应式厨房

目前在世界上也是最领先的厨房电控技术，它包含电控升降吊柜、升降灶台柜、升降调料柜、升降洗涤柜，一触即开抽屉、电子刷卡抽、儿童锁抽屉等。一系

列人性化的功能使厨房操作变得非常方便、非常安全。最先进的是在升降灶台柜里加入 RFID 身份识别技术，人身上只需有 RFID 身份识别卡片，可以使这个升降灶台自动升到符合人身高的高度，在离开后，灶台柜又会自动回落。

八　家庭能源智慧仪表

家庭能源智慧仪表可以作为一个管理平台，配合智慧电源插座对家用电器的耗电量进行监控并提出个性化的节能方案，通过改善电能的利用效率可以达到减少开支和节能环保的目的。另外智慧能源管理器还提供其他方面的家庭应用，包括地图查询、购物咨询、电子挂钟、数码相框等。

九　人工智慧清洁电器

互动、人性、创造健康空间是人工智慧，清洁电器的最大亮点。人性智慧清洁产品可以在无人操作的情况下自主识别室内尘污并进行清洁，有障碍物识别及自动返回充电能力，可实现无人状态下的全时全境清洁。智慧清洁电器不但能彻底地清理居室、过滤净化室内空气，还能对家居环境进行智慧监控防止二次污染。

●● 第四节　智能家庭技术

一　家庭网关技术⑤

家庭网关是智能家庭局域网核心部分，主要完成家庭内部网络各种不同通信协议之间转换和信息共享，以及同外部通信网络之间数据交换功能，同时网关一般还负责家庭智能设备的管理和控制。

目前，由于研究家庭网关的公司众多，家庭网关的定义还不统一。其基本定义是：一种将家庭网络无缝连接到宽带网络，俾所有家庭内连网设备同时享有高速连接的设备。

家庭网关具有以下五个特点：

1. 系统分别按功能独立设计模块，安装时可以选择部分功能模块，也可以分步骤安装。

2. 网关具有很好的扩展性、配置的灵活性和易操作性。用户可面对现实，立足现在，先满足当前的基本需求，然后再根据需要进行扩展。

3. 可兼顾大量存在的非智能家电。

4. 由于网络功能强大，因而将来通过电视实现上网的家庭可以通过电视来监控家居状况。

5. 适合于智能家居的个性化定制。

利用信息技术，家庭网关可以实现以下功能：信息网络化；管理智能化；节能环保化；居住安全化；运行自动化；操作简单化。

智能家庭网关操作平台目前还存在一些问题。如技术标准目前还不完全统一；宽带网运营商、接入商、增值服务商、宽带设备与宽带应用软件生产商、物业管理商等一系列商家的配合还尚需时日；这种网络化平台难以兼容目前家庭里日益出现的各种新型信息家电等。因此，其大规模的推广使用还需更多生产制造商和系统集成商的合作。

二 计算机技术、微电子技术、通信技术的系统集成技术⑥

智能家庭系统集成是通过各种网络技术把家庭中各种异构的设备互联到一起，同时，把家庭中的设备和 Internet 互联到一起，使得设备与设备之间，设备与互联网之间能够相互通信，实现设备的相互操作、管理、信息共享等应用。实践证明，智能家居的核心是系统集成化，各个子系统间集成的好坏往往成为这个系统能否有效运行的关键。

随着计算机技术和信息技术的迅速发展，特别是互联网的出现，计算机的应用范围更为广泛，许多应用程序需在网络环境的异构平台上运行。在这种异构环境中，通常存在多种硬件系统平台（如 PC、工作站、小型机、各种嵌入式系统等），在这些硬件平台上又存在各种各样的系统软件（如不同的操作系统、数据库、语言编译器等）及多种风格各异的用户界面，这些硬件系统平台还可能采用不同的网络

协议和网络体系结构连接。如何把这些系统集成起来并开发新的应用是一个很困难的问题。

中间件技术是目前智能家居系统集成中解决上述家庭分布式环境的复杂性和异构性的最好方法。所谓中间件是一种独立的系统软件或服务程序，分布式应用软件借助这种软件在不同的技术之间共享资源。简单地说，中间件是处于操作系统和用户应用程序之间且具有标准接口和协议的软件产品。它起着承上启下的作用，具有向上层软件提供通用的操作接口、提供良好的连接和通讯机制、提供事务管理与安全等机制的功能。

智能家居系统是一个动态开放的环境，随时都有可能增加一些新的设备在家庭网络上。如何集成智能家居系统使它成为一个自诊断、自配置、自维护并且可以提供自发服务的系统，仍将是一个需要不断探寻的问题。

三　嵌入式系统技术⑦

传统家用电器，绝大多数是由单片机控制，从传统家电升级为网络家电之后，为实现网络技术和家电控制系统无缝连接，将具有网络功能嵌入式软件和单片机控制软件程序作了相应调整，使之有机结合成完整嵌入式系统。

嵌入式系统（Embedded System）技术是当今最热门的技术之一。一般对嵌入式系统的定义为：以应用为中心，计算机技术为基础，软硬件可裁剪并适用于应用系统，对功能、可靠性、成本、体积、功耗有严格要求的专用计算机系统。针对某种特定的应用需求，嵌入式系统嵌入到对象软硬件体系中。嵌入性、专用性和计算机系统是嵌入式系统的三个基本特征。它具有功耗低、专用性强、系统精简、系统内核小、高实时性 OS(操作系统)、体积小、集成度高、移动能力和网络能力强以及嵌入式开发走向标准化的特点。以嵌入式系统构建的智能家居网络，具有强大的信息处理、设备控制和网络管理能力，因而嵌入式系统在智能家居网络中得到广泛的应用。

在智能家庭控制中，应具有安全性和能快速地与外界进行信息交换，这就要求计算机对存储器、运算速度等性能指标比较高，而嵌入式系统一般情况下都是小型的专用系统，这样就使得嵌入式系统很难承受占有大量系统资源的服务，实现嵌入式系统的互联网接入，"瘦"Web 服务器技术以及嵌入式互联网安全技术，是嵌入式系统 Internet 技术的关键和核心。

目前，嵌入式智能技术在智能信息家电的应用上取得长足进步，特别是数字信号处理的应用与发展，使得系统的语言和图像处理能力大大增强，不仅可以最大限度地利用硬件投入，而且还避免了资源浪费。

未来，一方面，物联网技术中所采用的各类高灵敏度识别、专用的信号代码处理等装置的研发，更进一步推动了嵌入式智能技术在物联网中应用的扩大。另一方面，随着互联网技术的成熟、带宽的日益提高，使得以往单一功能的设备如电话、手机、冰箱、微波炉等功能不再单一，结构更加复杂。

此外，为了适应网络发展的要求，未来的嵌入式设备必然要求硬件上提供各种网络通信接口。传统的单片机对于网络支持不足，而新一代的嵌入式处理器已经开始内嵌网络接口，除了支持 TCP／IP 协议，还有的支持 IEEEl394、USB、CAN、Bluetooth 或 IrDA 通信接口中的一种或者几种，同时也需要提供相应的通信组网协议软件和物理层驱动软件。软件方面系统内核支持网络模块，甚至可以在设备上嵌入 Web 浏览器，真正实现随时随地用各种设备上网，网络互联成为必然趋势。

四 设备自动发现技术

智能家庭网络中部署的信息终端越来越多，解决它们之间的物理互联问题之后，家庭用户还需要对各个设备进行一些复杂配置才能使用，这对于普通家庭用户来说是难以接受的。加入到智能家庭网络的设备如何能自动地相互发现并协同配合工作，一直是智能家庭领域热烈讨论的问题。这个领域中相关的规范组织很多，国内的闪联、e家佳，国际的 UPnP、DLNA 以及微软提出的 Ralli 等，从技术上来看，这些标准基本都在 UPnP 规范基础上扩展而成。

五 通讯技术

目前，应用于智能家庭的通讯技术主要有三种，分别为：

1. 总线技术

需要重新额外布设弱电控制线来实现对家电或灯光的控制，以前主要应用于楼

宇智能化控制，因为重新布线，所以信号最稳定，比较适合于楼宇和小区智能化等大区域范围的控制，现开始部分应用于别墅智能化，但一般设置安装比较复杂，造价较高，工期较长，只适用新装修用户。

现场总线是现代控制技术、计算机技术和通信技术相结合的产物。现场总线技术在实际工程应用中体现出其强大的生命力，控制网必将沿着现场总线方向发展，现场总线技术也必将是控制网技术的核心，每个现场控制单元具有数字处理和双向高速通讯的能力，分散控制，网络规模大且具有高质的稳定性。

2. 无线射频技术

无线射频技术是一种近距离、低复杂度、低功耗、低数据速率、低成本的无线通信技术。这种技术的优点是无需重新布线，利用点对点的射频技术，实现对家电和灯光的控制，安装设置都比较方便，主要应用于实现对某些特定电器或灯光的控制，但系统功能比较弱，控制方式比较单一，且易受周围无线设备环境及阻碍物干扰；适用于新装修户和已装修户。

3. X10 电力载波

X10 电力载波无需重新布线，主要利用家庭内部现有的电力线传输控制信号，实现对家电和灯光的控制和管理，安装设置比较简单，很多设备都是即插即用，可以随意按需选配产品，而且可以不断智能化升级，功能相对比较强大而且实用，价格适中，比较适合大众化消费，技术非常成熟，已有 25 年左右的历史，现在美国已有将近 1300 万家庭用户，适用于新装修户和已装修户，是比较健康、安全、环保的智能家居技术。

六　智能家庭技术发展趋势

智能家庭技术的发展具有以下趋势：

1."双向"自动化技术

在如今的家庭自动化中，一整批新技术和工业创新正在吸引大家的眼球，尤其是照明控制。值得注意的新的自动化技术是"双向"，意味着发送和接收的命令可以同时确认。举个例子，一个按键向调光器发出"开"的指令直到调光器确认这个指令的接收，电灯才实际打开。按键可以显示实时的反馈信息，就是说，通过绿色

的 LED 来显示外面的灯光正打开着。从前单向的协议无法显示出一套装置的开 /
关状态的真实信息。

2. 不依靠 PC 的独立形态

正如计算机摆脱大型机进入 PC 才开始大发展，脱离了 PC 呈独立状态的智能
家居才能有更大发展空间：不会由于电脑的突然瘫痪而一筹莫展，一切都更加灵
活，更加随意。

3. 人性化的人机交流界面

智能家居最重要的一个意义就在于傻瓜化，即通过智能设备的逻辑判断与人工
智能的功能，真正让人享受轻松、自由、安全的智能生活，简单地说，智能化家居
的发展方向就是要成为人类最好的管家，帮我们管理好我们的生活，无需太多的操
心，一切都已经安排得非常合理，我们可以更多地享受生活。所以，像触摸式、声
控式、感应式等更多人性化的技术将会被广泛应用。

4. 无线电能传输

无线电能传输模块是智能家庭中必不可少的选择。使用无线电能传输模块可以
省略各种插头，并且能够根据需要，给那些带加热功能的拖鞋发送能量，从而提前
给它们加热。这种方式能够节省大量的能源，而且无线电能传输也能加热个人服
装，可以降低房间采暖的消耗。

即使在厨房里也是如此，平坦的桌面上已经看不到杂乱无章的电线，那些让家
庭主妇恐怖的接口已经大幅度简化，收拾屋子和电器也方便得多，这都是无线电能
传输带来的好处。

目前，这个技术已经可以在接触面传输超过 1kW 的功率，这样的技术还能够
保证家庭主妇在清洗用具的时候不会
发生触电等意外；同时，还能够在传
输面上移动设备，而不会如同固定接
线的电器那么不方便。

5. "脑机接口"技术

"脑机接口"技术打破传统智能
家庭控制模式。利用'脑机接口'，
人们只要想一下，就能关灯、换电视

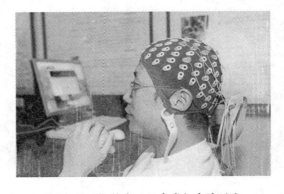

"脑机接口"技术已经在虚拟实境测试

频道，甚至锁门。电灯开关、电视遥控器甚至房门钥匙都将成为历史——正在研制的"脑机接口"（brain-computer interface，BCI）技术将使"意念控制机器"成为现实。

6. 塑料光纤加速智能家庭网络发展

网络信息传输介质主要有三种，即以金属为介质的铜缆、以石英玻璃为介

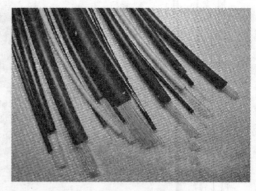

POF光纤在短距离通信中拥有良好的前景

质的石英光纤以及新兴的以高分子材料为介质的塑料光纤。塑料光纤应用在信息领域，而它的生产制造却离不开化工聚合工艺的突破。

相对于以铜为介质的传统网络系统，塑料光纤传输系统具有高带宽、保密性能好、抗干扰能力强、防雷击、质量轻、韧性好、施工简单、节约铜资源等特点；相对于石英光纤系统，塑料光纤传输系统具有施工和接续简便、光源便宜、综合成本低等特点。应用塑料光纤及其配套设备，可以使宽带网速真正达到百兆水平。

第五章 | **智能医疗**

　　医疗与健康是与百姓大众息息相关的问题，是关系民众生老病死的大事，推动医疗领域信息化，打造高效、便捷、以人为本的医疗服务体系，已经成为各级政府、医疗单位和相关行业共同努力的方向。目前推出的智能医疗解决方案以家庭、健康服务电话中心、社区服务中心、疾病防控专家、二／三级医院以及基本药物配送物流等不同的机构为核心，通过技术创新支撑区域医疗体制及管理创新，通过信息技术打造现代的医疗信息服务平台，可实现更加便民的智能医疗服务体系。我国在实际需求和政策支持下，智能医疗体系的迅速发展已经成为时代的必然。

●● 第一节　智能医疗简介

一　智能医疗实现目标

　　智能医疗致力构建以病人为中心的医疗服务体系，可在服务成本、服务质量和服务可及性三方面取得一个良好的平衡，"智能医疗"将优化医疗实践成果、创新医疗服务模式和业务市场以及提供高质量的个人医疗服务体验。

　　建设智能型医疗体系能够解决当前看病难、病例记录丢失、重复诊断、

疾病控制滞后、医疗数据无法共享、资源浪费等问题，智能医疗主要特点如下：

1. 快捷

患者可以通过手持终端实时地监测自身的各项身体指标，当某项指标超标时，终端可激活无线网络，第一时间将数据传输到电子信息档案库，同时，将授权的医师可根据电子医疗档案，确定具体的医疗措施。

2. 经济

医生也可以通过电子处方系统了解到病人药费负担，从而决定是否选择比较便宜的药品。由于直接与医保系统联网，患者也可以对自己的财务负担有一个明确的预计，决定是否选择某些不在报销目录之内的新药、特效药。

3. 协作

建立公共的医疗信息数据库，信息仓库变成可分享的记录，整合并共享医疗信息和记录，以期构建一个综合的专业的医疗网络。

4. 普及

支持城乡医院和社区医院无缝地连接到中心医院，以便可以实时地获取专家建议、安排转诊和接受培训。

5. 预防

实时感知每个人的身体指标，对数据库中的医疗数据进行处理和分析，了解最新的药物使用情况和人体指标发展趋势，从而快速、有效地做出响应，制定相应的应急方案。

6. 可靠

使从业医生能够搜索、分析和引用大量科学证据来支持他们的诊断。

二 国内外智能医疗发展现状

智能医疗首先实现医疗服务手段、过程、管理等方面的数字化。当前，IBM 正在积极推动个人电子健康档案的建设。通过标准化的业务语言组件，实现患者病历的信息共享，使医护人员可以及时查询，为预防、诊断、康复提供可靠参考，并保证患者随时随地得到一致性的医护，从而使医疗服务水平得以显著提升。

智能医疗可以实现医疗信息资源的交换、共享，实现服务的互连互通和互操作。目前，IBM 在不同医疗机构间建立健康信息整合平台，使服务机构业务流程可以整合，医疗信息和资源可以共享，跨医疗机构可以在线预约和双向转诊，实现"小病在社区，大病进医院，康复回社区"的便民就诊模式，从而大幅提升医疗资源的合理化分配。

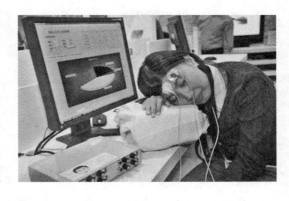

此外，智能医疗可以实现智能化的技术创新。例如，建立中西医各类临床信息整合的标准化、可计算的模型，使医务人员可以准确制定融合中西医的治疗方案。

2008 年，奥巴马在竞选时就提出"全民医疗"构想，寄希望于建立一个覆盖全面的医疗保障体系。2009 年，美国众议院以 220 票赞成 215 票反对的结果，"惊险"通过了奥巴马政府提出的医疗改革提案，使得这项将在未来 10 年花费 1 万亿美元的庞大计划向前迈出了重要一步。

不过，仅从技术角度而言，要实行这一构想也是步履维艰，毕竟医疗领域的信息化在全球而言，都是一个艰难的挑战——全球的公共医疗水平还远未达到人们的预期，各国医疗发展桎梏于成本、渠道、覆盖率等难题。患者对医疗服务的不满日益加剧，医疗行业需要迎接三大挑战——效率较低的医疗体系、质量欠佳的医疗服务、看病难且贵的就医现状。这些问题正在成为制约社会和谐发展的巨大障碍。

2009 年中国国务院通过了民众盼望已久的新医改方案，承诺将用 3 年时间为全国 13 亿人民提供全民医疗服务。其中关键点包括：到 2011 年内城镇居民基本医疗保险及新型农村合作医疗参保率提高到 90%；优化医药品供应链，降低药品价格；加大对小城镇诊所的投资；通过引入差价引导患者去社区医院就诊，并建立统一的居民医疗档案，减轻大医院工作负载。

随着中国新一轮医疗改革的启动，以及随之带来的信息化提升需求，使得各界对于医疗信息化的未来有了更多的畅想空间。新医改方案勾勒的五个方向大部分和医疗技术息息相关，比如完善新型农村合作医疗体系、扩大医保覆盖范围等，还有一些涉及产业创新，这些都预示着未来几年内，医疗行业将迎来信息化建设的潮流。

●● 第二节　智能医疗实施方案

一　移动智能化医疗

　　近年来移动计算技术的应用已愈趋成熟，随着手持移动终端（PDA）的普及化与低价化，企业信息系统及管理模式的无线化、移动化、智能化势不可挡。随着新医改计划的发布，医疗行业的智能化被提上日程。

　　移动智能化医疗服务信息系统指的是以无线局域网技术和 RFID 技术为底层，通过采用智能型手持数据终端为移动中的一线医护人员提供随身数据应用。医护人员查房或者在移动的状态下，可通过智能型手持数据终端的护理人员端软件，透过无线网络实时联机，与医院信息系统数据中心的数据交互。使医护人员随时随地在手持数据终端上获取全面医疗数据的信息服务系统。而病人可藉由佩戴在手上的装有 RFID 的手环，在与 PC 连接的 RFID 读卡器查询显示该患者目前的检查进度，并可获取全面医疗数据的信息服务系统，根据历史记录和临床检查结果，对比患者病情的变化情况，当机立断地会诊和制定治疗方案。

　　移动智能化医疗服务信息系统建设的目的在于提高医院的运营效率，降低医疗错误及医疗事故的发生率，从而全面提高医院的社会效益以及竞争力。建设移动临床信息系统不仅是医院信息化发展的必然趋势，而且也是医院"以人为本"医疗模式的保证，更是一个现代化医院的综合实力体现。

　　患者在进入医院时，院方首先会将患者信息储存在 RFID 芯片中，将带有 RFID 芯片的手环戴在对应病人的手腕上，将病人编号记录于医院信息系统住院数据中；通过 Wi-Fi（无线相容性认证）可下载读取病人所有病历数据，传输至护士的移动数据终端上。整合原有医院信息系统现有数据库及系统。运用手持数据终端轻薄及方便携带操作的特性，工作人员简单、快速的输入方式，将盘点结果直接以电子数据方式，纪录在手持数据终端中；护士巡房时，手持数据终端可通过读写器读取病人手腕上的 RFID 芯片中对应病患编号，能在手持数据终端数据库中快速搜寻病人病历与处方诊疗信息；建置医院内部的无线局域网络环境，让医护人员在医院内部随时均能透过手持数据终端进行数据的上传下载。透过 Wireless LAN 的无线数据传送技术，能将手持数据终端的数据，快速、正确地传送至后端服务器。

该系统最主要的目标在于增进医病关系、提高护理人员工作效率、提升医院管理效率，可在不影响现有信息管理系统及数据库的状况下，建设手持数据终端延伸系统，以加强医院服务医护的效能。

该系统体系结构如下：

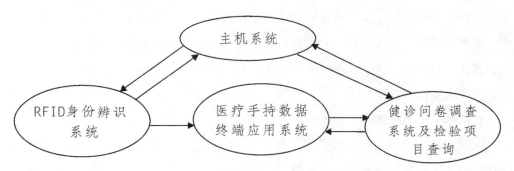

RFID 病患身份辨识系统：手持数据终端可从主机下载 RFID 所辨识的当日所有病患的照片及相关病历与处方数据，医护人员可操作手持数据终端来显示所需要寻找的病患，并进行相关纪录工作。

医护人员手持数据终端应用系统：在完成辨识医护，并确认医护身份后，即可由医护人员运用与医院信息系统整合的手持数据终端上医疗电子表单，直接透过 Wi-Fi 实时查询病患数据，直接勾选出输入手持数据终端上清单，并暂存于手持数据终端上。可进行批次传输，隔一段时间后就回传至后端主机系统。

健诊问卷调查系统与检验项目查询：在完成身份辨识后，即可由医护人员询问病患的检查问卷项目，运用手持数据终端的电子问卷调查表，依所回答的问题，直接勾选出手持数据终端上清单，并暂存于手持数据终端上，可回传至后端主机系统。

由以上几个系统联合协作，已达到真正的医疗服务移动化，具体功能表现为：

1. 无线实时传送信息

透过无线 Wireless LAN IEEE 802.11b 机制来传送数据，可将信息结果快速、正确地传送至后端服务器。在收集时即以数字化形式储存，并透过无线传输回传服务器，单张表格实时回传所需时间将缩短为 2 分钟之内。无线传输不受地域限制，即

使在移动中或是没有网络线的地方，都能随时将数字数据上传或下载。

2. 缩短作业时程，提高工作效率

医护人员利用手持数据终端下载及储存病患数据及照片，进行辨识医护的工作。可大幅降低健诊中心人员寻找医护的时间，亦可大幅减少发生误认医护的几率。

3. 便捷、有效的输入数据方式

工作人员将需要纪录的数据输入手持数据终端，并采用电子表单点选的方式作业，并可采用笔式输入作业，较计算机键盘输入方便。手持数据终端轻薄短小、携带方便，但却拥有与 PC 一样的运算功能；并且具有手写输入与辨识的特殊功能，非常方便人员携带及操作。

4. 医疗数据直接储存、正确省时

所有的数据直接由第一线的用户输入至 PDA（个人数字助理），再以电子文件储存，由无线网络传送至后端服务器，不会有传统书面数据的不易保存或遗失的问题，并且能避免人员重复输入、填写费时、数据输错的情形。

5. 降低纸张成本、减少人力

透过手持数据终端系统可省去纸张及打印的成本，达到无纸化的 e 作业流程，同时避免重复的数据抄写及计算机输入的工作，大幅节省诊所预算。

6. 提示标准作业步骤

设计标准作业步骤与程序，使较不熟悉作业流程的工作人员，亦可在系统的辅助下逐步完成作业，此系统所提供完整的输入内容数据及步骤，可依内部规范设计。

二　医院信息化平台

随着信息技术的快速发展，国内越来越多的医院正加速实施基于信息化平台、HIS（Hospital Information System）系统的整体建设，以提高医院的服务水平与核心竞争力。信息化不仅能有效提升医生的工作效率，使医生有更多的时间为患者服务，更提高了患者满意度和信任度，无形之中树立起了医院的科技形象。因此，医疗业务应用与基础网络平台的逐步融合正成为国内医院，尤其是大中型医院信息化

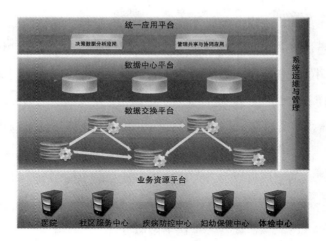

医院信息化平台示意图

发展的新方向。

目前，国内大多数医院都采用传统的固定组网方式和各科室相对比较独立的信息管理系统，信息点固定、功能单一等，严重制约了医院信息管理系统发挥更大的作用。如何利用计算机网络更有效地提高管理人员、医生、护士及相关部门的协调运作，是当前医院需要考虑的问题。物联网技术以其终端可移动性、接入灵活方便等特点在医院的应用彻底打破了这一局限性，使医院能够更加有效地提高管理人员、医生和护士的工作效率，协调相关部门有序工作，有效提高医院整体信息化水平和服务能力。

物联网在医院信息化建设中的主要应用包括查房、重症监护、人员定位以及无线上网等信息化服务。众所周知，查房是住院部医生每天的例行工作。在传统工作模式下，医生或护士需要随身携带一大堆病历本，并以手写方式记录医嘱信息。这样既不利于查房效率的提高，也容易因录入和识别而产生错误。通过物联网的部署，可以使医生通过随身携带的具有无线上网功能的电脑或 PDA，随时查询患者的相关信息。免除了医护人员携带一大堆病例记录本查房诊断的麻烦，帮助他们更加准确、及时、全面地了解患者的详细信息，使医生的查房工作变得简单轻松，而患者也能够得到及时、准确的诊治。

通过安装无线 IP 视频监控，可以对病房进行有效的实时监控，在重症监护室（ICU 病房），可以使医生或患者家属时刻掌握病人治疗情况。鉴于医疗场所以及工作业务的特殊性，医院需要对病人位置、药品以及医用垃圾进行跟踪。确定病人位置可保证病人在出现病情突发的情况下能够得到及时抢救治疗，药品跟踪可使药品使用和库存管理更加规范，防止缺货以及方便药品召回，定位医用垃圾的目的是明确医院和运输公司的责任，防止违法倾倒医疗垃圾，造成医院环境污染。物联网的应用将为这些工作提供快速、准确的服务。带有 RFID（射频识别标识）腕带的病人，贴有 RFID 标签的药瓶和医用垃圾袋，均可通过无线网络的无线定位功能随时跟踪其位置。

此外，无线技术的应用可以为各类用户提供便利的上网服务，从而提高医院服务满意度。在医院部署无线网络，不仅方便为病人和医务人员提供无线上网服务，还可以方便地为病人的家属、访客等提供上网服务。

三　健康监测

物联网另一个十分重要的医疗应用领域就是健康监测。据统计，美国医疗系统每年花费数万亿美元，其中绝大部分医疗卫生费用主要用于不健康患者的治疗，而健康人口只用了不到 10% 的医疗费用，主要用于健康监测、疾病的初期检查等环节。在我国，医疗水平远低于美国等发达的西方国家，用于疾病检查和健康监测的费用也远低于这个比例。然而，没有人能够保证自己永远健康，如果我们只关注疾病人群，只在"诊断和治疗"系统下投资，忽视各种健康风险因素对现在处于健康状态下的人口的损害，疾病人群必将不断扩大，现有的医疗系统也将不堪负荷。要改变这一局面，就要把重点转移到对生命全过程的健康监测、疾病控制上来，建立同时能够为健康和不健康的人服务的健康监控、维护和管理系统。

我国目前已经进入了老龄化社会，对下一代的健康与安全问题也日益关注，面向老人和儿童的个人健康监护需求将不断扩大。无线传感器网络将为健康的监测控制提供更方便、更快捷的技术实现方法和途径，应用空间十分广阔。

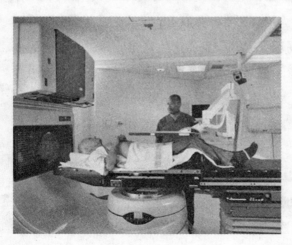

健康监测主要可用于人体的监护，生理参数的测量等，可以对于人体的各种状况进行监控，将数据传送到各种通信终端上。监控的对象不一定是病人，可以是正常人。各种传感器可以把测量数据通过无线方式传送到专用的监护仪器或者各种通信终端上，如PC、手机、PDA等。例如，在需要护理的中老年人身上，安装特殊用途传感器节点，如心率和血压监测设备，通过无线传感器网络，医生可以随时了解被监护病人的病情，进行及时处理，还可以应用无线传感器网络长时间地收集人的生理数据，这些数据在研制新药品的过程中是非常有用的。

四 药品管理

物联网技术在药品管理方面也有新颖而独特的应用。为了有效地对药品流通进行管理，国家相继出台了众多的药品生产和药品管理的标准、规范，尽管如此，在药品的流通过程中仍然存在着不少问题。

1.药品管理方面。医院每天都会有大量的用药，不同种类药品的存货数量、剩余数量以及药品的日期、每天用药数量等重要信息对医院至关重要，如在特殊时期对某项流行性疾病用药的监测等，如果不能及时掌握这些数据，极有可能对医院的服务水平带来严重制约。

2.药品安全。药品在流通过程中由于周围环境的变化（如温度、湿度、光照、压力等）会导致药品质量发生改变甚至完全失效，在药品流通环节中也有可能混入大量的假药，如果不能做到有效的监控，将会产生极大的危害。

3.流通成本管理。对于药品流通中的成本变动，一个主要的原因是流通环节频繁发生的串货、退货现象，如果我们不能对纷繁复杂的流通渠道中的药品流向进行及时、准确的追踪，一旦发生这种现象，就会大幅度增加药品流通成本。

可以看出，如何对整个流通过程中的药品进行及时、有效的监控与追踪，是高效解决药品流通安全，降低流通成本的关键所在。而以物联网为基础，对流通过程中单个药品唯一的身份标识及追踪，从而达到对药品信息及时、准确的采集与共享，可有效地解决我国医药流通中存在的安全、成本等问题。

假设生产商生产某种药液，在药液封入药瓶同时在每个瓶上贴一个标识此瓶药品信息的EPC标签，这个标签含有一个已被授权的唯一的EPC代码，同时标签记

录了该瓶药液的生产时间、批号、保质期、存储条件、所治疗的疾病等相关信息，当药品继续装盒或装箱的时候，相应的包装上也会添加类似的标识此盒或此箱药品信息的 EPC 标签。这样，就相当于在物联网中为每一个药品赋予了"身份证"，其相关的信息可以通过 EPC 代码这个"身份证号"进行查询与记录。

当药品流经运输商和经销商时，在运输和验货过程中通过对药品信息查询与更新，可以仔细查看药品在整个流通中流经企业及生产、存储环境的信息，以辨别药品的真伪及在生产、运输过程中是否符合要求，流通环境对药品有无影响等，从而对经销的药品严格把关。

五　医疗废物处理监控

经历 2003 年的 SARS 疫情，医疗废物处理的问题备受到社会的关注，为了很好地管理医疗废物，卫生部于 2003 年 6 月 16 日，颁布了《医疗废物管理条例》，将医疗废物管理纳入了法制轨道。随后，专家们从 ISO14000 环境管理体系、伦理学、社会学等多角度探讨了医疗废物管理的问题，医疗废物管理不仅是医院管理难题，而且是一个重要的公共卫生问题。

随着信息系统的普及化与信息化水平的提高，医院和专业废物处理公司的信息处理能力已大幅提高，推广医疗废物的电子标签化管理、电子联单、电子监控和在线监测等信息管理技术，实现传统人工处理向现代智能管理的新跨越已具备良好的技术基础。以 GPS 技术结合的 GPRS 技术实现可视化医疗废物运输管理，实时定位为基础的高速、高效的信息网络平台为骨干技术的医疗废物 RFID 监控系统，将为环保部门实现医疗废物处理过程的全程监管提供基础的信息支持和保障。

1. 系统完成目标

（1）电子标签能适应现场各种应用环境。

（2）将医疗废物收运联单电子化。

（3）对医疗废物的收取、运输、焚烧等数据进行采集分析，得出各种精确数据。

（4）分析实时采集到的数据，实施危险时间报警机制。

2. 系统主要特点

（1）数据自动获取。

（2）实现废物周转桶称重同时对标签自动识别分配,数据实时上传到监控中心。

（3）系统全电子化的数据集中管理，使得大量数据的查找工作由服务器来完成，节省了大量的人力，提高了效率，使得对事件的反应得以提速。

3. 数据安全性

采用新一代 RFID 电子标签，该电子标签是专为不同使用场合而设计的，识别响应时间快，平均故障发生率低，确保识别环节的安全性、及时性及稳定性；另外采用的高性能及高容错的系统服务器，以确保服务器的高稳定性、安全性及网络的传输速度，从而实现系统的实时传输，保证了信息的及时性。

4. 提高管理水平

集中管理、分布式控制；规范废物收运环节的监督管理，监督各个必要的环节，使得突发事件第一时间可以到达管理高层，让事件得到及时的处理。

5. 系统的可扩展性

系统提供有丰富的数据接口,可以根据需要提供给环保局不同的系统相应的数据。

6. 系统结构及组成

医疗废物 RFID 监控系统从系统结构上分为四个互相关联的部分，分别是环保局固废处部分、中转中心部分、焚烧中心部分、移动办公平台。

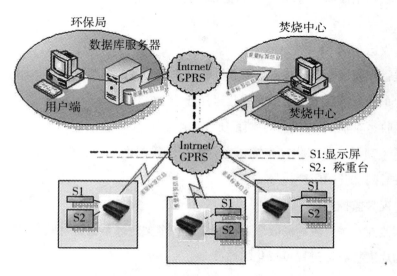

医疗废物监控系统拓扑图

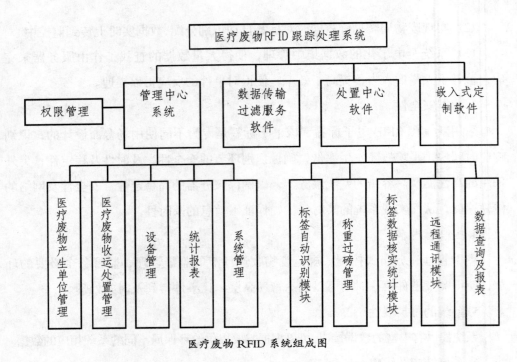

医疗废物 RFID 系统组成图

7. 主要组成部分功能介绍

医疗废物 RFID 监控系统从系统的组成上来看由 8 个子系统组成。

（1）医疗废物电子联单系统

电子联单生命周期管理，全程监控医疗废物转运，确保医疗废物被妥善运输到指定地点。

（2）收运车辆 RFID 管理系统

全程管理收运车辆的任务、保养维修及车载设备的使用状况（比如电子关锁），确保收运车辆及时有效安全地完成收运任务。

（3）收运车辆 RFID 电子关锁系统

电子关锁系统跟踪收运车辆每次开关车辆箱门的信息，信息包括箱门开关地点、开关时间、开箱门授权号。

（4）视频监控系统

视频监控对医疗废物的收取运输焚烧的各个关键环节进行有效实时的监控，以确保对医疗废物收运过程可视化的监控。

（5）GPS 收运车辆路线实时追踪系统

GPS 收运车辆路线实时追踪是 GPS 定位导航监控技术为基础，主要由车载终端（包括微型工控机、GPS 接收模块、GPRS 通信模块和电源等）和监控数据中心 DSC（TCP/IP 的网络服务器）两部分组成。

车载终端的 GPS 模块实时接收全球定位卫星的位置、时间等数据，一方面发送给车内的微型单板计算机，得到车辆的当前位置并且在电子地图上显示；另一方面，数据将通过 GPRS 终端模块发送到远程监控中心服务器，使得监控中心能实时得到所有车辆的位置信息，给车辆的安全监控提供了基础。

（6）RFID 医疗废物焚烧核对系统

RFID 医疗废物焚烧核对系统利用 RFID 技术对医疗废物初始重量进行记录，同时将记录上传致服务器，内容包括废物所属单位、收取时间、重量等信息。

（7）监控中心可视化平台

监控中心可视化平台由数据服务中心（应用程序服务器、通讯服务器）、数据管理系统和监控中心三部分构成。系统运行于监控终端，数据服务中心实现监控终端与数据应用平台的连接；数据管理系统是在监控终端实现入网网点和车辆的相关管理；监控中心提供了在可视化的地图界面上进行网点和车辆的定位监控及报警处理。

（8）数据应用平台

数据应用平台由 WEB 应用程序、应用服务器、系统监控软件组成。系统运行于应用终端，系统数据由以上各个部分提供，集中存储在监控系统数据库服务器中，数据应用平台可以在移动办公时使用。

医疗废物 RFID 监控系统是以网络信息化平台为基础，集 RFID、GPS、GPRS、视频监控等技术于一体的可视化医疗废物管理系统，它的建立可以使得医疗废物的管理进入信息化的管理时代，该系统可以有效的、实时的、可视的监控医疗废物从"摇篮到坟墓"的整个生命周期，可有效的区分医院及医疗废物处理单位的责任，同时系统平台的通用性和高可扩展性，使得系统为其他的固体废物和辐射安全管理

建立了一个基础平台，为整个固体废物和辐射安全管理信息化的建设打下了坚实的基础，有效地保证了医疗危险品的无遗漏处置，杜绝了医疗废物再利用的隐患。

●●● 第三节　智能医疗存在的问题

虽然智能化、行动化的医疗系统能大大提高医疗服务的质量，优化管理流程，但是在实施过程中也发现一些问题，需要进一步研究改进：

1. 对护理行为执行时间的正确性反映有所欠缺：由于护士工作一般位于护士站与病房之间，护士不可能执行一条医嘱后马上记录一条，一般把医嘱分解时间认作执行时间，导致计算机系统并不是每一条医嘱都有实际执行状况的记录；

2. 对患者费用发生状况的客观性反映欠缺：由于现有的系统是在医嘱转抄阶段就对其所分解的执行项目进行了收费，而关于病人是否得到相应治疗、实际消耗了多少卫生材料此方面的信息无法及时地记录，因而就容易出现计费的疏漏；

3. 对医疗护理任务执行状况的真实性反映欠缺：已有的信息系统在病房的应用仅仅局限于在护士站的医嘱分解（或录入）、查询、确认以及部分护理记录的书写。在具体医嘱执行过程中，对护理任务的执行状况的确认是提前或是延后的，难免会出现一些人为的失误或医嘱执行不当的情况，如遗漏执行某项医嘱等，一定程度上存在医疗安全隐患；

4. 对护理查对制度执行的支持欠缺："三查七对"是护士执行医嘱的重要环节，以往对病人身份的唯一性的查对，主要依靠床号或姓名，对治疗内容的确认依据是治疗单、输液单等，这样既存在病人身份识别差错的危险，也无法识别治疗单抄错等情况。此外，由于床头牌的存在对保护病人的隐私存在明显不足，而对于睡眠、昏迷、有精神障碍或者新生儿等的查对存在一定隐患；

5. 对改进护理模式的支撑欠缺：护士需要花费大量的时间来完成护理文件的书写，即使使用电子护理记录，传统情况下也还存在较多的重复劳动，如测量体温需要记录在纸上，再到护士站抄录，没有更多的时间照护病人。同时在电子病历实施的情况下，系统无法将护理行为发生的有关临床信息与电子病历的数据即时相互共享。

●● 第四节 明天我们这样看病

孙先生是一名退休工程师，某天他背部有点疼，于是打电话给社区医院，门诊狄医生接电话的同时就可以看到孙先生的医疗档案，详细询问孙先生的情况后，狄医生认为有必要联系地区医院的高级医师。因此，他随后与市第一医院高级医师进行了视频会议，实时诊断后，高级医师建议孙先生去做 X 光检查。狄医生向市第一医院预约第二天上午 10 点进行 X 光检查。孙先生第二天上午 10 点来到市第一医院，无需排队便直接进行 X 光检查和诊断，而结果和处方将自动记录在他的医疗档案中。孙先生下午回到家，便可收到医药物流按处方配送的药物，费用通过医保支付，无需孙先生个人申请。

张先生是一位商务人士，前几天，张先生的授权医师通过张先生佩戴的数字终端接收到近来张先生胆固醇超标的信息，随即，针对张先生的身体指标，制定了相应的治疗方案。但是，张先生还想全面的了解一下自己的指标。今天，张先生专程过来做一次全面的体检。授权医师对张先生说："张先生，您上一次体检发现胆固醇过高，今天我们会特别加强检查的。"张先生看着护理人员仅通过手持数据终端，就知道他的身体状况，感到很惊讶。没错，这就是以 RFID 技术全面推动医疗服务移动化与网络化的成果。

第六章 | 智能物流

智能物流系统（Intelligent Logistics System，ILS）是在智能交通系统（Intelligent Transportation System，ITS）和相关信息技术的基础上，以电子商务（Electronic Commerce，EC）方式运作的现代物流服务体系。它通过ITS和相关  信息技术解决物流作业的实时信息采集，并在一个集成的环境下对采集的信息进行分析和处理，通过在各个物流环节中的信息传输，为物流服务提供商和客户提供详尽的信息和咨询服务。

●● 第一节 智能物流简介

物流活动是人类最基本的社会经济活动之一，人类只要有相互交往的活动就有物流活动。物流是指利用现代信息技术和设备，将物品从供应地向接收地准确的、及时的、安全的、保质保量的、门到门的合理化服务模式和先进的服务流程。

智能物流是信息化及物联网在传统物流业应用的产物，它的信息化和综合化的物流管理、流程监控不仅能为企业带来物流效率提升、物流成本控制等效益，也从整体上提高了企业以及相关领域的信息化水平，从而达到带动整个产业发展的目的。

一 物联网促使物流产业变革

1.智能物流的流程

一条生产线正在运行，一批产品在最后下线的环节，被机器内置了一个电子标签（可能是最初级的只供读取的标签，也可能是更高级的可一次或多次写入的标签），这些产品在入库的时候，被一射频识别装置自动读取电子标签并存入数据库。并自动更新库存数据；时隔数日后，这批产品被调出库，并同样经过数据读取及更新库存数据。

这批商品进入物流系统，而物流公司要对其进行同样的数据采集和管理，通过数据的实时传输，实时跟踪及动态掌握这批商品所处的位置。当物流公司将这批商品交付给货主（假设是超级市场）后，后者将再次对其进行数据读取和收集，直到最终进入消费者手中。

在上述整个过程中，处于最开始位置的生产商可以通过与物流公司及最后终端的联网，全程跟踪自己生产的这批产品的运动。而且，一旦其中任何一个环节出现问题，可以在最短的时间内确定相关的目标信息，相关主体可在第一时间里进行沟通，商讨解决方案。

2.我国智能物流产业的发展水平

物流产业本是高端服务业，在我国却因为其信息化及技术水平发展的严重滞后，给人一种"体力活"的普遍印象。而对于我国物流信息化来说，可以借助"物联网"东风，搭乘新一轮技术革新的高速列车，积极构建统一信息平台，形成物畅其流、快捷准时、经济合理、用户满意的产业物流服务体系，促使物流业走向高端服务业。

我国物流信息化在经过一段时期的基础性研究和建设后，已经进入一个以整合为目标的新阶段。在这个阶段，信息技术的单点应用将会整合成一个体系，以追求整体效应，从而提高资源利用效率。物流信息化整合可以分为三个层次：

首先，在企业内部信息资源的整合方面，制造企业通过内部信息化整合，实现关键业务应用的技术优化。比如，苏宁建立了以财务为中心，将营销、物流和采购统一起来的信息平台，大大降低了成本。平台建成后，苏宁的库存周转率提高了

60%，资金占用率下降了40%。

其次是供应链的整合。近年来市场的竞争压力迫使国内制造企业、分销企业和物流企业在供应链上、下游加强合作，制造企业、流通企业的整合与优化进一步走向深入，整合的资源开始增多。国内最大的物流企业中远物流建立起了信息数据交换平台，完成了内部系统与外部系统的集成，实现与客户精确、及时的信息共享。宝供物流将信息化系统拓展到供应链上下游，为上游厂商开发了采购、生产的物流管理模块，同时将下游的分销企业纳入到供应链的一体化系统。企业还充分利用自身信息技术的增值能力为多个行业客户量身定制了不同的物流信息化解决方案。

再就是综合性的物流信息平台建设。伴随着物流产业的快速发展，资源、市场和信息的整合推动了信息平台的商业化。传统批发市场正在向现代电子交易中心转变，钢铁、煤炭、粮食等大宗商品批发市场纷纷建起了网络商务平台。这些平台融交易、金融、信息、物流等多种服务为一体，在开展网上电子交易的同时，也结合了现货交易和物流配送。

二　EPC物流全球供应链

我们已经习惯了目前的生活方式：在超市里购物，根据市场预测生产产品，用系统的方式进行物流和仓储等目前所进行的一切经济活动。但这一切活动正在悄悄地发生改变，而这改变则是由全球产品电子代码编码体系（EPC）和物联网的逐步实施引起的。

1. 什么是EPC

EPC即电子产品编码，是一种编码系统。它建立在EAN.UCC（即全球统一标识系统）条型编码的基础之上，并对该条形编码系统做了一些扩充，用以实现对单品进行标志。产品电子代码是下一代产品标识代码，它可以对供应链中的对象（包括物品、货箱、货盘、位置等）进行全球唯一的标识。EPC存储在RFID标签上，这个标签包含一块硅芯片和一根天线。读取EPC标签时，它可以与一些动态数据连接，例如该贸易项目的原产地或生产日期等。这与全球贸易项目代码（GTIN）和车辆鉴定码（VIN）十分相似，EPC就像是一把钥匙，用以解开EPC网络上相关产品信息这把锁。

与目前商务活动中使用的许多编码方案类似，EPC 包含用来标识制造厂商的代码以及用来标识产品类型的代码。但 EPC 使用额外的一组数字——序列号来识别单个贸易项目。EPC 所标识产品的信息保存在 EPCglobal 网络中，而 EPC 则是获取这些信息的一把钥匙。

EPC 和物联网都具有无限延伸的特点。有那么一天，你会发现在超市里选定物品之后不用再排队等候结账，推着满车商品走出大卖场就行了，因为商品上的电子标签会将商品信息自动登陆到商场的计价系统，货款也就自动从你的信用卡上扣除了。与此同时，每件商品的信息在这个过程中又被精确地记录下来，通过物联网的系统，在全球高速传输，于是，分布于世界各地的产品生产厂商，每时每刻都可以准确地获得自己产品的销售和使用情况，从而及时调整生产和供应。

这些单个商品的信息同时还将被更大的物联网络覆盖，以至于当您从冰箱中取出一罐可乐饮用时，冰箱会就自动读取这罐可乐的物品信息，即刻通过物联网传输到配送中心和生产厂。于是第二天你就会从配送员的手中得到补充的商品。

EPC 电子代码革命性地解决了单个商品的识别与跟踪问题，它为每一个单个商品建立了全球性的、开放性的标识标准。因此，由 EPC 软硬件技术构成的"EPC 物联网"，能够使所有商品的生产、仓储、采购、运输、销售及消费的全过程发生根本性的变化，全都可以跟踪查询，从而大大提高全球供应链的性能。

2. EPC 物流带来的效益

EPC 在全球供应链的应用所引发的革命，使其中各个环节的参与方大大受益。

对制造商来说，实施 EPC 可以实现高效的生产计划，减少库存，也就是说制造商提供的产品正是它供应链下游参与方所需要的东西，同时，供应链下游参与方所需要的东西也是制造商正在积极组织生产的产品，彼此间真正做到了"心有灵犀"。同时，制造商可以对需求做出更快的响应，这样就在市场信息的捕捉方面夺得先机，可以满足市场需要，提高市场份额。

此外，制造商通过主动跟踪产品的信息，对有"瑕疵"或"缺陷"的产品进行有效召回，提高了服务水平，同时也提高了消费者的信心，EPC 从而为消费者和制造商架起了一座信息交流的桥梁。

不仅如此，实施 EPC，制造商可以提高劳动生产效率，降低产品退货率，因为生产做到了有的放矢，通过供应链的流通，各个环节的需求实时的反馈回来，制

造商可以相应地调整自己的生产，包括内部员工的调配、生产资料的采购等，使一切都发挥至最大效能。

制造商还可以大大减少配送与运输成本，提高固定资产利用率（生产、配送设备），因为可以通过 EPC 所提供信息来合理调配相关设备，从而实现利用率的最大化。

对于运输商，通过 EPC 可以进行货物真伪标识，实现自动通关，实施运输路线追踪，提高货物运输的安全性。同时，EPC 的实施，提高了运输商送货可靠性和送货效率，从而改善了服务质量，提高了对客户的服务水平。此外，根据 EPC，运输商可以自动获取数据，自动分类处理，降低取货、送货成本，提高管理质量和客户服务水平。

另外，使用 EPC，运输商可以降低索赔费用，降低保险费用，提供新信息增值服务，从而提高收益率。当然，运输商还可以通过 EPC 加强资产管理、资产的追踪、资产的维护，从而提高资产的利用率。

对零售商来说，实施 EPC 可以提高订单供品率，增加产品可获取性，减少脱销，从而增加收入。EPC 在商场的使用，可以大大提高自动结算的速度，减少缺货，降低库存水平，减少非流通存货量，降低最小安全存货量，同时还能防盗，带给零售商前所未有的喜悦。而且，零售商还可以通过 EPC 进行产品追溯，提高了产品的质量保证，减少了损失。另外，EPC 在零售商管理中，可以降低运转费用，提高运转效率、工作效率，减少货物损失，从而进一步降低零售商的成本。

对消费者而言，EPC 的应用可以实现个性化购买，减少排队等候的时间，提高了生活质量。同时，通过 EPC，消费者可以了解自己所购买的产品及其厂商的有关信息，一旦产品出现问题，便于进行质量追溯，维护自己的合法权益。

三　物联网拓展物流信息增值服务①

物流信息增值服务基于传统的基础物流服务，但又有别于传统物流服务，它是建立在传统的基础物流服务之上并用来促进基础物流服务进一步发展的一种现代物流管理手段。物流企业通过分析、提炼来自诸如运输、仓储、配送等基础物流服务所获得的物流信息，得出企业级、行业级和供应链级等不同级别的分析结果，满足用户的需求，最终实现社会资源的优化配置。

物联网集合了编码技术、网络技术、射频技术等等，突破了以往获取信息模式的瓶颈，在标准化、自动化、网络化等方面进行了创新，从而使物流公司能够准确、全面和及时地获取物流信息，并在此基础上根据不同的信息级别来分别提供企业级、行业级和供应链级的信息增值服务。

1. 企业级信息增值服务

由于信息传递不流畅，一些重要的商业信息甚至在企业内部也无法得到互相交换，难于形成对决策有用的信息，白白浪费大量的信息资源。尽管企业也可以依赖其他商业调查机构来获取商业数据，但会存在周期长、速度慢、耗费大的缺点，阻碍了信息的有效利用。这时企业迫切需要一个既与自身业务有紧密联系的，又脱离企业内部框架的组织来提供一种服务。

通过利用物联网，物流企业可以提供这种企业级信息增值服务。企业级信息增值服务的焦点是集中在对企业产品上，通过对产品的产销规模、销售渠道、运输距离和成本等等信息进行集中和分析，实现对产品的销售情况、库存情况（包括了途中和销售商货架上的产品）、配送情况等信息的收集，使企业可以跟踪到产品的一切市场信息，从而可以为企业的生产计划、库存计划、销售计划等过程提供决策支持。

企业级信息增值服务是基于微观层面的，主要依靠物联网能够对任何一个单个物品进行跟踪的特点对企业产品在生命周期内所有过程进行监控，服务于企业的常规作业层工作。

2. 行业级信息增值服务

不同业态的企业、不同区域的企业、不同层次的企业，它们对信息的需求层次也会不一样，并且由于同行竞争的关系，同行业的企业信息交流往往举步维艰，博弈下的竞争经常导致两败俱伤，因此任何一个企业都有必要尽可能了解本行业的市场信息，去研究行业内部竞争格局、外部发展态势。尽管行业内部企业之间的信息存在着商业秘密的问题，但是一些不涉及到具体的经营决策过程，不涉及到具体的产品成本之类的行业数据，既是企业愿意提供，又是企业决策需要的。如果能够对这些分散、凌乱和琐碎的数据进行整合，发掘数据背后隐藏的市场信息，并为企业决策提供支持的一种服务，将是企业所迫切需要的。

物流企业以其第三方的特殊身份，利用其与行业内部企业千丝万缕的业务联系，能够提供这种行业级信息增值服务。行业级信息增值服务主要聚焦于行业市场

上，在企业级信息的基础上，通过对市场需求变化、供求变化等信息的集中，分析产品的市场结构、系列化结构、消费层次、市场进退等市场变化情况，为企业提供详尽的行业动态信息。

行业级信息增值服务是基于中观和宏观层面的，主要依靠物联网的网络化优点来对物品流通网络全面跟踪，并结合企业级信息实现对产品市场全方位控制，服务于企业的管理和战略决策工作。

3. 供应链级信息增值服务

利用物联网，物流企业可以对供应链级信息进行整合，冲破供应链管理的信息瓶颈，提供供应链级信息增值服务。供应链级信息增值服务是建立在企业级和行业级信息增值服务的基础上的，对整个供应链中各个环节的企业进行监控，从企业的订单处理过程到生产过程，再经配送过程、代理过程、销售商库存过程，最后到销售过程都进行信息跟踪，从而整理出对供应链管理有用的信息，并为供应链管理服务。

不管在信息覆面层面上，还是在信息综合程度上，供应链级信息增值服务都是要求最高的，也是附加值最大的一种信息增值服务。这种服务是以产品销售环节为出发点，通过对市场销售情况的信息反馈，将信息通过物联网的方式层层传递，使供应链各个环节根据市场变化情况及时调整计划，最终达到供应链整体资源的最优化配置。在这个过程中，针对供应链中不同环节对信息需求层次不一样的优点，供应链级信息会有所体现，在反映供应链整体情况的条件下，突出各个环节的个性化特性。

供应链级信息增值服务是基于企业级和行业信息服务基础上的，主要依靠物联网的网络特性和个性化的配套软件系统来实现物品流通过程中各个市场要素的全方位监控，提供既满足企业所需要的信息服务，又满足整个供应链资源优化配置的信息服务。

●●● 第二节　智能物流实施方案

一　Logwin 采用 RFID 追踪轮胎的装配和运送

奥地利国际物流提供商 Logwin 在全球共有 8,000 名员工，主要业务在奥地利、德国和瑞士。Logwin 汽车制造商和轮胎批发商提供轮胎装配和仓储服务。由于公司的钢质轮胎辋圈很难区别彼此，Logwin 面临着可能混淆顾客轮胎的风险，这也是公司为什么在 2007 年年初实施一套条形码系统追踪轮胎的原因。

然而，Logwin 也遇到了条码的常见问题，因为磨损，橡皮轮胎会产生一种特定橡皮尘，使一些条形码不可读。而且，工人经常不得不转动重达 16 公斤的轮胎来定位条形码进行扫描。因此，公司决定采用 RFID 系统来追踪轮胎。

工人装配轮胎时，工头检查轮胎质量。如果轮胎装配正确，工人在每个轮胎上贴一张粘附性 RFID 标签。轮胎接着被装载到货盘上，经过一对金属框架，每个塔配备两台 RFID 阅读器，读取轮胎标签。金属架安装两台阅读器——翼侧配备一条自动传送带。如果阅读器识别某一个批次的轮胎数量齐全、类别正确，仓库管理系统接着分配货盘存放的区域，传送带将轮胎货盘传送到存储区域。

当工人收到顾客订单时，Logwin 工人取出所需轮胎，将它们 10 个一组叠放在货盘上。公司采用 RFID 阅读器重复确认正确数量和类别。货盘接着被送到一个包裹机，在那里，另一对金属框架——各安装四台 Motorola 阅读器——读取轮胎 RFID 标签。当货盘旋转包裹塑料膜时，阅读器再次读取轮胎，并进行确认。如果轮胎不符合顾客订单，包装机器自动关闭。

这套系统的优势，是其对行业环境适用性，橡皮尘不会影响 RFID 标签的读取，由于工人无需转动轮胎查找条形码，也节省了时间和劳力。RFID 系统也确保了顾客的产品不会发生混淆。

二　ABB 采用 RFID 追踪每年外运的传动装置

全球电源和自动设备制造商 ABB 在其芬兰赫尔辛基的工厂里采用 RFID 技术，更好地追踪每年外运的 200，000 件传动装置。ABB 生产的传动装置是变频器，用于控制交流电电动机的旋转速度。

ABB 实施这套 RFID 系统主要目的是为减少运输错误，因为这类错误会影响结账流程。没有货运收据，公司无法收集拖欠资金。此外，ABB 的生产规模以每年 20% 的速度上升，因此公司面临着厂房面积不足问题。ABB 还希望启用专人管理物流和仓储，但由于利用纸笔记录、追踪货物离开生产区域的方式并不可靠，因此迟

迟不能最终决定。ABB 相信如果公司能提高货物运输的追踪能力，可靠地记录货物运输日期，与物流伙伴的日期记录相对比，可减少物流和仓储任务外包的风险。

为了实现这个目标，ABB 设计了一套 RFID 系统，替换现有的手工运输流程，减少货物外运的错误。公司在 2006 年开启实施 RFID 系统，2007 年将这套系统引入生产线，2009 年中期完成技术和现有 SAP 系统的集成。通过将 RFID 集成进 SAP，减少了手工作业，交易数据的输入方式更有效可靠。交易的输入时间只需几秒，利用 RFID 产生了大量的读取数据，这是条形码所不能实现的。

SAP 实施过程十分漫长，因为 ABB 不得不同步执行其 SAP 系统的升级。现在，公司正将仓门固定阅读器的数量从 3 台增加到 7 台。

ABB 变频器的最小重量 15 公斤，可装箱运输；最大的重量达 400 公斤，可货盘运输。当变频器完成制造，放置在箱子或货盘上时，工作人员将一张含 EPC Gen 2 UHF 嵌体的粘贴性打印标签贴在货盘或箱子上。变频器接着被装载到卡车或拖车上，短时间存放或立即运出。当货物经过装载台的固定门式阅读器时，RFID 标签被读取。货物的信息在数据库与卡车或拖车的 ID 码相对应，这样 ABB 了解每辆车的装载过程及其装载的货物。

如果工人在车辆上装载错误的产品，这套系统在门口产生一个错误警报，卡车装载不完整也会触发警报。而且，通过外包一些物流和仓库给合作伙伴，ABB 可以节省工厂空间，扩大生产规模。

这套系统采用 UPM Raflatac 的标签。Vilant Systems 负责系统集成，提供阅读器，读取距离达 3 米。ABB 希望公司物流伙伴利用货盘和货箱的标签，向 ABB 提供货物状态的额外信息。

●●● 第三节　智能物流建设存在的若干问题

一　现代物流观念需要改变

我国目前对现代物流的认识还比较肤浅。绝大多数人把物流管理只看作是物品在运输、仓储、配送、流通加工等各个环节各自独立的管理活动，几乎没有形成综

合物流管理概念。物流供需双方往
往都关注价格而忽视了"供应链"
所能带来的总成本降低的优势。随
着现代物流的发展，物流市场竞争
日益激烈，企业要生存就必须提高
物流管理的层次和水平，物流服务
不只是简单的解决运输、仓储、配

送需求，应该形成"集成供应链管理服务"的理念，在提高物流服务水平的同时将
物流服务的各个环节紧密相连的各方结成战略伙伴关系，通过高水平、高质量的集
成供应链管理优化带来产品的高附加值和产品的竞争优势，使物流企业和客户双方
受益。

我国大多数物流服务企业是从传统运输、仓储企业转变过来的，尽管名字改变
了，观念却未能改变，相当数量的物流企业还停留在服务的简单基础层面上，不能
对客户提供查询、跟踪等服务，不存在物流服务的信息共享，不知道物流增值服务
为何物，不知道什么是高水平高质量的物流服务，对信息技术更是感到陌生，更不
知道如何利用信息技术和信息网络来整合资源，管理物流，提高竞争力。这种服务
理念的落后直接导致我国物流企业服务能力的低下，使得大部分本土物流企业无法
进入高层次物流服务领域，无法参与国际竞争。

二　实施智能物流的成本制约⑨

推广 RFID 成本是关注的因素，是难以逾越的一道障碍。ABI 调查公司发布的
一篇对终端用户的调查显示，尽管 RFID 技术有很多优势，但当提到 RFID 应用时，
人们会产生很多疑问。首要的是：谁来为 RFID 买单？以 RFID 标签为例，业界曾
经普遍认为每个 5 美分是一个"井喷临界点"的价格，结果现在 5 美分的标签已经
达到了，但是井喷并没有出现，不久前甚至每个 1 美分也达到了，那又如何？
RFID 应用成本不仅是标签本身，对标签的使用成本同样重要。如果纯粹靠低价标
签推广 RFID 技术，效果肯定不会理想，尤其是对大众消费品厂商、超市零售商而
言，他们要处理的商品数以百万件，这也是一笔非常可观的成本。

　　我国 RFID 的推广与发达国家相比有很大差别。主要因为中国具有超廉价的人工成本。根据调查，在我国，消费者对 RFID 芯片成本的心理价位在 0.5 元以下。

　　标签价格对于 RFID 市场固然非常重要，但却并非唯一的关键限制性因素。用户应该将 RFID 系统的建设和运行成本放在系统收益的背景下来权衡，也就是从投入产出比的角度来判断。

三　智能物流的安全隐患

　　对 RFID 应用安全担忧来自于恩智浦（非接触智能卡）经典芯片被破解事件。之后，荷兰研究员揭露，伦敦 Oyster 旅游智能卡用的类似的晶片组也有安全漏洞。而其所采用的 Mifare Classic 晶片组在研究员的实验中安全防护"完全无效"，引发该芯片的制造商恩智浦公司的极大恐慌。业界由此开始了对 RFID 技术安全性的新一轮激烈探讨。探讨的焦点在于 RFID 便捷的读取性，使得其芯片上存储的个人信息很容易被他人获取。甚至在很多非自愿的情况下，自己的隐私信息也会在不经意间被读取，甚至造成被追踪。对于门禁类产品及金融类产品情况更加严重。破解芯片后，黑客可以提取原卡信息，从而复制出一张和原卡拥有同样认证信息的新卡。利用这张克隆卡，黑客就可以自由进出受限制区域，或者进行刷卡消费。

●● 第四节　促进智能物流建设的措施

一　物流信息化技术攻关

　　1. 面向市场、面向应用，组织我国物流软件的研究开发，支持产业关联度大、市场前景好、有利于产业升级与改造的物流应用软硬件产品的技术攻关，形成一批具有国际竞争力的物流软硬件产品和龙头企业。如智能仓库管理、供应商管理库存、智能运输管理、物流供应链管理、托盘流通信息交换技术等。

　　2. 加快 RFID/GIS/GPS 相关技术与产品研究开发和产业化。目前这些产品大都为进口，少量国内生产，价格高使许多企业对相关产品技术应用望而生畏。因此，要加大科研开发的支持力度，推动相关产品的国际化。

3. 支持我国北斗导航卫星民用化，发展我国自主的卫星导航产业，支持企业和科研单位开展北斗导航卫星应用技术的研究开发。

4. 结合实际开展物流供应链管理和物流信息化理论的研究。

二　物流信息化对外合作

从国家层面上有重点的组织对外合作。尤其是在如下方面，通过合作尽快提高我国物流信息化的水平。

1. 物流软件关键技术的合作开发；

2. 物联网标准和技术的合作；

3. 物流公共信息平台对外连接和信息交换的合作；

4. 物流信息技术人才培训合作等。

在物联网标准和技术方面，EPCglobal 已经被美国和欧洲普遍接受和使用，形成了国际上的主流标准体系，而我国对之存在很大的争议，许多人认为应该有我们自己的标准，而不要接受他们的标准。我们认为，在这方面应该加强国际合作，无论如何，应积极参与到国际标准组织中去，争取发出我们的声音，要通过参与来加快我国的标准制定，并争取把我们的标准列入国际标准中去，让别人也能接受我们的标准。

三　物流信息化市场环境建设

1. 政府要花大力气来培育有效竞争的市场机制，打破条块分割和地区封锁，清除地区和行业壁垒，创造并维护公开、公平、公正的市场环境，让各种物流要素在市场机制作用下充分竞争，自由流动，并提高监管水平和公共服务能力。

2. 加强物流信息化的标准化工作，加快制定物流信息分类与编码标准，完善物流信息交换业务流程规范和单证标准，推广信息采集技术标准，结合国际通行标准，制定符合行业应用实际的标准。支持各行业企业结合实际，贯彻执行已有标准，推动物流标准的广泛应用。

3. 加快物流信息化法律法规建设和物流信息安全体系建设。制定有关物流信息

化的法律法规，如与物流相关的电子签名、电子文件、信息交换等方面的法律法规。通过先进的技术手段、严谨的管理制度和健全的安全机制相结合，确实保障网络和物流信息内容的安全，促使物流信息化的健康发展。加快数字证书认证体系的建设，完善安全认证基础设施，建立安全认证体系。支持国内电子认证服务机构的发展和跨地区数字证书交叉认证工作。

4.加强物流信息化应用宣传和人才培训。及时总结、大力推广物流信息化建设的成功经验。普及物流信息化知识，加强物流信息化人才培训，提高从业人员信息化素质，适应现代物流业发展的需要。加强高等教育培养，研究建立职业资格认证制度，规范物流信息化人才的岗位业务。物流培训要结合我国物流发展的具体实践，注意引进消化和吸收国外先进的培训方法和培训教程，着力培养我国物流的实用型人才，特别是物流管理师和物流技术工程师的培训。

5.发挥行业协会和中介机构的作用。积极利用物流协会、信息协会、电子商务协会、RFID 协会等组织的力量开展物流信息化建设，大力支持他们开展信息化咨询、监理、人才培训等服务。通过他们组织物流有关标准的制定，提出物流信息化发展相关的政策建议。

●● 第五节　智能物流的管理技术

一　物流管理信息系统

RFID 的物流管理系统把 RFID 的数据采集系统与生产执行系统（MES）、仓储管理系统（WMS）相结合应用到企业物流各个环节，从而优化其物流流程。

RFID 在企业物流信息系统中应用的优势主要体现在两方面：首先，RFID 可以在企业生产物流中发挥巨大作用，其可以自动识别生产物流各个环节中物料、半成品、产成品的位置和状态，并把这些信息迅速、准确的传送到 MES。其次，提高企业物流信息系统采集信息的准确性，简化出入库的流程，及时了解库存货物状况，保证货物的盘点更加精确、迅速。

1.RFID 对货物识别和跟踪进行实时监控

生产执行系统 MES 能通过信息的传递对生产命令下发到产品完成的整个生产过程进行优化管理。当工厂中有实时事件发生时，MES 能及时对这些事件做出反应、报告，并用当前的准确数据对它们进行约束和处理。MES 着重动态管理，需要收集生产过程中的大量实时数据，根据现场变动进行调整。而 RFID 恰恰能快速、准确地完成大量实时数据的收集工作。因此我们可以通过 RFID 和 MES 的结合，对各个生产环节进行实时控制，保证生产的顺利进行。通过安装在各个车间的固定读写器实时读取各个车间内物料的消耗情况，并把数据传输到数据库中，MES 根据对数据的实时监控，来对各个车间工作地点下达指令，进行调度。从而大大提高了企业物流管理信息系统的信息化、自动化程度。

2. RFID 提高仓库作业能力，简化流程

假设供应商都采取 RFID 技术，并且货物的容器或托盘都有 RFID 标签。那么我们可以将 RFID 应用在收货、入库流程图和拣货、出库流程中的三个方面：出入库信息的确认、日常库存的盘点、仓库设备的实时监控。

首先，把 RFID 门禁系统用于出入库信息的确认，手持读写器用于对货位及托盘信息的读取，固定读写器来实现对货物信息和托盘信息的确认。两种读写器的应用不仅可以在运动中实现对多目标的识别，提高出入库的效率，还可以实现对货物及托盘容器状态的监控。

然后，日常库存的盘点，采用手持读写器，通过对标准化、单元化包装上标签的读取，来完成日常盘点，不仅可以节约人力成本，还可以提高准确率和盘点效率。

最后，仓库设备的实时监控，采用 UWB 读写器，通过 UWB 读写器可以确定设备在仓库的位置和当前的状态，便于对货物进库后，货位与搬运工具线路的选取，同样可以提高入库效率，并降低设备的运作成本。

把 RFID 和企业物流管理信息系统结合起来，使 RFID 完成 MES、WMS 的数据收集、整理，改进了传统企业的物料补给和仓库管理流程，实现对物流各环节信息的实时监控与跟踪，从而在降低了成本的同时还提高了生产效率，带来显著收益。

二　现代供应链管理技术

现代供应链管理不仅仅是把供应商、制造商和顾客简单的连接起来，而是通过

第一阶段：供应链的基本环节

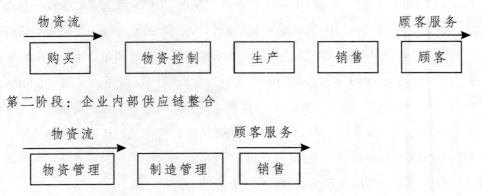

第二阶段：企业内部供应链整合

第三阶段：企业外部和内部供应链整合

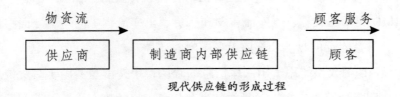

现代供应链的形成过程

信息技术和现代管理技术，将市场上的变化，在公司策略目标下根据客户的需求进行快速的自我调整，从供应商、制造商和顾客之间的关系来分析现代企业供应链的形成机理①。

从上图可以看出，供应链管理分三个阶段：

1. 供应商到顾客的每一个功能都是独立的，在这个阶段企业追求利润的目标就是在制造过程中节约生产成本，没有考虑到产品的堆存费用和其它相关的费用。

2. 制造商内部的生产整合，它将制造商的物资管理、生产制造管理、产品销售整合在一起。

3. 整合从供应商到顾客相临部分的功能，如将资源采购和物资控制整合为物资管理。

供应链资源的真正整合，不仅涉及到企业的内部生产管理，还涉及到企业外部的采购和销售，这样就形成了现代企业的供应链。

现代企业供应链管理是利用信息技术和现代管理技术把采购、生产、销售过程的所有节点整合在一起，以适应市场的瞬息变化，适时的采购所需的原材料，及时地生产，满足顾客的需求。现代供应链管理的核心是建立采购商—制造商—供应商信息平台，在这个平台上，采购商、制造商和供应商的每一个环节信息共享，以最快的速度捕捉到市场上的变化。一旦市场发生变化，供应链上的每一个节点能够在最少的时间内做出相应的调整。由于物流技术和计算机信息管理的支持，现代企业可以通过 JIT 采购、JIT 配送和 JIT 分拨物流来实现同步过程。这样，确保企业生产的产品满足顾客的要求，且企业的采购成本、库存成本和销售成本为最低。

三 物流与智能交通的结合

降低货物运输成本，缩短货物送达时间，随时掌握货物在途中的状态，是整个物流运输管理中的重要环节。近年兴起的智能交通恰恰能满足货物运输这些方面的需求。智能交通系统 ITS 的核心是应用现代通信、信息、网络、控制、电子等技术，建立一个高效运输系统。它包括:先进的交通信息服务系统，先进的交通管理系统，先进的车辆控制系统，营运货车管理系统，电子收费系统，紧急救援系统等。这些技术的成功应用能够使人和物以更快、更安全的方式完成空间移动，显著地减少交通事故，缓解交通拥挤。智能交通与物流都具有信息管理网络化、实时化的要求。将智能交通技术与物流管理有机地结合起来，一方面智能交通为物流管理

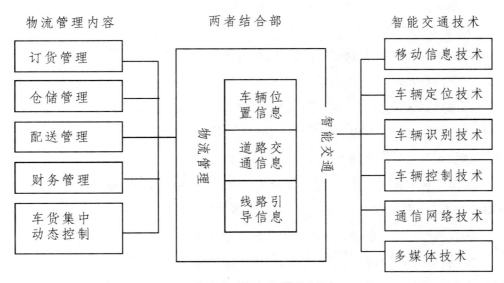

智能交通与智能物流的结合

创造了一个快捷、可靠的运输网络，降低了物流成本；反过来物流管理也为智能运输产品与服务开辟了一个巨大的市场，可促进智能运输的发展。两者的结合面是运输信息的管理与服务。

ITS 通过技术平台可向物流企业管理提供的服务主要集中在物流配送管理和车货集中动态控制两方面，如提供当前道路交通信息、线路诱导信息，为物流企业的优化运输方案制定提供决策依据；通过对车辆位置状态的实时跟踪，可向物流企业甚至客户提供车辆预计到达时间，为物流中心的配送计划、仓库存货战略的确定提供依据。可知，在现代物流发展过程中，主要可在以下四个方面利用智能运输技术：

1. 移动信息技术。为了将移动的车辆信息纳入物流运转的信息链中，则需要使用移动信息系统，该系统和物流企业的信息中心构成统一的整体，确定的合同数据、运输路线数据、车辆数据和行驶数据都需要进行收集、存储、交换和处理。将货运车辆纳入信息链所采用的主要手段是在车辆上配置（便携式）计算机或专门开发的信息处理和无线发射与接收装置。

2. 车辆定位技术。车辆的实时定位，有助于物流控制中心在任意时刻查询车辆的地理位置并在电子地图上直观地显现出来。动态掌握车辆所在位置可帮助物流企业优化车辆配载和调度。另外，车辆定位技术也是搜寻被盗车辆的一个辅助手段，这对运输贵重货物具有特别重要的意义。GPS（global position system）技术是车辆定位最常见的解决方案。对于网络 GPS 的用户，还可使用 GSM（group special mobile）的语音功能与司机进行通话或使用安装在运输工具上的汉字液晶显示屏，进行汉字消息收发。驾驶员按下相应的功能键，将需要了解的道路交通情况的请求和当前运行状况信息反馈到网络 GPS。网络 GPS 工作站管理员在显示屏上确认后，可传送相关信息，同时也了解并控制整个运输作业的准确性（如发车时间、到货时间、卸货时间、返回时间等）。

3. 车辆识别技术。借助电子识别系统，使运输中的货物可通过一个号码和特别的信息加以区别，方便运输途中时间及地点的跟踪与监控。还可以与其它系统衔接，用于控制物流中运输、转运、代销和存储过程。

4. 通信与网络技术。在现代运输网络中，数据越来越多地需要远程输送与交换。采用标准化电子数据交换信息网，可使数据具有较好的兼容性与适用性，有利于加速信息流程，降低手工输入错误率，减少纸张需求以及使数据易于检验等。远程数据通信可利用专门的数据交换网（如 X.25），也可借用互联网（internet）。由于互联网络具有低通讯成本、高互联通率的优点，近年来越来越多的货运企业把互联网作为数据交换台，进行数据通信。

基于网络的及时、准确的信息传递保证物流系统高度集约化管理的信息需求，保证物流网络各节点和总部之间以及各网节点之间的信息充分共享。它能够使物流企业实时地掌握运输计划和仓储计划的执行情况、货物在仓库和在途情况，准确地预估货物的销售和库存情况，从而组织新一轮的生产资料采购和生产过程，同时它能够使第三方物流企业在最短时间内获得客户的采购或供应信息，并及时做出响应，实现整个物流系统的高效运转。

智能物流与智能交通结合的目的是，在智能交通系统的辅助下，使货物运输全过程始终处于动态控制中，达到社会物流优化目标。对于第三方物流企业，其业务的核心为客户提供生产供应链管理服务。随着物流服务社会化程度的提高，优化的市场物流管理模式是建立区域的物流交易中心，借助先进的信息技术，通过合理的技术平台，变信息封闭型为开放型，变信息单方向、单通道传送为双方向、多通道的传送，使货运市场的信息资源在共享的基础上得到优化利用。

第七章 | **智能交通**

●● 第一节 智能交通概述

一 智能交通基本概念

 随着经济发展，各国汽车的拥有量和道路里程都在增加，这就引起三大问题：一是尾气排放增加，引起全球范围气候变暖；二是道路更加拥挤，延误车辆的到达时间；三是交通事故增加，影响城市的可持续发展能力。智能交通的出现就是要解决空气污染、交通拥挤、交通安全这三大问题。通过智能交通系统的建设，英国在过去25年里私人小汽车里程增加了65%，货运汽车里程增加了33%，但是道路里程只增加了12%。智能交通的建设使英国在道路里程增长很小的情况下适应了交通通行量的大幅增加，使得在运载量没有增加的前提下货运量大大增加，道路交通污染物的排放大大降低。

智能交通（ITS）是一个基于现代电子信息技术面向交通运输的服务系统，采用先进的检测系统、通讯技术、信息处理技术和电子控制技术改善交通管理，优化道路资源，提高交通安全，实现科学化、智能化的现代交通管理。它的目标是减少交通运输产生的空气污染、减少无效的车辆行驶、提高道路通行效率、使人和货物的运输快捷和安全、保持城市可持续发展能力。它的突出特点是以信息的收集、处

理、发布、交换、分析、利用为主线，为交通参与者提供多样性的服务。智能交通是人类进入信息社会的一大特点。

21 世纪将是公路交通智能化的世纪，人们将要采用的智能交通系统，是一种先进的一体化交通综合管理系统。在该系统中，车辆靠自己的智能在道路上自由行驶，公路靠自身的智能将交通流量调整至最佳状态，借助于这个系统，管理人员对道路、车辆的行踪将掌握得一清二楚。

二 智能交通研究对象⑪

我们从一个城市范围内试想一下：当一辆车进入一个城市，只要它在路上，我们就能够发现它；只要它有违章，我们就能够及时进行警告或纠正或处罚；我们甚至可以在地图上描绘出其运动轨迹或者根据其运动为其在城市中的出行提供实时的路线方案；我们可以及时发现路况的拥塞；我们可以及时发现路面的异常；我们可以及时掌握城市各个路段的天气状况；我们能够及时掌握路段行人对交通秩序的遵守情况等等。

当我们进入一个城市，马上就能够知道进入这个城市各个角落的交通路线；我们能够及时把握到路况；我们很清楚地知道这个城市的各个路段交通限速和管制；我们不幸的违章行为会得到及时的提醒……

作为智能交通，所研究的对象主要为以下几种：

1. 车辆：车辆作为交通系统中最活跃的且能够逐一标识的对象，是这个系统里主要的研究对象。这里车辆的定义既指车辆本身，也指在路面上包含了司机驾驶的运行的车辆。从出行到停车整个过程中，理想的智能交通系统需要完全把握其动态。

2. 道路：道路作为智能交通系统的研究对象，一方面道路作为交通的基础而存在，其功能是道路是否有缺陷损坏或冰、水、异物存在，路面情况作为智能交通系统的一种信息输入；另一方面，路面因车辆的行驶而造成动态的拥塞程度也要作为智能交通信息的一种输入。

3. 环境状况：环境状况作为智能交通系统的研究对象则主要是晴、阴、雨、雪、雾等对路面以及能见度等间接影响交通的天气因素以及照明等状况要作为智能交通信息的环境参数的输入。

4. 管理者：管理者在这个系统中作为研究对象则主要是作为介入因素存在。通过合适的指挥，交通则能够较快地进入平衡运行状态——这属于被动管理。在主动的管理方面，交通管理实际上也作为一种应急系统存在，如重要人物出行、火、盗、抢劫等方面，管理方则需要主动介入交通运行。

5. 步行的行人：这里是指进入这个系统运行的行人，如果在步行街上行走的行人便不在研究之列。行人作为研究对象，实际上也是因为这个群体也会对交通系统产生影响。在红绿灯路口，行人的行为对交通的影响相信每个人都有切实的感受。而有些特殊路段，行人如跨越交通隔离物等异常行为也会对交通造成恶性影响。

三 智能交通特点

智能交通系统大概具有两类特点：一是着眼于交通信息的广泛应用与服务，二是着眼于提高既有交通设施的运行效率。具体的特点如下：

1. 环保：大幅降低碳排放量、能源消耗和各种污染物排放，提高生活质量。

2. 便捷：通过移动通信提供最佳路线信息和一次性支付各种方式的交通费用，增强了旅客体验安全检测危险并及时通知相关部门。

3. 高效：实时进行跨网络交通数据分析和预测，可避免不必要的浪费，而且还可最大化交通流量。

4. 可视：将公共交通车辆和私家车整合到一个数据库，提供单个网络状态视图。

5. 可预测：持续进行数据分析和建模，改善交通流量和基础设施规划。

解决交通拥堵的传统方式是增加容量(例如，新增高速公路和车道等)。但在当今的环境中，将智能技术运用到道路和汽车中无疑是可以实现的。例如，增设路边传感器、射频标记和全球定位系统。我们应重新思考可以如何通过使用新技术和新政策使我们从 A 点到达 B 点更加方便快捷。这可改变人们固有的思维和习惯，还可以丰富驾驶者的经验，而不再仅仅关心出行时间及路线选择。同时，它还可以改进汽车、道路以及公共交通，使之更具便利性。

设想一个这样的交通系统：乘坐公共交通的人可以通过手机查看下一班的市郊火车或地铁上有多少空座位，集成服务和信息对未来的公共交通至关重要。例如，为均衡供求，未来的交通系统将可以定位乘客位置，并为他们提供所需的交通工具。许多交通规划者已开始努力促成多个系统的集成，并在各种交通类型、多个城市甚至国家或地区之间整合费用和服务。

智能的交通系统可以缩短人们的空间距离，（提高生产效率、降低旅程时间和加速突发事件交通工具的响应速度），也可保护环境（如改善空气质量、降低噪音污染、延长资产生命周期、保护古迹 / 景点 / 住宅）。

四　智能交通包含的子系统⑫

智能交通组成系统可分为：车辆控制系统、交通监控系统、停车诱导系统、运营车辆高度管理系统、旅行信息系统、车密度分布计算系统、故障预警和紧急事故处理系统以及车辆限速系统。

1. 车辆控制系统

指辅助驾驶员驾驶汽车或替代驾驶员自动驾驶汽车的系统。该系统通过安装在汽车前部和旁侧的雷达或红外探测仪，可以准确地判断车与障碍物之间的距离，遇紧急情况，车载电脑能及时发出警报或自动刹车避让，并根据路况自己调节行车速度，人称"智能汽车"。目前，美国已有多家公司从事高智能汽车的研制，已推出自动恒速控制器、红外智能导驶仪等高科技产品。

2. 交通监控系统

该系统类似于机场的航空控制器，它将在道路、车辆和驾驶员之间建立快速通讯联系。哪里发生了交通事故，哪里交通拥挤，哪条路最为畅通，该系统会以最快的速度提供给驾驶员和交通管理人员。

3. 运营车辆高度管理系统

该系统通过汽车的车载电脑、高度管理中心计算机与全球定位系统卫星联网，实现驾驶员与调度管理中心之间的双向通讯，来提供商业车辆、公共汽车和出租汽车的运营效率。该系统通讯能力极强，可以对全国乃至更大范围内的车辆实施控制。目前，行驶在法国巴黎大街上的 20 辆公共汽车和英国伦敦的约 2500 辆出租汽车已经在接受卫星的指挥。

4. 旅行信息系统

是专为外出旅行人员及时提供各种交通信息的系统。该系统提供信息的媒介是

多种多样的,如电脑、电视、电话、路标、无线电、车内显示屏等,任何一种方式都可以。无论你是在办公室、大街上、家中、汽车上,只要采用其中任何一种方式,你都能从信息系统中获得所需要的信息。有了该系统,外出旅行者就可以眼观六路、耳听八方了。

5. 停车诱导系统

主要由车辆检测技术和可变情报板组成,用于引导车辆的停泊,采用停车诱导系统停车场效率可提高 10-15%。通过停车诱导及时将车辆导入车位可以减少因寻找车位产生的交通流量和空气污染。

6. 车辆密度分布计算系统

基本原理是通过流量测试建立数学模拟的模型,在关键点设置检测工具捕获流量,根据关键点的车流量推算道路的车流量。使用该系统可以大大减少检测设备的安装,但是经常需要使用探测车检测流量验证数学模型的合理性。

7. 故障预警系统和紧急事故处理系统

该系统是智能交通最为突出的代表,系统根据车流的排队情况预测事故,提醒闭路电视监控系统进行跟踪。在计算机中建立专家库提供多个应急方案,根据事故发生的情况选择应急方案,通知并指导有关部门和人员进行事故处理,快速排除事故恢复交通。计算机系统记录事故情况,并且以事故发生地为圆心在周边相关可变情报板上显示信息,调度交通。在事故解决后会自动调整可变情报板,恢复正常的交通。整个事故的处理无需进行过多的人工干预。

8. 车辆限速系统

根据车流量自动限制车道中车辆行驶速度从而减少车辆的换道率,这样做能够提高车辆的整体到达时间。车辆行驶速度稳定后交通事故减少,车辆没有加速度尾气排放量降低,车辆操作稳定后通行时间保证。

●● 第二节 国内外智能交通发展状况

一 中国智能交通系统发展框架构想[13]

1. 中国发展 ITS 的必要性和紧迫性

中国是一个经济持续发展的发展中国家,改革开放以来,城市化与汽车化发展十分迅猛。改革开放前，城市化水平不足 19%，目前已经发展到超过 30%；机动车拥有量目前已达 6000 万辆，并以每年 10% 以上的速度增长。

中国城市交通的特点是混合交通，目前自行车拥有量超过 1.8 亿辆，如果公共交通服务水平不提高，城市交通结构不改善，自行车拥有量将会有增无减。

改革开放以来，中国道路交通设施及管理设施虽然有较大改观，但跟不上机动车增长速度。总体水平与发达国家有较大差距，特别是大多数城市路网结构不合理，道路功能不完善，道路系统不健全。交通管理设施缺乏，管理水平不高。即使各地都建立了交通控制中心，大多只是实现了监视功能，而远没有发挥控制功能的效应。

中国城市的大气质量恶化，已逐步由无烟煤污染转变为机动车尾气污染。其主要原因是交通拥堵、车速下降以及车况差、车辆技术性能低等，致使在世界十大空气污染最严重的城市中，我国就据之有七。同时，车辆状况差也直接影响到城市交通，并已成为制约我国城市交通的重要因素。以车况较好的北京市为例，平均日故障次数达 500 次以上，给城市交通带来巨大压力。

2. 中国发展 ITS 的主导思想

中国是一个发展中国家，与发达国家相比，我国在发展 ITS 的必要基础条件上还有较大差距，加上我国特有的混合交通特点，以及城市结构、路网结构、交通结构的不完善，因此要结合中国的国情来研究制定我国发展 ITS 的战略及发展框架。

中国交通运输正面临经济发展与资源制约的双重压力，因此也不能重复发达国家走过的老路，一定要立足本国实际，走中国 ITS 发展之路，以推动我国信息化进程及培育自己的 ITS 产业。

21 世纪交通管理的发展趋势必将是管理体制的集约化；管理设施现代化；管理手段网络化、信息化、智能化；管理效率高效化；管理方式社会化。因此中国 ITS 的发展将带来一场交通管理体制与模式的变革，而这种变革将直接影响着 ITS 的发展。

3. 中国发展 ITS 的目标

中国 ITS 的发展框架应逐步实现以下三个阶段目标：

起始阶段（5 年）：

缓解交通需求矛盾，提高交通通行能力，减少中心区交通负荷。

发展阶段（10 年）：

在综合信息网络平台下，形成信息管理、信息通信、信息服务子系统，实现交通信息双向交互；实施交通指挥、控制，达到减少堵塞时间、降低交通事故、出行便捷及保护环境的目的。

成熟阶段（10 年）：

以 ITS 的发展推动信息化社会的进程，创立新产业，开拓新市场。

二 日本智能交通系统 ITS 发展状况

日本拥有 1.2 亿人口，大约每天有 7000 万各种车辆行驶在全国各地。据日本建设省统计，每年有约 100 万人死或伤于与交通有关的意外事故，因交通拥堵而损失 53 亿小时，带来 12 万亿日元的经济损失。在这样一个狭窄而又拥挤的岛国上，缓解交通拥堵这样巨大的难题似乎没有特别好的答案——除了 ITS。

根据日本建设省公布的 2000—2001 年 ITS 发展手册，装备了车辆导航设备的车辆已经超过了 200 万辆，该系统可将信息和通讯系统一体化，可向车辆提供实时的道路信息。大约有 600 个过路收费站已经装备了电子收费装置（electronic toll collection，简称 ETC），另有 300 个收费站在未来几年内也将安装同样的设备。

围绕着高级公路辅助导航系统（advanced cruise-assist highway systems，简称 AHS）和高级安全车辆（advanced safety vehicles，简称 ASV）所进行的研发活动促成了智能导航系统（Smart Cruise System）的发展。智能导航系统的出现主要是为了提高驾驶的安全性，它提供了一系列与驾驶员安全有关的功能，在发生突发事件时帮助驾驶人员做出及时有效的反应以避免交通意外的发生。

车辆信息与通讯系统（VICS）、电子收费装置（ETC）以及高级公路辅助导航系统与智能导航（AHS/ASV）研究的顶点就是日本下一代的被称为"智能公路"（Smartway）的出现，这一成果综合了所有的 ITS 设备，并已经出现在日本的一条新建高速公路上。此外，提供路面信息以保持持续的高速也是智能导航系统要提供的服务内容之一。

信息技术与道路交通的结合正在使日本普通的路面向"智能公路"转变，而作为一个使 ITS 应用系统结合为整体的平台，智能公路从 2003 年开始出现在日本的几个地区。这个转变将不仅改变人与路的关系，还将改变路与车的关系，而智能公路将有机地把二者结合到一起。由于实现了车与路的有效信息沟通，智能公路将有效地减少道路交通意外。

日本智能公路的目标是到 2015 年将道路交通事故减少 50%，可有效地缓解交通拥堵，减少对环境的污染。如果能得到持续的资金支持，智能公路系统完全能为 21 世纪可能出现的各种交通问题提供一种较为合理的解决措施。

日本采取了一系列积极的步骤以促进 ITS 和全国范围的信息化公路的发展，并致力于达到以下五个目标：研究解决拥堵、交通意外以及环境污染的有效措施；通过创造新的市场和产业以促进经济增长；提高生活质量；促进地区发展。与此同时，日本也积极地推动 ITS 标准的建立，以保证 ITS 内部不同系统之间的兼容性，推动 ITS 的研究、发展和应用。日本已经与国内外的许多与 ITS 相关的组织进行了广泛合作，以推动这些标准成为国际 ITS 发展中的基本标准，并支持不同的 ITS 服务内容和第二代公路（如智能公路）的发展。

●● 第三节 智能交通案例

一 车牌识别在高速公路超速布控系统的应用

我国高速公路建设时间并不长，考虑到安全因素，一般来说高速公路的最高速限为 110 至 130 公里每小时。但随着汽车技术的发展，对于小型轿车来说，开到 150 公里每小时已经是很容易的事了，因此高速公路超速已是非常普遍的事。大量超速行为，给高速公路行车安全带来了极大隐患，近年来高速公路交通事故不断，曾有统计数字表明，70% 以上的高速公路交通事故都是由超速引起的。如何做好高速公路超速管理和处罚，促使驾驶人员降低车速，保证自身、他人的安全，保障个人、集体、国家的财产安全，成为摆在高速公路管理部门面前的一个严肃的问题。

近年来"电子警察"在高速公路上的广泛应用，成为监控超速的"阻击手"，有效地遏制了车辆的超速行驶，减少了高速公路的事故。作为电子警察的重要组成部分，超速监控系统的功能是发现超速行为、记录超速行为。在超速监控系统中，目前我国较多采用的测速方式有雷达测速、地感线圈测速方式、视频测速、红外线

检测和激光检测。雷达测速仪以其价格便宜、测速准确、使用方便和能在运动中实现车速检测，被我国公安交管部门作为超速处罚的首选工具。

超速布控系统分为超速检测系统和车辆拦截系统两个部分，其中超速检测系统完成车速检测、车牌号码识别、行驶车辆记录等工作；车辆拦截系统对通行车辆进行车牌识别，判断是否为超速或其他黑名单车辆，对黑名单车辆进行拦截和处罚。

事实上，采用车牌识别技术的超速布控系统即是将人工判读车牌改成了使用车牌识别技术自动地识别车牌号码，实现自动构造超速黑名单和自动报警，既实现了处理的即时性(下高速时即可处罚)，又大大降低了人工工作量(无需人工判读车牌)。

二　智能交通防止交通堵塞

资料显示，在洛杉矶一个小商业区内，一年内轿车为寻找停车位所行驶的车程就相当于 38 次环球旅行的路程，同时消耗 47000 加仑汽油，排放 730 吨二氧化碳。而新的智能型交通系统在伦敦、新加坡等城市运用，为治理交通顽疾带来希望。这种交通系统集智能化、数字化与一体，可自动识别交通状况，引导汽车行驶与泊车，既可用于地面交通，也运用于地铁，提高交通的安全性、可靠性。

新加坡采用的"智能交通预测系统"由计算机化交通信号系统、电子扫描系统、城市快速道路监控系统、接合式电子眼以及道路计价系统组成，在预先设定的时间段内预测交通流量，帮助交通控制人员预判管理交通流，防止交通堵塞。而瑞典斯德哥尔摩启用新智能收费系统一项，使交通量减少 22%，排放物减少 12-40%。

三　智能交通与应急指挥系统

交通是许多事故甚至灾难的发生场所，交通是许多事故和灾难实现的途径和手段，交通是脱离与到达事故和灾难现场的主要途径和手段。任何应急平台，特别是城市应急联动管理平台，没有交通行业的有效支持，都只能是空话。

一般情况下，在各个城市的交通指挥中心都会设立紧急状态指挥室，建立大屏幕电视墙及图像控制设备，将现有的分布在各处的公安视频监控信号汇集起来，以便对城市主要交通干道、重要目标及车站等位置进行全天候监控。而在安全监控系统里要建立监控室，对社会应急联动指挥中心系统设备运行情况、指挥大厅运作状况、出警情况等进行监控。

交通拥挤、道路阻塞和交通事故频繁发生正越来越严重地困扰着世界上的各大城市，一个城市的交通应急管理能力最能体现其交通管理的水平。在发生突发性交通事件时，需要第一时间掌握事件态势及现场情况，启动应急预案，调度抢修抢险所需的人员、车辆和物资，在最短时间内完成突发事件的处置。同时，及时向公众发布事件信息，分流突发事件发生地外围的车辆和行人，将突发事件对交通产生的影响控制在最小范围内。

因此，城市交通应急管理需要从信息收集到发布以及紧急调度和处理各方有效联动，任何一个环节出现问题，都有可能影响到最终的处理效率。在城市应急联动管理上，美国等发达国家起步早，有很多值得借鉴的地方。

中国智能交通研发与国外的一大区别是由国内城市道路交通中机动车、自行车、行人的"混合"引起的。还有就是许多基础设施的设计没有充分考虑人和车辆的行为需求，比如一些城市中简单的"巨无霸"式的交叉路口设计，往往导致"绿灯不绿、红灯不红"的情况；有些高速通道的出入匝道口过短，起不到过渡和缓冲的作用，很容易造成交通流"回溢"的现象，以致"上堵下塞"，不但高速通道快不起来，就连普通道路也给堵起来。还有行车的文化、行人的文化，公民的交通法规意识等等，使得许多国外行之有效的智能交通方法，到了中国反而效果不彰，有时甚至起反作用。

值得欣喜的是，我国的大中型城市的智能交通发展已经初具规模，如北京市已经完善了交通民警警务装备，建设了交通应急指挥硬、软件系统。如今每一个交警身上都配备了 GPS 定位装置，在总部的屏幕上可以实时显示他们的位置。这套装置对遇到突发事件时的人力优化配置有很大好处。一旦发生突发事件，在警力有限的情况下，指挥人员使用警力定位系统，迅速显示事件区域的警员、警车分布，以便指派最近的民警，在最短时间内到达现场进行处置。同时，作为北京市应急指挥系统的一个重要组成部分，交通管理应急指挥系统与政府其他应急保障部门之间建立了协调联动机制。一旦发生各类交通突发事件需要有关部门直接参与的，交管局指挥调度中心会及时协调，以确保现场快速处置。有了一套智能交通应急指挥系统后，大大缩短了交通处理时间。以前处理一个交通事故现场，一般需要 30 分钟；

而现在只需要 15 分钟, 甚至 3 ~ 5 分钟之内就可以解决。

四　上海世博会与智能交通

2010 年世博会将给上海带来大约 7000 万人次的参观客流总量, 日均 40 万人次, 高峰日为 60 万人次。为缓解 2010 年上海世博会所带来的巨大交通压力, 智能交通 (ITS) 获得快速发展, 并进而推动其产业化进程。

1. 会说话的红绿灯

为迎接世博会, 上海发起了"迎世博, 治陋习"倡议, 目的之一是规范市民的出行习惯。一款会说话的红绿灯装在了上海的某些街道上。

在上海的浦东金桥镇街面的一个路口, 一位行人不顾红灯即将走过斑马线, 刚迈出几步, 路口红绿灯"说话"了: "红灯亮, 禁止通行, 交通警察提醒, 请遵守交通法规。"红绿灯边的电子屏幕上随即显出一行字: "心中常亮红绿灯, 文明交通伴我行。"红绿灯突然"说话", 使这位行人感到意外, 左顾右盼, 终于停了下来。

这套装置由电子屏幕、摄像机、红外检测器及声光报警器等组成。当红外检测器感应到行人闯红灯时, 摄像机立即启动, 拍摄下违规者, 声光报警器同时发出友情提示, 电子屏幕即时显示。这套系统能 24 小时、全天候监控行人闯红灯行为, 并进行记录、统计。

当然也有不听红绿灯讲话劝告的人会闯红灯而去。红绿灯"说话"不可能是万能的, 但时时说、天天讲, 会促成市民养成遵守交规的好习惯。今后在上海各十字路口, 还将陆续增加"会说话的红绿灯"的设置。

2. "游刃有余"的 ITS

ITS 运用信息技术等提供出行服务、交通监控、决策支持、应急援救等功能。世博会将成为上海 ITS 发展的重要时间节点, 2010 年之后, 上海的 ITS 将从起步阶段进入发展阶段, 甚至推动一个涉及众多领域的新兴交通高科技产业群出现。通过世博会建立起交通信息系统, 那么手机、车载导航系统等增值服务都可以随之产生, 产业链也可以随之形成。ITS 是一个投资巨大的工程, 仅仅是上海市道路交通信息采集发布系统一期工程, 就耗费了 1.2 亿元。

●● 第四节　智能交通技术问题

一　智能交通的组成技术

智能交通的组成技术可分为：检测技术、信息发布技术、信号灯控制技术和车辆控制技术。

1.检测技术。用于检测车辆、人、货物的具体位置。常用的有红外遥感测距技术，感应线圈技术、闭路电视监控系统，探测车和 GPS 定位技术等。

红外遥感测距技术用于测量车距、车辆分布和车速等情况。通过遥感技术可以记录每天的车辆流通情况，为建立车流量分析的数据模型提供依据。

感应线圈技术和红外遥感技术的功能相同，差别是线圈需要埋设，在道路建设时安装，不影响景观。遥感技术安装在道路两边，适用于检测老的道路，影响景观。

闭路电视监控系统让控制中心的人能够直观地了解车流量，并在事故发生后能够直接观测到现场，实施科学的调度。

探测车对没有或无法安装硬件设施的道路进行抽查，通过探测车上的多种检测设备，开一次就能掌握道路上的各种情况。

GPS 定位技术主要用于检测车辆位置和速度，同时还能采集车辆本身其他数据，如：轮胎压力、油耗、开门次数、载重情况等。通过 GPS 可以监控并限制车辆的加速度，减少空气污染。目前这些技术已经成熟，但是必须通过立法才能执行。

2.信息发布技术。用于将道路上的情况发布出去，常用的有：广播、手机短信提示、可变情报板、网站以及车辆上的智能终端。

广播是一种最方便实用的工具。汇总由各种检测技术为基础的系统提供的交通信息，强制通过广播提供路况信息（车辆在进入高速公路后不管收听哪个频道的广播节目，在定点时间都会强制收到道路情况的广播）。高峰时每半小时发布一次道路情况，平时一个小时一次。

手机短信是一种增补方式，用于发布临时的交通信息情况，用户可以在出发时进行登记，在路上就可以及时收到各种交通信息。

可变情报板可以显示下雨、大雾等情况，提示车速限制，到达时间预测以及实施交通诱导。显示的信息有些是强制的、有些是可选择的，可变情报板距离一般不超过 1.5~2 公里。

通过网站发布道路状况可以让即将出行的人在家中就能选择行驶线路，从网站上收集到车辆行驶线路反馈，又能用于估算道路状况可能发生的变化。

智能终端是指在车辆上安装的可以接受、查询信息的终端显示设备。结合 GPS 和 GIS 技术，在车上通过智能终端能够知道车辆所在的位置、前方道路情况、合理的行驶线路。

3. 信号灯控制技术。信号灯可以引导或强制车辆分流。用红绿灯显示疏堵是最简单的，通过合理的设置信号灯可以控制入口的流量。根据上流车队情况预测到达下流的时间，优化信号灯的控制，让车队快速通过。在公交优先方面对延迟的公交车提供绿灯使其快速通过，然后调度垂直线路的绿灯时间,使道路恢复原来的状态。

4. 车辆控制技术。它是智能交通未来的发展方向，车辆在进入高速公路后就由指挥中心控制运行，驾驶员被剥夺车辆的行驶权利。车辆能自动调整速度，按指定的路线行驶，出现事故时能自动刹车，目前各项技术都在研制阶段。

二　RFID 在智能交通领域的应用

智能交通中应用射频识别（RFID）技术非常普遍，其主要应用领域包括公安、交通运输和城建领域，主要功能如下：

1. 电子车牌功能（行驶证电子副本功能）和驾驶证的电子副本功能，奠定数字化、智能化交通管理的基础。

2. 与传统车牌配合辨识假冒车牌（套牌车）的功能。

3. 区域交通动态管制的组织功能。

三　智能交通与多数据融合

数据融合是科研项目必备的分析工具，因为科技理论的提出、高新技术产品的面市、数学模型的建立，都离不开用数据说话。数据融合体现的是科研体系的合理性，理论或产品的科学性引证最终还得靠把涉及到的数据拿来作为观点与可靠性的说明。在科研项目中，技术效益评估、经济效益评估更离不开数据。模型的科学性也在于把所用的数据罗列出来，归纳、演绎成相应的函数关系，从创立模型到分析模型到求解过程，数据是关键。

智能交通系列科研项目更是如此，智能交通中的控制相对而言还是比较容易做的，但数据融合要难做得多，无论宏观、中观还是微观建模，最终都对应不同的数据量，数据从何而来？可不可靠？需要哪些数据？等等，都不是一日之功，也涉及工程及成本问题。一些国家智能交通控制中典型的模型，采取简单的离散模型，但他们是有效的，国外研究机构中，往往不在乎数学模型是否高档，哪怕是我们中学里简单的公式，只要能说明问题和解决问题，他们依然认为是有效的。

以北京 2008 年奥运会时为例，中国自主品牌的智能交通系统发挥作用的功能较小，当时依靠的主要还是行政命令。而澳大利亚 2000 年奥运会时，悉尼的"SCATS"系统一举成名。为什么会有这样的结果？一方面，在北京，上了太多家不同品牌的智能交通产品，尤其是国外产品占据主流，国内各家产品通信协议不兼容，导致北京的智能交通很难发挥出效能；另一方面，国内的品牌连简单的数据融合手段都缺乏，其实 SCATS 系统并不复杂，但是他却有较为完善的数据融合手段。

美国在智能交通领域大概 10 年更新一次，因为新技术不断在出现，原来的标准也需要与时俱进，所以标准问题不是大问题，主要还在于我们得不断探索找到更有说服力的数据融合工具。

第八章

智能农业

●● 第一节　智能农业概述

一　智能农业概述

　　纵观设施农业发展历史，随着科学技术的迅速发展，农业的内涵越来越丰富，技术含量越来越高。新技术的吸收与引进是现代农业最主要的特点。

　　智能农业的概念出现的时间很短，其基本概念是：充分利用现代科学技术，使得农业系统更加有效、更加智能、更加聪明的运转，达到农产品竞争力强、可持续发展、和谐农村、有效利用农村能源和环境保护的目标。

　　智能农业是通过计算机、互联网、现代通信技术、物联网技术、智能控制、现代机械等技术的综合应用，使农业的产供销实现高度的智能化，进一步提高农业生产经营的综合效率，降低资源消耗。智能农业不是单纯一项技术，而是综合应用。

　　目前，关于智能农业应用的发展项目有很多。比如：土壤养分、墒情监测，为作物选择和耕种方式提供指导；粮情信息监测，为监管部门科学决策保护粮食安全提供有效数据；农业大棚温室监控、

田间自动化管理，通过连续监测土壤湿度数据，实现多点同时滴灌补水；二维码动物溯源，通过食品追溯标签使消费者全面了解产品信息，确保食品安全。

物联网在智能农业的广泛应用可以从农产品生产不同的阶段来看，无论是种植、培育阶段和收获阶段，都可以用物联网的技术来提高效率。在种植和培育阶段，应用物联网分析实时的土壤信息，来选择合适的农作物；在农产品的收获阶段，应用物联网可以实现一个廉价的采集，从而在种植收获阶段进行更精准的测算。

物联网技术对于农业应用是一个机遇，正如上世纪 80 年代，生物技术在农业领域的应用推动了农业科技的跨越式发展一样，物联网科技的发展也必将深刻影响现代农业的未来。农机企业要抓住物联网建设的重大历史机遇，做到早学习、早认识、早研究、早部署、早见效，切实加强科学研究部署，积极探索物联网与现代农业应用结合点，确立研究及应用方向。只有加大科技创新投入并且更好地利用新技术，才能切实提升现代农业的发展层次和经济效益。

二　智能农业的内容[14]

智能农业包括的内容大致分为：智能管理、智能生产、智能组织、智能科技和智能生活等五个方面。

1. 智能管理

现代农业要求组织集约化生产，实现农业可持续发展。因而首先必须摸清农业资源与环境现状，监测并预测其发展。加强农业的宏观管理与预警，从而达到合理开发与利用农业资源，实现农业的可持续发展。但由于我国农业资源类型多，区域差异大，变化快，而传统调查手段和方法难以达到快速、准确的目的，严重制约着有关农业资源管理政策与措施的制订。

到 2010 年，世界上每个人将拥有 10 亿晶体管，平均每个晶体管成本只有十万分之一美分，近两年全球共生产了 300 亿个 RFID（无线射频识别）标记，传感器已被利用到整个生态系统和自然系统。信息的获取达到实时、低成本、快速和高精度的效果，土地、土壤、气候、水、农作物品种、动植物类群、海洋渔类等资源信息的获取不再困难；数据管理及空间分析能力将极大提高；现代农业宏观管理和预警决策手段更加丰富；管理和决策过程更加科学和智能。

2. 智能生产与经营

农业生产系统都由四大要素组成，即：农业生物要素、农业环境要素、农业技术要素和农业社会经济要素。每个要素中，都包含有许多因素。将各种农业过程的内在规律与外在关系用数学模型表达出来，即建立农业数学模型，农业模型包括定量模型、定性模型或者定量与定性相结合的模型。在模型的基础上建立各种农业专家系统、农业模拟决策系统、农业自动化系统等，使得农业生产系统生产的产品更加安全、竞争力更强、资源环境保护更加有效。从而使农业生产系统更加聪明和智能。

农村、农场、农业企业通过计算机系统对农业生产进行经营和管理，通过互联互通及时了解国内外的各种农产品的市场动向，以便做出农业生产与经营的决策。大力发展农业电子商务，使得广大农民直接与国内外市场建立联系，以决定农业的生产与销售策略。

智能化技术使得人工智能技术在农业中的应用不仅在专家系统方面，机器学习、神经元网络等智能技术也得到全面的发展和应用，而且应用领域不断扩展。智能技术不仅应用在传统的大宗农作物上，而且在经济作物、特种作物上也开展了应用，所开发的对象既包括作物全程管理的综合性系统，也包括农田施肥、栽培管理、病虫害预测预报、农田灌溉等专项管理系统。

智能技术的应用也不再局限于示范区，有望较大面积的推广应用。理论层面的研究集中在专家知识的采集、存贮和表达模型、作物生长模型，形成智能技术研究的核心和应用的基础。技术层面的开发聚焦于集成开发平台、智能建模工具、智能信息采集工具和傻瓜化的人机接口生成工具。智能应用系统的产品化水平将有质的飞跃，智能应用系统将像傻瓜相机一样，普通农民也能操作自如。

3. 智能组织

现代农业是以国内外市场为导向，以提高经济效益为中心，以科技进步为支撑，围绕支柱产业和主导产品，优化组合各种生产要素，对农业和农村经济实行区域化布局、专业化生产、一体化经营、社会化服务、企业化管理，形成以市场牵龙头、龙头带基地、基地连农户，集种养加、产供销、内外贸、农科教为一体的经济管理体制、运行机制和组织体系。"基地＋农户"、"公司＋农户"、农民经纪组织、农民合作社等各种组织将一家一户的小农业变成具有现代组织形式的现代农业，解决分散的农户适应市场、进入市场的问题。加入世贸组织后，国际农业竞争已经不是单项产品、单个生产者之间的竞争，而是包括农产品质量、品牌、价值和农业经营主体、经营方式在内的整个产业体系的综合性竞争。

信息技术是使这类组织更加有效的重要手段之一，感知技术、互联互通技术，使得这类组织充满智能。及时了解国内外的各种农产品的市场动向，与国内外市场建立联系，及时在组织间传递这些信息，组织中的成员联系和分享信息更加容易，组织的决策更能惠及每个组织成员的利益。

4. 智能科技

要解决"三农"问题，必须重视农业科技作用的发挥，农村发展、农业进步、农民生活改善，都依赖于农业科技。农业现代化是在现代科学基础上，以现代科学技术和装备武装农业，用现代科学方法管理农业的农业发展新模式。过去的几十年，信息技术已经被广泛地应用到农业科学研究中，主要包括统计分析、模拟分析、文献数据库和科学数据库等几个方面。在田间统计分析研究工作中，提出了不少算法和实现程序，如作物数量性状遗传距离的计算方法、近交系数的计算方法等，并产生了一些有影响的农业应用软件，如遗传育种程序包、PC—1500 袖珍机常用统计程序包、鸡猪饲料配方软件包、农业结构系统分析包等。模拟分析是采用信息技术对农作物、畜禽的生长过程进行模拟，并可以在短短的几分钟内得出模拟结果，以制定最佳的农艺措施和喂养措施，还可以对作物及畜禽的物种起源、发展过程进行再现。如中国农业科学院农业信息研究所开发的"小麦管理实验系统"可以模拟小麦生长的全过程，能通过控制反馈机制，优化水、氮管理，按照产量目标选择适宜品种和管理措施，并实现了模拟结果可视化。

农业野外台站、生态网、大气监测站、三地灾害监测站、田间试验站等安装更多的智能型传感器，农业科学家获得科学数据将变得更加容易。农业科学家足不出户，就能把农业模型放到异地的大型计算中心进行计算和模拟，网络的协同工作使得农业科学家之间的交流更加方便，整个科研系统的效率成倍提高。

5. 智能生活

十六届五中全会对新农村建设提出了"生产发展、生活宽裕、乡风文明、村容整洁、管理民主"的方针，描绘出一幅新农村的美好蓝图，其内涵包括：发展新产业；打牢物质基础；千方百计增加农民收入，促进农民持续增收；建设新村镇，改

善农村人居环境，使农村的发展得到合理规划；构筑新设施，改善农村的生产生活基础设施，包括清洁安全饮水、道路交通、电力、信息网络及农业基础设施建设等；培育新农民，加强基础教育和职业培训，推进农村科技推广和医疗卫生体系等等。

信息技术在新农村建设中大有可为，信息技术的应用将使得新农村的生活更加智能。如：发展和完善新农村的医疗体系，必须采取智能的方法进行信息共享管理，实时信息共享可以降低药品库存和成本并提高效率。有了综合准确的信息，以及远程医疗技术，医生就能参考患者之前的病历和治疗记录，增加对病人情况的了解，从而提高诊断质量和服务质量。

●● 第二节　智能农业国外研究应用状况

一　美专家研究 RFID 和传感器保障农业食品安全

美国几家大学组成的一组研究团队获得了美国农业部发放一项数额为 $600,000 的国家食品安全项目资金，用于为期三年的研究——采用 RFID 感应器追踪供应链中多叶绿色蔬菜的温湿度状况。

研究人员将在运输卡车内的农产品货箱里放置 RFID 感应器，测量温湿度水平、波动的发生时间及它们可能如何对零售商销售农产品里的大肠杆菌或其它病原体的产生造成影响。举个例子，湿度水平会影响绿色食品塑料包装的渗透性，从而减少农产品在架周期。研究人员也希望利用研究结果为包装、配送专业人士提供培训，通过监测运输和配送过程中的新鲜食品，防止食源性致病菌的产生。

二　韩国研发食品污染检测仪

韩国研究人员发明了一种小型生物芯片传感器，可快速、准确地对食品和环境污染进行检测。韩国生命科学和生物技术研究所的研究人员介绍说，他们研发的这种生物芯片传感器利用表面等离子体共振技术，即通过接收被扫描物体表面反射的激光共振信号来辨别分子层面的结构，从而检测被测对象的 DNA 和蛋白质是否受到污染。

与那些只能用在实验室的笨重检测设备相比，这种可单手提起的新装置可进行"即时检验"，大大提高了检测效率。这种生物芯片传感器经过改造后，还可用于药品、供水系统的检测，甚至可以应用于军事领域。

三　英国研制纳米传感器

英国纳米技术在显微级水平上取得的新突破，将有助于研制出用于防止食品和饮料受到致命细菌污染或阻止氧气进入容器内的塑料包装。该技术还将用于丰富食品的营养并保持食品中通常会随时间流失的维生素含量。农民还可以利用这项技术确保在恰当的时间为作物缓慢地施放化肥，以及探查来自虫害或污染物的威胁。

在食品生产中，由于转基因试验遭到消费者的抵制，纳米技术越来越被视为转基因技术的"接班人"。目前，纳米技术的发展仍处于初级阶段，正在研发的材料包括：由嵌入内层以防止二氧化碳泄漏的纳米粒子制成的碳酸饮料瓶；带有极微小银粒子的储藏箱具有抗菌性能，用于杀灭包装物中滋生的各种细菌等等。

四　科学家研制智能芯片农作物"渴"了会"呼叫"

美国科罗拉多大学的科学家研制出智能微芯片，可置于植物叶片上，当植物需要水时，会向农户的手机发送需求信息，采用此法可省水省时省钱，每年为农户节省几千美元。

研发人员称："这种智能微芯片类似于夹式耳环，比邮票还要轻薄，贴在植物叶片上。农民只需要携带移动电话，就可知植物何时需要水。"为了减少种植作物所需的时间和必要的物资，科学家使用感应器，使其连接到中央计算机，以便准确了解何时给植物浇水以及浇多少水，目前这种方法可减少植物生长所需的 10%~40%的水量。

●● 第三节　关键技术发展趋势和存在的问题

一　关键技术发展趋势[15]

智能农业物联网关键技术包括身份识别技术、通信技术等8项技术，其发展趋势见下表：

关键技术	2010年—2015年	2015年—2020年	2020年以后
身份识别技术	统一RFID国际化标准 RFID器件低成本化 身份识别传感器开发	发展先进动物身份识别技术 高可靠性身份识别	发展动物DNA识别技术
物联网架构技术	发展物联网基本架构技术 广域网与广域网架构技术 多物联网协同工作技术	高可靠性物联网架构 自适应物联网架构	认知物联网架构 经验型物联网架构
通信技术	RFID, UWB, Wi-Fi WiMax, Bluetooth, ZigBee, RuBee, SA100, 6LoWPAN	低功耗射频芯片 片上天线 毫米波芯片	宽频通信技术 宽频通信标准
传感器技术	生物传感器 低功耗传感器 工业传感器的农业的应用	农业传感器小型化 农业传感器可靠性技术	微型化农业传感器
搜索引擎技术	发展分布式引擎架构 基于语义学的搜索引擎	搜索与身份识别关联技术	认知型搜索引擎 自治型搜索引擎
信息安全技术	发展RFID安全机制 发展WSN安全机制	物联网的安全型与隐私性评估系统	自适应的安全系统开发以及相应协议制定
信号处理技术	大型开源信号处理算法库 实时信号处理技术	物与物协作算法 分布式智能系统	隐匿性物联网 认知优化算法
电源与能量存储技术	超薄电池 实时能源初步应用	生物能源获取技术 能源循环与再利用 无线电源推广	生物能巳池 纳米电池

二　智能农业存在的问题

智能农业物联网在发展过程中，要解决价格、功耗和数据传输三个问题。

1. 价格

智能感知器的成本问题。目前，农业环境和动植物群体的个体信息采集和传输的感知设备成本相对还比较昂贵，例如农产品供应链上的电子标签，生产 100 万个的成本约为 14 美分 / 个，除此之外还有实施 RFID 所需的基础设施的成本，如阅读器的购置价格等。因为，农产品的本身价值并不大，使用 RFID 所增加的成本相比之下显得过高，目前只适用于一些高价值的农产品。

2. 功耗

农田无线传感器网络体系的功耗问题。由于农作物生产周期较长，而传感器节点数量较多，因此如果经常更换电池将是一项耗资巨大的工作。如何有效节省电能、延长网络的生命周期，是面向大规模农田种植的无线传感器网络需解决的重要问题。

3. 传输

物联网感知节点上数据高效传输问题。农业监测区域分布大量传感器节点和少数汇聚节点，传感器节点负责采集相关数据信息，最终将数据传送至汇聚节点。由于农业物联网具有感知数据量大、无线通信带宽低、时效性强的特征，因此网络节点在能量、计算、存储及通信能力方面存在局限性。数据高效传输与管理问题是提高节点协作感知、采集、处理、发布效率的有效途径。

三　物联网对智能农业的重要意义

物联网在现代农业领域的应用包括如监视农作物灌溉情况、土壤空气变更、畜禽的环境状况以及大面积的地表检测，收集温度、湿度、风力、大气、降雨量、有关土地的湿度、氮浓缩量和土壤 pH 值等，从而进行科学预测，帮助农民抗灾、减灾，科学种植，提高农业综合效益。特别是最近几年在设施农业中的运用卓有成效。

位于美国加利福尼亚州 Oxnard 的草莓培育商 NorcalHarvesting 安装了一套物联网系统，实时追踪植物的状况。系统还可以根据空气和土壤的状况，自动触发相关行为，如浇水或调节温度。这套系统由 ClimateMinder 开发，目的是帮助培育商更好地管理植物的生长情况。自 2007 年发布以来，已被土耳其 200 多家温室和苗圃所采用。此外，系统还在土耳其一家鸡场、烟草存储厂和冷藏仓库使用。现在这套系统正研究应用于高尔夫球场的可能性，如追踪浇水量及草地是否被正确浇灌。

尽管设施农业在我国已经取得成绩，但是相比国外先进国家仍存在很大差距，平均单位产量低于国外的 30%，单位产量成本大于国外的 50%，由于不合理地使

用农药，产品质量远低于国外水平。其落后的主要原因是资金缺乏、设施农业技术装备落后；没有获取专家指导的途径，大多沿袭传统的种植方法，生产管理粗放，造成设施的智能化水平低。智能农业物联网的建设能大大缩小这一差距。运用物联网技术的智能化温室是集农业科技上的高、精、尖技术和计算机自动控制技术于一体的最先进的农业生产设施。

研制智能化监控、人工辅助管理温室。这适应于一般经济条件的农户提高温室栽培管理水平，即对智能化实时监控及动态决策方案通过人工管理加以实施。其关键技术主要包括温室综合环境实量监控系统，各种温室作物智能化管理决策系统，系列传感器、计算机芯片与机电一体化系统。这种温室可以根据用户需求随时进行处理，为设施农业综合生态信息自动监测、对环境进行自动控制和智能化管理提供科学依据。还可通过模块采集温度传感器等信号，经由无线信号收发模块传输数据，实现对大棚温湿度的远程控制。

研制智能化监控、自动化管理温室。这适应于经济条件富裕的农户、设施农业企业以及示范展示，提高温室栽培管理水平，即对智能化实时监控及动态决策方案通过综合环境控制与电动执行器自动实施。其关键技术包括温室控制模式和计算机监控系统。其中，计算机监控系统采用由中心控制计算机、现场控制机、系列传感器、电动执行器和局端总线型数字通讯网络等组成的分布式计算机监控系统。这种温室采用物联网技术，在温室生产中大量采用无线传感器管理，调控温度、湿度、光照、通风、二氧化碳补给、营养液供给及 pH 值、EC 值等，使栽培条件达到最适宜水平，以合理利用资源，提高产品的产量和质量，同时还具有综合环境控制、肥水灌溉决策与控制、紧急状态处理和信息处理等功能。

比较人工的控制来说，智能控制最大的好处就是能够相对恒定地控制大棚内部的环境，对于环境要求比较高的植物来说，更能避免因为人为因素而造成生产损失。

相对生产来说，将物联网技术应用到大棚生产以后，产量与质量比人工控制的大棚都有极大的提高。对于不同的种植品种而言，提高产量与质量相对不同，对于档次较高的经济作物来说，生产效率可以提高 30% 以上。

相对运行成本的核算，对于有一定规模的种植企业来说，极大的降低了劳动力成本。设备的投入与运行可以完全由节约下来的劳动力成本中核算出来，使用时间越长，节约的劳动力成本就是一笔巨大的利润。

第九章 | **智能军事**

物联网对现有军事系统格局产生了巨大冲击，使战场感知精确化、武器装备智能化、后勤保障灵敏化，扩大了未来作战的时域、空域和频域。它必将触发军事变革的一次重新启动，使军队建设和作战方式发生新的重大变化。

●● **第一节　无线传感器网络——物联网在军事运用中的雏形**[16][17]

无线传感器网络由随机分布的集成传感器、数据处理单元和通信模块的微小节点通过自组织的方式构成，借助于节点中内置的形式多样的传感器测量所在周边环境中的热、红外、声纳、雷达和地震波信号，从而探测包括温度、湿度、振动、噪声、光强度、压力、土壤成分、移动物体的大小、速度和方向等各种物理量。如果把现有的武器系统比作人的骨骼和肌肉，指挥系统比作人的中枢神经，那么传感器网络节点就是神经末梢的感应细胞。

无线传感器网络具有密集型、随机分布的特点，非常适合应用于恶劣的战场环境，可以协助实现有效的战场态势感知，满足作战力量"知己知彼"的要求。其典型设想是用飞行器将大量微传感器结点散布在战场的广阔地域，这些结点自组成网，将战场信息边收集、边传输、边融合，为各参战单位提供"各取所需"的情报服务。

无线传感器网络技术预示着为战场上带来新的电子眼和电子耳，"能够在未来几十年内变革战场环境"。无线传感器网络技术将会在战场上带来革命性的变化，并将改变战争的样式。

目前，具有代表性的无线传感网络军事应用研究项目主要有以下一些。

一　智能微尘（Smart Dust）

智能微尘是一个具有电脑功能的超微型传感器，由微处理器、无线电收发装置和使它们能够组成一个无线网络的软件共同组成。只需将一些微尘散放在一定范围内，它们就能够相互定位，收集数据并向基站传递信息。

近几年，由于硅片技术和生产工艺的突飞猛进，集成有传感器、计算电路、双向无线通信模块和供电模块的微尘器件的体积已经缩小到了沙粒般大小，但它却包含了从信息收集、信息处理到信息发送所必需的全部部件。未来的智能微尘甚至可以悬浮在空中几个小时，搜集、处理、发射信息，仅依靠微型电池工作多年。智能微尘的远程传感器芯片能够跟踪敌人的军事行动，可以把大量智能微尘装在宣传品、子弹或炮弹中，在目标地点撒落下去，形成严密的监视网络，敌方的军事力量和人员、物资的流动自然一清二楚。

二　沙地直线（A Line in the Sand）

美国开发了一种称为"沙地直线"的无线传感器网络系统，这个系统能够散射电子绊网到任何地方，也就是到整个战场，以侦测运动着的高金属含量目标。这种能力意味着一个特殊的军事用途，例如侦察和定位敌军坦克和其他车辆。这项技术有着广泛的应用可能，它不仅可以感觉到运动的或静止的金属，而且可以感觉到声音、光线、温度、化学物品，以及动植物的生理特征。

三　目标定位网络嵌入式系统技术（Network Embed System Technology）

目标定位网络嵌入式系统技术是战场应用实验，是美国国防高级研究计划局主导的一个项目，它将实现系统和信息处理融合。项目的定量目标是建立包括10~100万个计算节点的可靠、实时、分布式应用网络。这些节点包括连接传感器和作动器的物理和信息系统部件。基础嵌入式系统技术节点采用现场可编程门阵列（FPGA）模式。该项目应用了大量的微型传感器、微电子、先进传感器融合算法、自定位技术和信息技术方面的成果。项目的长期目标是实现传感器信息的网络中心分布和融合，显著提高作战态势感知能力。

四 灵巧传感器网络 (SSW：Smart Sensor Web)

"灵巧传感器网络"是美国陆军提出的针对网络中心战的需求所开发的新型传感器网络。其基本思想是在战场上布设大量的传感器以收集和中继信息，并对相关原始数据进行过滤，然后再把那些重要的信息传送到各数据融合中心，从而将大量的信息集成为一幅战场全景图，当参战人员需要时可分发给他们，使其对战场态势的感知能力大大提高。

SSW 系统作为一个军事战术工具，可向战场指挥员提供一个从大型传感器矩阵中得来的动态更新数据库，并及时向相关作战人员提供实时或近实时的战场信息。系统软件将采用预先制定的标准来解读传感器的内容，将它们与诸如公路、建筑、天气、单元位置等前后相关信息，以及由其他传感器输入的信息相互关联，从而为交战网络提供触发传感器的真实事件的实时信息。SSW 系统是关于传感器基于网络平台的集成，这种集成是通过主体交互作用来实现的。

五 战场环境侦察与监视系统

美国陆军最近确立了"战场环境侦察与监视系统"项目。该系统是一个智能化传感器网络，可以更为详尽、准确地探测到精确信息，如一些特殊地形地域的特种信息（登陆作战中敌方岸滩的翔实地理特征信息，丛林地带的地面坚硬度、干湿度）等，为更准确地制定战斗行动方案提供情报依据。它通过"数字化路标"作为传输工具，为各作战平台与单位提供"各取所需"的情报服务，使情报侦察与获取能力产生质的飞跃。该系统组由撒布型微传感器网络系统、机载和车载型侦察与探测设备等构成。

除此之外，还有美国海军"传感器组网系统"、美国海军"网状传感器系统CEC"、美国 Sandia 国家实验室与美国能源部合作的"防生化网络"、美国 Cyrano Sciences 公司"防核生化袭击"等研究项目。无线传感器网络的研究直接推动了以

网络技术为核心的新军事革命，诞生了网络中心战的思想和体系。

随着传感器网络技术的进一步发展，以及传感器网络与人工智能技术和微机电技术的结合应用，未来战场的作战形式将发生巨大变化。各种以无线传感器网络为核心的自动作战武器可能成为战场主角，结合大量传感器形成的大型智能作战机器人也可能会实现。总之，传感器网络在军事领域的应用将带来一场深远的军事技术革命。

●● 第二节　物联网时代战场的"新角色"⑱

一　全自主式作战机器人——物联网时代的战场"新军"

正在研发的作战机器人

自 20 世纪 60 年代起，军用机器人日益受到军事强国的高度重视。美国已开发出和列入研制计划的各类智能军用机器人达 100 多种。军用机器人巨大的军事潜能和超强的作战功效，使其成为未来战争舞台上一支不可忽视的军事力量。

目前，军营中已有越来越多的普通技能机器人，但这些机器人机动能力、智能化程度不高，且仍需人员遥控。物联网时代的高智能军用机器人具有机动速度更快、部署更加灵敏及独立遂行作战任务的能力。新一代网络协议 IPV6，能够让每个物体都可以在互联网上有自己的"名字"，嵌入式智能芯片技术可以让目标物体拥有自己的"大脑"来运算和分析，纳米技术和小型化技术还可以使目标对象越来越小。在这些技术支持下，具有一定信息获取和信息处理能力的全自主智能作战机器人将真正走上战场，各种以物联网为基础的自动作战武器将成为战场主角。

二　空天飞机——物联网时代的空间战机

美国空军研制的 X-37B 轨道测试飞行器在佛罗里达州卡纳维拉尔角空军基地发射升空，其长约 8.8 米，翼展约 4.6 米，大小仅相当于美国现役航天飞机的 1/4，起飞时的重量超过 5 吨。这引起了众多军事专家的关注。

一些军事专家认为，X-37B 实际上是一种先进的空天飞机（Aerospace Plane）或空天作战飞行器的雏形，它集飞机、运载器、航天器等多重功能于一身，既能在大气层内作高超音速飞行，又能进入轨道运行，在未来战争中具有极高的军事价值，其作用甚至不亚于核武器。X-37B 有能力对敌国卫星和其他航天器进行军事行动，包括控制、捕获和摧毁敌国航天器，对敌国进行军事侦察等等。

空天飞机是无人驾驶的、完全智能化的，它完全实现了物物通讯与智能控制，保证了极快的飞行速度。据了解，空天飞机飞行速度是现代高技术作战飞机飞行速度的 6 至 12 倍。空天飞机的飞行速度将使得防空系统的拦截概率因反应时间太短而大幅度下降，并可有效地制约预警系统和地面防空系统整体功能的发挥。机动能力强也是空天飞机的特点之一，空天飞机能将航天器送上任何轨道，并可以向任何方向发射，发射时亦不受轨道要求的限制。此外，它功能齐全，兼有运载火箭、货运飞船、载人飞船甚至小型空间站的许多功能，能释放和回收卫星，并能对损坏的卫星进行及时的维护和修理。

军事专家预测，空天飞机的多功能性，使得未来它将可能承担空间侦察、空间作战指挥和攻击任务。未来战场也将可能是太空战和网络战互相融合的战场。

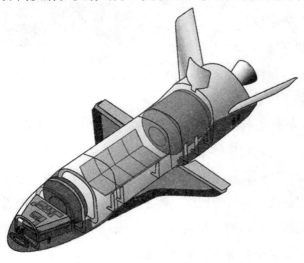

X-37B 结构图

三　数字化单兵武器装备系统——物联网时代的作战效能"倍增器"

数字化单兵武器装备系统是指单兵在战术环境中穿戴、使用和消耗的所有装备品，集于单兵一身的单兵防护、单兵战斗武器和单兵通信器材的装备。它包括头盔、防弹服、单兵枪械、"三防"装备、计算机、电台等从头到脚的整体装备。

目前单兵系统具有七大关键技术，即计算机／电台系统小型化、模块化火控系统、榴弹技术、微型引信技术、平板显示器、热成象武器瞄准器和通信技术，除此之外，在电子、热电冷却、衍射光学、塑料材料等关键技术上的进步也是必不可少的。

1. 单兵系统的核心——单兵 C^4I 系统

单兵系统的核心是单兵 C^4I 系统，即通常所说的单兵指挥、控制、通信、计算机和情报系统。它是由单兵系统中的计算机、电台和软件组成。单兵 C^4I 系统使士兵、武器、防护装备有机结合形成一个完备的、合理的体系和完善集成的人－机系统，使之能够迅速、准确地处理、传递信息，为上级了解、掌握战场态势和准确判断战场形势，调整或制定作战计划，对作战行动作出正确决策提供可靠依据。

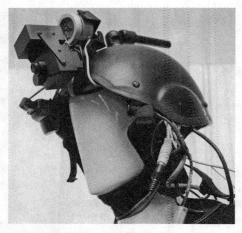

单兵作战系统中的综合头盔子系统

用 C^4I 系统装备的士兵无论在何种复杂情况下，特别是在一些机动重武器难以到达的特殊作战条件下获得准确、基本、直接的、不断更新的战场信息，并随时告知单兵所处的位置，帮助其判定敌方目标位置。由于这种数字化士兵信息灵、传递快，对战场形势的判断准确，从而提高了其反应速度。数字化装备的每个士兵能成为战场侦察兵，能快速准确地向指挥官传递图文并茂的信息，而且可以实现全方位的情报侦察和传递手段。装备了全球定位系统的士兵可以根据作战需求随时向后方申请战斗支援或战斗勤务支持，方便战斗勤务保障和战场救治。

在未来数字化战场条件下，士兵不再是一个孤立的人，而是战场信息网中的一个节点、一个终端、一个 C⁴I 系统，士兵比任何时候都具备更强的战斗力、全面防护能力、战场生存能力及与作战系统更大的互通性和协同能力。

2. 个人通信网络

个人通信网络用于将分布在数字化战场上的单兵连接成协调一致的整体。士兵在战场的任意地点、任意时间均能以任何网络的入口点利用终端能力和接入点的类别控制业务接入，跨越多种网络，如公用电话交换网、公用数据网、综合业务数字网、无线移动网、卫星移动通信网等。个人通信网络必须以战场信息高速公路和综合业务数字通信网为基础，同时要实现战场移动通信系统与战场信息高速公路的灵活接续、单兵信息终端与战场移动通信系统的灵活连接等。

战场移动通信系统目前主要由节点交换设备、无线入口单元、有线用户入口设备、各种数字用户终端以及系统控制、管理中心组成。各交换节点通过视距无线接力设备构成栅格状网络，各有线用户终端通过野战光缆或地缆与节点交换中心连通，各无线终端通过无线入口单元进入网络。在未来数字化战场上可以实现无论任何人、无论何时何地，都可以方便、简易、实时、自然、安全、可靠地与其他任何人进行话音、数据、图像等多媒体信息联系，进行不间断的全球个人通信。

3. 各国单兵系统现状

为着眼于 21 世纪数字化战场，建立数字化部队，20 世纪 80 年代末，美国、法国、英国、澳大利亚、德国、俄罗斯、加拿大、比利时、以色列等国相继开展了单兵作战系统的研究。

（1）美国

"地面勇士"有史以来第一次把士兵作为一个系统来看待，利用微电子技术的优势，把"士兵系统"作为一个节点纳入数字化的 C⁴I 网络之中。

"地面勇士"系统由五个子系统组成，即计算机 / 电台子系统、防护服和单兵装备子系统、软件子系统、综合头盔子系统、武器子系统和个人通信子系统，其中计算机 / 电台子系统、软件子系统、综合头盔子系统和个人通信子系统中会应用到很多物联网新技术。

计算机 / 电台子系统是士兵系统的指挥、控制、通信、计算机与情报子系统。它是士兵系统的核心，是将士兵与未来数字化战场紧密联系的工具，具备完成战场

信息的采集、传输、处理、显示和决策、控制功能，是体现 21 世纪单兵装备信息化的重要系统。这个子系统包括计算机、士兵电台、班组电台、带综合导航系统的全球定位系统、手持平板显示器、视频截获装置、与作战电台识别相兼容的接口等。这个系统基于开放式结构设计，完全集成到背装具系统中，与"地面勇士"系统中所有的电子部分相连。

软件子系统包括战术软件和任务支援软件。这些软件通过灵活的用户界面使士兵系统与数字化 C^4I 系统联网，大大提高士兵执行任务的效率和作战能力。

综合头盔子系统包括悬置轻型头盔、头盔显示器、图象增强视频放大装置、激光探测器、防化学／生物面罩、防弹／防激光护目装置、头部方向传感器等。可以作为士兵与数字化战场上其它系统的接口，为士兵提供防弹功能和高保真的视觉与声觉的战场信息。

（2）法国

"法国先进战斗士兵系统"计划是综合士兵系统，包括未来单兵武器和带有装备及通信系统的单兵制服与装备系统（FELIN），其提供的演示系统包括 5.56 毫米法玛斯 F1 步枪（装有昼夜瞄准具、敌我识别装置、激光指示器、磁性罗盘、人机接口的连接件等）、综合通信系统、三层作战服、步兵分队队长用的双目镜和计算机。

（3）英国

"未来士兵技术"计划（FIST）包括武器、信息、供给、医疗、被服及指挥与控制系统。系统内的武器部分除配有大小两种口径弹发射管外，还配有微型导弹，对空可以打击武装直升机，对地可以打击各种装甲目标，自动寻的，发射后不管。为了使士兵耳聪目明，该计划还准备研制带防毒面具功能的"智能头盔"，其上装有陀螺稳定激光指示器（用来瞄准目标）、图象增强器、热成象摄像仪及与电脑相连的显示屏。这种头盔可以有效地解决信息传递、观测瞄准、选择优化射击方案等难题。此外，从 1996 年中期起"未来士兵技术"计划增加了数字化、态势认知等 C^4I 内容，其通信系统选用"射手"系列电台。

（4）澳大利亚

澳大利亚"勇士"徒步士兵现代化计划是 1992 年提出的，发展到现在称为"地面 125 计划"，即士兵作战系统计划。按计划，士兵们将头戴轻型电子显示头盔，随时了解战场上的各种信息，身穿特制背心，背心里装有一套制冷系统，足以抵御夏日的酷热。胸前配一台微型计算机，可与通信卫星联系，并能显示本身所处的位置，误差不超过几米。手中的步枪将装有红外传感器、高倍放大光学瞄准镜和高灵敏度微型麦克风，能清楚地听到 100 至 200 米范围内敌人的谈话。

在 C^4I 方面，"勇士"系统将包括一个指挥官手持式数据终端，它与澳军战术指挥控制系相兼容，配有内嵌式无线电台和 GPS 接收机。这种终端能提供预置格式的报告和数字地图，能传输和显示图象、敌我位置数据和来自外部传感器的其他数据。每个士兵可在班内进行话音和数据通信。

（5）俄罗斯

俄军也制定了代号为"巴尔米查"的士兵系统发展计划，重点研制与发展单兵防护器材、单兵通信与侦察器材、工程装备和特种装备等，以提高武器装备的整体技术水平。"巴尔米查"系统包括：武器和弹药（含瞄准具）、个人防护器材（含防弹衣和头盔）、大规模杀伤武器防护器材、生命保障系统、军服与特种装备等。该计划已完成批量生产。

此外，北约也在 90 年代初提出了士兵现代化计划，目的是使各成员国研制的士兵系统能够互通，而不是研制具体的装备。

为了使士兵、服装、微电子技术等综合为一体，使其整体性最优，单兵装备广泛应用了各种新技术、新工艺、新材料。例如在综合头盔子系统中使用了微型计算机和液晶传感器显示，可全天候使用；在计算机/电台子系统中使用最新研制的电台；加装 GPS 等。

未来单兵作战系统将朝着一体化、信息化、模块化、微型化和智能化方向发展。可以预测，单兵系统在未来战争和非战争的军事行动中将发挥重要的作用，而且对今后世界各国单兵装备的发展产生深远的影响。

●● 第三节　动态自适应性后勤——军队后勤保障的物联网革命[19][20]

伴随着世界新军事革命在全球范围的兴起，后勤领域掀起了一场全面而深刻的变革，即军事后勤革命。其目标是：在正确的时间、正确的地点、按正确的数量为部队提供品种正确的保障。为了实现这一目标，一些发达国家军队先后提出了"信

息化后勤"、"聚焦后勤"及"精确后勤"等后勤发展新理论，我军也出了"精确保障"等新的后勤保障理论。

从理论的角度讲，"精确后勤"就是充分运用以信息技术为核心的高技术手段，精细而准确地筹划、建设和运用后勤保障力量，在准确的时间、准确的地点为部队作战提供准确数量、质量的物质技术保障，使后勤保障的适时、适地、适量原则达到尽可能精确的程度，实现无缝隙保障，最大限度地提高保障效益，节约后勤资源。

近年来，以美军为代表的发达国家军队在后勤领域大力推行以信息技术为主导的各种高新技术，正向"精确后勤"的目标前进。目前，已建成和正在建设的后勤信息系统包括全资产可视性系统、在运物资可视性系统和全球战斗保障系统。

"全资产可视性系统"是一个覆盖美陆、海、空三军，对物资的采购、收发、存储、运输等所有环节实施动态监控的全球后勤自动化系统。它可以自动跟踪整个补给系统中各种物资的品种、数量、位置、承运工具和单位等，准确地显示它们的实时数据，从而使整个后勤补给系统的各种活动全景一目了然。

"在运物资可视性系统"可实时跟踪在运物资的品名、数量、目的地、用户和途中所在位置等各种有关信息，通过提高了解货物存放时、运输时以及在发放系统的位置，即全面资产的透明度，提高运输的快速反应能力，保证物资准确及时地交运到预定地点。

"全球战斗保障系统"可以在任何时间和任何地点，通过普通的计算机存取重要的后勤数据，并为战略、战役、战术各个层次的军事行动和后勤人员提供急需的紧缺资源可视性信息，包括位于工厂和批发地、往返于战区运输途中以及战区内外各部队储备的紧缺资源的可视性信息，从而使后勤保障的效能和效率发生质的飞跃。

在这些军事后勤变革中，物联网似乎是专为其"量身打造"的一项完美技术，可以弥补后勤领域的诸多不足。

首先，它可以有效避免后勤工作的盲目性。随着射频识别技术、二维条码技术和智能传感技术的突破，物联网无疑能够为自动获取在储、在运、在用物资信息提供方便灵活的解决方案。在各种军事行动全过程中，实现在准确的地点、准确的时间向作战部队提供数量适当的装备与补给。同时，能够准确感知、实时掌握特殊物资运输和搬运方面的限制，对操作人员技能、工具和设施的要求，货品更换和补充时间等。并根据战场环境变化，预见性地做出决策，自主地协调、控制、组织和实施后勤行动，实现自适应性的后勤保障能力。

其次，它能最大限度地提高补给线的安全性。基于物联网的后勤体系具有网络化、非线性的结构特征，具备很强的抗干扰和抗攻击能力，不仅可以确切掌握物资从工厂运送到前方散兵坑的全过程，而且还可以提供危险警报、给途中的车辆布置任务以及优化运输路线等。特别是可以把后勤保障行动与整个数字化战场环境融为一体，实现后勤保障与作战行动一体化，使后勤指挥官随时、甚至提前做出决策，极大地增强后勤行动的灵活性和危机控制能力，全面保障后勤运输安全。

三是有效避免重要物资的遗失。世界各国都非常重视战场物资的管理，极力避免武器装备、重要零部件等物资的遗失。射频识别标签作为物联网的重要组成部分，能储存 96 位码，可识别 2.68 亿个以上的独立制造厂商，及每个厂商的 100 万种以上的产品。也就是说，射频识别芯片中大约可以储存 3.5×1051 种组合信息。通过这种灵巧标签得到的大量组合信息可在全军范围内追踪每件装备。随着射频识别标签技术的成熟、成本的降低，物联网完全可应用于单件武器上，这将更加严格地控制武器库，而且有助于寻找在战场上丢失的威胁性极大的武器。

美国国防部认为，射频识别在集装箱联运跟踪和库存物资跟踪方面具有巨大的发展潜力，不仅方便，创造的经济效益也很可观。目前，美国国防部已经在内部使用该系统，跟踪大约 40 万件物品——从集装箱到蜂鸣器都有。每年除可节约 1 亿美元以上的经费外，还有大约 10 亿美元的物资可在物资过剩单位和不足单位之间调剂使用，从而可大大节省采购费与维修费。相信未来，作为一种进行集装箱远程跟踪的解决方案，射频识别还将进一步广泛应用于国防领域的物流系统中。

第十章

智能城市

自从智能建筑概念提出以来，继1984年诞生于美国哈特福市的世界第一座智能大厦后，日本在1985年开始建设智能大厦，新建的大厦中有近60%为智能型的。日本政府也积极推动，制定了四个层次的发展规划，即智能城市、智能建筑、智能家庭和智能设备。新加坡政府规划将新加坡建成"智能城市公园"。韩国制定了"智能岛"计划，印度则有"智能城"计划。经过20余年的发展，各国都在向更高智能的阶段发展，逐步进入到"绿色建筑"的新境界。

智能只是一种手段，通过对城市智能功能的配备，强调高效率、低能耗、低污染，在真正实现以人为本的前提下，达到节约能源、保护环境和可持续发展的目标。对智能城市的良好认同本身就是一个城市的凝聚力和吸引力，不论城市本土的居民，还是城市凝聚的外来居民，都为工作和生活在一座智能城市而感到舒心和骄傲。城市和谐，市民安居，这正是城市发展的内在动力，对于智能城市的良好认同经过扩散和传播，又会形成自然的城市公关效应，成为促进城市发展的新的动力源，这些都是智能城市的魅力之所在。

● ● 第一节　智能城市概述

一　智能城市基本概念[21]

智能城市是以空间信息为核心的城市信息系统体系，是以计算机技术、多媒体技术和大规模存储技术为基础，以宽带网络为纽带，运用 3S 技术（遥感 RS，全球定位系统 GPS，地理信息系统 GIS）、遥测、仿真—虚拟现实技术等对城市进行多分辨率、多尺度、多时空和多种类的三维描述。即利用技术手段将城市现实生活中存在的全部内容在网络上数字化虚拟再现。智能城市是物质城市在数字网络空间的再现和反映，不仅能够静态地再现物质城市，而且可以与物质城市进行智能化互动。

通俗地说，用数字的方法将城市、城市中的环境及整个城市的时空变化装入电脑中，实现在网络上的流通，使之最大限度地为人类的生存、可持续发展和日常生活、工作、娱乐服务，这就是智能城市。

智能城市可以视为一个基于网络环境的城市信息特别是空间信息服务体系，建设的任务就是利用现代高科技手段，充分采集、整合和挖掘城市各种信息资源（特别是空间信息资源），建立面向政府、企业、社区和公众服务的信息平台、信息应用系统以及政策法规保障体系等。

1. 智能大楼

智能大楼主要是指将单栋办公类大楼建成综合智能化大楼。智能大楼的基本框架是将 BA（建筑自动化）、CA（通讯自动化）、OA（办公自动化）三个子系统结合成一个完整的整体，发展趋势则是向系统集成化、管理综合化和多元化以及智能城市化的方向发展，真正实现智能大楼作为现代办公和生活的理想场所。

2. 智能广场

现在智能建筑正在从单幢转变为成片开发，形成一个位置相对集中的建筑群体，称之为智能广场（plaza），而不再局限于办公类大楼，正在向集公寓、酒店、商场、医院、学校等于一体的建筑领域扩展。智能广场除具备智能大楼的所有功能外，还有系统更大、结构更复杂的特点，一般应有智能建筑集成管理系统（IBMS），能对智能广场中所有楼宇进行全面和综合的管理。

3. 智能化住宅

智能化住宅的发展分可为三个层次:家庭电子化（HE，Home Electronics）；住宅自动化（HA，Home Automation）；住宅智能化，美国称其为智慧屋（WH，Wise House），欧洲则称为时髦屋（SH，Smart Home）。

智能化住宅是指通过家庭总线（HDS，Home Distribution System）把家庭内的

各种与信息相关的通讯设备、家用电器和家庭保安装置都并入到网络之中，进行集中或异地的监视控制和家庭事务性管理，并保持这些家庭设施与住宅环境的协调，提供工作、学习、娱乐等各项服务，营造出具有多功能的信息化居住空间。智能化住宅强调人的主观能动性，重视人与居住系统的协调，从多方面方便居住者的生活环境，全面提高生活的质量。

4. 智能化小区

智能化小区的定义为居家生活信息化、小区物业管理智能化、IC 卡通用化。智能小区建筑物除满足基本生活功能外，还要考虑安全、健康、节能、便利、舒适五大要素，以创造出各种环境（绿色环境、回归自然的环境、多媒体信息共享环境、优秀的人文环境等），从而使小区智能化有着不同的等级。小区智能化将是一个过程，它将伴随着智能化技术的发展及人们需求的不断增长而增长和完善，可持续发展性是小区智能化的重要特性。

5. 智能城市

在实现智能化住宅和智能化小区后，城市的智能化程度将被进一步强化，出现面貌一新以信息化为特征的智能城市。其主要标准首先是通讯的高度发达；其次是计算机的普及和城际网络化。届时，在经历了"统一的连接"、"实时业务的集成"、"完成统一"（Full Convergence）三个发展阶段后，将出现在网络的诸多方面进行统一的"统一网络"。计算机网络将主宰人们的工作、学习、办公、购物、炒股、休闲等几乎所有领域，电子商务成为时尚；再次是办公作业的无纸化和远程化。

6. 智能国家

智能国家是在智能城市的基础上将各城际网络互联成广域网，地域覆盖全国，从而可方便地在全国范围内实现远程作业、远程会议、远程办公；也可通过Internet 或其他通讯手段与全世界沟通，进入信息化社会，整个世界将因此而变成地球村一般。

智能城市只是一个相对概念，并无严格的定义，各个国家由于国情不同对智能城市的理解也所差异是很正常的，但其本质是一样的，只是论述的重点各有侧重。比如欧洲强调创造一种可以使住户有最大效率环境的建筑，同时该建筑可以使之有效地管理资源，而在硬件和设备方面的寿命成本最小。日本强调的重点集中在 4 个方面:提高收发信息和辅助管理效率;确保在里面工作的人满意和便利;建筑管理合理化,以便用低廉的成本提供更周到的管理服务;针对变化的社会环境、复杂多样化的办公以及主动的经营策略做出快速灵活和经济的响应。中国是指利用系统集成方法,将智能型计算机技术、通信技术、信息技术与建筑艺术有机结合,通过对设备的自动监控,对信息资源的管理和对使用者的信息服务及其与建筑的优化组合,所获得的投资合理,适合信息社会需要。

智能城市的特点是灵活、便捷、安全、更有吸引力、广泛参与与合作、生活质量更高。[20]

近年来,自然灾害发生率不断增高,因城市化带来的大型传染病压力增大,食品安全越来越被关注,全球金融危机造成的社会问题更对社会稳定造成了潜在的威胁。为了更好的满足市民不断提升的需求,必须建立一个由新工具新技术支持的涵盖政府、市民和商业组织的新城市生态系统。在智能且互联的工具的支持下,政府可以实时收集并分析城市各领域的数据,以便快速制定决策并采取适当的行动。市民可以远程工作、购物、学习和进行交易,从而令生活变得更加便利、灵活和自主。企业可充分利用集成数据管理所支持的跨政府职能部门的"一站式服务",快速通过企业建立,企业运营所需的政府流程。他们还可以通过公司内部以及业务合作伙伴之间的互联互通更有效地管理产品开发、制造、物流和配送。

一个为响应21世纪需求而设计的智慧的城市,将是一个更加和谐的城市。

二 智能城市实现策略

智能城市是一个庞大的系统工程,搞好组织协调管理是实现智能城市的关键环节,组织协调管理的核心问题是网络资源共享和数据资源共享,智能城市建设不能仅依靠某一个行政部门来组织协调,例如,若仅依靠电信局,至多可以协调网络资源共享问题,依靠规划局,只能解决规划局的信息系统建设,而不能保证其他行业信息系统的健康发展。为了有效地协调建设"智能城市",应在政府领导下,制定智能城市的发展纲要以及资源共享的政策与标准,解决各自为政,互相封锁等问题,使智能城市在政府的统一领导下健康发展。

建立智能城市首先要搞好基础设施建设,包括网络建设和基础空间数据的生

产，这两项可以齐头并进，因为基础空间数据的生产过程是一个既费钱又费时的过程。要首先下大力气尽快完成城市各种比例尺的空间数据的生产，并建立数据更新的机制，保持数据的现时性和权威性。

中国已进入市场经济时代，IT产业又是一个发展非常迅速的产业，只靠政府行为很难保证智能城市快速健康地发展。在筹划建设智能城市时应考虑引入企业行为。政府需要一定的经费投入，政府的经费可分为两个方面：一个是公共信息平台和公用信息数据，如城市的基础数字地图数据的生产费用，这种数据成本高，生产周期长，属于社会公益数据，需要政府投入，政府投入经费的第二个方面是控股公司，政府作为投资方参股，由公司来运作智能城市涉及到的一些大型工程，这种工程投资大，经济效益也高，例如，建立城市智能交通，它是城市发展迫切需要，经济效益也是十分可观的。

虽然智能城市由政府牵头，但是持续发展要靠企业自身的经济效益支持，就是说要创造一个有效的机制和环境，能让承担建设智能城市的企事业单位从中受益，获得明显的经济效益，使自身不断发展。既要有效控制不要一哄而上，又要想法让企业赚到钱。政府在智能城市的建设中也要从中受益，这种受益除了加快城市发展的社会效益以外，也不能仅为智能城市扔钱，政府也可能得到直接经济效益。

智能城市确实是一个复杂的系统工程。由于它与空间数据有关，数据量又大，使人感到比一般的信息系统要复杂得多。目前许多城市都在地理信息系统建设方面投入了大量经费，但是社会经济效益并不明显。作为政府部门，要充分估计到智能城市建设的复杂程度和周期。建设智能城市时要本着先易后难的原则，先建立那些并不复杂、经济效益明显的系统。

三 智能城市对于中国的意义㉓

智能城市的实施将能够直接帮助城市管理者在交通、能源、环保、公共安全、公共服务等领域取得进步。例如在食品药品安全领域，将新的智能标签技术与物联网结合起来，可以使整个供应链完全透明，大大提高有关部门对于食品药品安全的管理水平。

智能城市基础设施的建设将为物联网、新材料、新能源等新兴产业提供广阔的市场，并鼓励创新，为知识型人才提供大量的就业岗位和发展机遇。以智慧医疗为例，中国在智慧医疗基础设施方面投入 300 亿人民币，将可以直接和间接创造近16 万就业岗位，其中大部分是面向大学生的知识型就业岗位。而这些人的消费，则又可以创造 20 万个服务业工作岗位。

智能城市还可以为地方政府管理城市、引导城市发展提供先进的科技手段，并客观上成为衡量城市科学发展水平的一个维度。城市的智慧化程度越高，其落实科学发展观的能力也就会越强，也就能更好地为市民服务，促进民生改善和社会和谐。

那么智能城市在中国是否已经到了可实施阶段呢？答案是肯定的，上海世博会的成功举办就是一个标志。尽管上海世博会的主题是在最广泛的意义上探讨城市发展，但在理念和实践层面上都与智能城市相吻合。如上海世博主题馆中的"城市生命馆"，就以形象的展示，揭示了城市中各个系统彼此之间的相互联系，并将城市比喻为复杂的生命体系统，这正是智能城市的出发点。在"城市未来馆"中，"智慧之城"被作为未来城市发展方向提出。在"城市最佳实践区"当中，更是汇集了来自世界各地有代表性的城市运行改善方案，如沙特阿拉伯的麦加帐篷城，德国不来梅的汽车共享，香港的智能卡、智能城市，都以直观的方式就城市系统的智慧化，提出了很多有益的思路，在理念层面上启发了人们对于智能城市的认识。

尤其重要的是，上海世博会的成功举办、世博会运营的成功，标志着中国具备了实施智能城市建设的能力。世博园本身就像一座小城镇。在长达半年的时间里，世博园这座小城镇将面临接待 7000 万游客的挑战，要始终保持最佳状态，没有创新的智慧和实践是不可能的，没有一整套体系是不可能的，没有一支强有力的队伍是不可能的。因此，世博园的设计、建设和运营支持，都使之成为展望智能城市的一个最好窗口，培养人才的最佳实践。

可见，如果将世博园本身看成一座城市，那么其背后的运营支持系统，特别是信息系统，就能够比较集中地体现出未来智能城市的一些特点。上海世博选择了"城市"作为主体，体现了中国对于城市化的重视。中国能够成功主办世博会，更表明了中国在发展城市综合管理信息系统方面已经具备了实力，智能城市在中国的大发展应当可以期待。世博会的成功举办，应当成为中国智能城市建设的一个起点和标志。而中国智能城市的建设，必将有力地促进中国城市落实科学发展观的实践，并进而有力地支持中国和谐、发展、转型的国家战略。

●● 第二节　智能城市案例

新加坡智慧国 2015 计划

2006 年，新加坡实施智慧国 2015 计划，经过多年的发展，新加坡在利用信息通信技术促进经济增长与社会进步方面处于世界领先地位，尤其在电子政府、智慧城市及互联互通方面。新加坡电子政府公共服务架构（Public Service Infrastructure）可以提供超过 800 项政府服务，建成了高度整合的全天候电子政府服务窗口，使各政府机构、企业以及民众间达成无障碍沟通。

新加坡于 2009 年 8 月全面铺设了下一代全国性宽带网络，以建立超高速、普适性、智能化的可信赖的信息通信基础设施。根据新加坡政府规划，光纤到户实施"路网分离"——由基建公司负责全盘规划与维护，避免重复投资；运营企业可以实现竞争的全面市场化，使民众得以以最低的资费获得高速网络接入。

智慧国 2015 计划的另一重要组成部分是无线新加坡项目。无线新加坡项目目前已在全国拥有 7500 个热点，相当于每平方公里就有 10 个公共热点，覆盖机场、中心商务区及购物区。Wi-Fi 热点的进一步拓展与增设，为新加坡国民提供了真正意义上的全方位无线网络。

新加坡网络现有 130 万用户，为提高网速，2009 年 6 月，新加坡政府宣布为无线新加坡项目继续注资 900 万新元，将接入速率由原计划的 512kbps 提升至 1Mbps，并且将免费服务期延长至 2013 年 3 月 31 日。

目前，全球已形成共识，要抢占经济科技的制高点，必须在物联网产业方面有所作为，物联网技术的革新提高，可以提升信息化与智能化水平，提高物流、供应链、电子商务的应用与管理能力，实现通过网络通信技术提高效率，最终带来新的发展机遇。作为东南亚的重要航运枢纽，实施智慧国 2015 计划时，新加坡注重利用信息通信技术增强新加坡港口和各物流部门的服务能力，由政府主导，大力支持企业和机构使用 RFID 及 GPS 等多种技术增强管理和服务能力。新加坡政府通过智慧国 2015 计划的实施，已在物联网建设方面走在了世界前列。

●● 第三节 智能城市技术介绍㉔

一 智能城市的体系结构

智能城市虽然不只含有一个系统，但从广义上说仍属于计算机及网络所支持的系统群集，因而它具有计算机信息系统的基本特征，有比较严密的逻辑结构。智能城市的一个参考逻辑结构如下图所示：

1. 智能城市体系结构可分为三层

信息采集层：利用视频监控、RFID 技术、各种传感技术，进行城市各种数据和事件的实时测量、采集、事件收集、数据抓取和识别。

运作操控层：对采集到的数据和事件信息进行加工处理后，按照工作流程建模编排、事件信息处理，自动选择应对措施，通知相关负责人、进行工作流程处理、历史信息保留及查询、网络设备监控等。

领导决策支持层：城市管理者可进行多部门仿真演习、信息查询与监控、工作流程进度可视化监控、历史数据分析、相关专家协同分析、进行城市管理流程优化；为城市的智能化管理和各种突发事件的处理提供数据支持与经验分析。

2. 智能城市包括的子系统

（1）智能交通系统

通过道路收费系统、多功能智能交通卡系统、数字化交通智能信息管理系统等多种模式的数据整合,提供基于交通预测的智能交通灯控制、交通疏导、出行提示、应急事件处理管理平台;帮助进行城市路网优化分析;为城市规划决策提供支持。

(2) 城市指挥中心

智能城市是一个单一整体,同时又能拆分为许多互通互联的子系统。各子系统发送重要的事件消息给城市指挥中心,指挥中心有能力对这些事件进行协调处理和提供指导性的处理方案。

(3) 智能医疗

在城市 "老年化" 不断加剧的今天,社区远程医疗系统能有效节约社会资源,高效服务于大众,电子健康档案系统和医疗公共服务平台的建立能解决目前突出的 "看病难,看病贵" 的医患矛盾。

(4) 城市公共安全

利用现代信息技术,以互联网、无线通信技术为平台,以数字地理信息为基础,结合移动定位系统、数字通信技术和计算机软件平台,为城市管理者提供声、像、图、文字四位一体的城市数字化管理平台,实现针对城市部件的检查、报警、紧急事件处理、指挥调度 、督察督办等功能。如:食品安全追溯、危险品安全处置、灾害预警与处理等。

(5) 城市环境管理

对水、大气等与人类生活环境紧密相关的各种资源进行信息实时采集和监控,及时发现和处理各种污染事件产生;借助先进的数据挖掘、数学模型和系统仿真,提升环境管理决策水平。达到节能减排,同时提升经济效益和社会效益的目的。

(6) 政府公共服务平台

通过电子政务、公共物流服务、公共交通信息服务等政府公共服务平台,改变 "公告栏" 式的政府网站,将其变成 "服务型" 的业务网站,树立服务型政府为民办事的形象。为市民提供各种咨询信息和服务,提高市民的生活质量和满意度。

二 智能城市的技术支撑

1. 宽带网络

智能城市涉及到大量图形、影像、视频等多媒体数据,数据量非常大,必须使用宽带网络。城市宽带网技术发展很快，国内已有城市开始建立每秒 10G 的宽带网络。这种宽带网络可以满足智能城市的需要。但是要特别注意网络的互联与接口问题，建立智能城市首先要把网络建设规划和高效联通的问题协调好。

2. 海量存贮

除了网络外，计算机服务器与存贮设备是一个至关重要的问题。由于智能城市涉及的地理数据量大，一个大中型城市的数据可能以 TB 计算。当前计算机的硬件已经能够满足这些要求，多 CPU 高性能服务器的价格大幅降低，上千 GB 的硬盘也相当便宜。智能城市的数据存贮可能是采用多服务器，分布式管理，如何将它们有效连接和协调管理是智能城市建设的关键技术。

3. 混合数据库

混合数据库的概念有别于分布式数据库和数据仓库。分布式数据库和数据仓库一般是指同种同类数据的组织管理。这里的混合数据库除了包含分布式的概念以外，它还指异构数据库和空间数据的多比例尺数据库。异构数据有两个概念，一个是同一种类型的数据，使用不同数据库管理系统管理，如矢量图形数据或属性数据，不同的部门采用不同的系统管理，它们的数据类型相同，只是数据的物理存贮结构不同，形成异构数据；另一个概念是数据的类型也不相同，如 DEM 数据和影像数据，它们与矢量图形数据的类型不同。

智能城市中的数据一般包含五种类型：二维矢量图形数据、影像数据、数字高程模型数据、属性表格数据、城市三维图形与纹理数据。由于城市各部门的应用不同，它们可能还是多比例尺的和分布式的。所以，智能城市需要用到混合数据库的概念。

4. 数据共享与互操作

数据共享是智能城市建设需要解决的核心问题，除了政策和行政协调方面需要解决的问题外，技术上仍有大量的问题需要解决。数据共享有多种方法，其中最简单的方法是通过数据转换，不同的部门分别建立不同的系统，当要进行数据集成或综合应用时，先将数据进行转换，转为本系统的内部数据格式再进行应用。我国已经颁布了"地球空间数据交换格式标准"，使用该标准可以进行有效的数据转换。但是这种数据共享方法是低级的，它是间接的延时的共享，不是直接的实时共享。建立智能城市应该追求直接的实时的数据共享，就是说用户可以任意调入智能城市

各系统的数据，进行查询和分析，实现不同数据类型、不同系统之间的互操作。

5.可视化与虚拟现实

智能城市的基础之一是地理空间数据，这就为空间数据的可视化提供了一个展示丰富多彩的现实世界的一个机会。智能城市的空间数据包括二维数据和三维数据。二维数据的可视化问题已基本解决，剩余的问题属于艺术加工的范畴，三维数据的可视化或者说虚拟现实技术目前仍是一个难点。如何高效逼真地显示我们的智能城市是我们需要尽快解决的一个问题。

6.超链接技术

因特网得益于万维网的超链技术，它将世界各地的网站通过 IP 地址超链接起来，使我们忽略了空间距离。智能城市将来也有很多的系统，或者说很多网站，需要把它们超链接起来。从硬件技术和网络协议上说，超文本链接的问题已经解决，但是智能数字城市涉及到图形、图像等数据，远没有超文本链接那么简单。

三　智能城市的基础数据库

一个城市的信息化程度，从源头上讲取决于该城市基础数据库的容量、速度、便捷牲、可靠性、可更新能力和智能化水平。城市基础数据库至少应包括以下内容：

1.人口（户籍）管理：针对衡量城市人口整体状况的各项基本指标，从宏观管理到微观管理应当有全面的记录；

2.土地（地籍）管理：主要对城市规划如土地利用、地形地貌特征、城市空间布局、城市图形、地产价格及其动态变化、城市土地级差、地租动态变化等一直到门牌、户型、街道、城市基础设施(能源、交通、通讯、自来水及排污管道等)的动态记录和识别；

3.经济管理：主要针对贸易、企业、工商等的经济增长、统计报表等，做出实时的记录和存储；

4.金融管理：涉及政府、企业、国际贸易、股票交易、债券、保险、投资、个人信用、供销支付等的电子管理；

5.社区管理：对每一个社区的家庭、健康、教育、娱乐、社区活动、社区建设、社区服务等做出系统的记录；

6. 环境管理：对于城市中环境污染源、治理状况、环保设施、环保产业以及城市生态、城市绿化、城市园林等的系统档案；

7. 文化管理：包括网络教育、远程医疗、数字图书、数字出版、数字新闻、多媒体娱乐等；

8. 交通管理：包括立体化、智能化、自动化的交通网络管理；

9. 灾害管理：包括城市火灾、洪灾、风灾、地震、交通灾害、管道泄露、地面沉降等；

10. 犯罪管理：城市安全、罪犯识别等。

这些数据库的建设将为智能城市的发展奠定坚实基础，是智能城市建设的战略基础。

参考文献：

① "中国智能家居网"，http://www.smarthomecn.com

② "HTPC 原动力论坛"智能家庭讨论区，http://bbs.htpcl.com

③ "青岛海尔智能家电科技有限公司官方网站"，http://www.haieruhome.com

④ "中国智能家居网"，http://www.smarthomecn.com

⑤ 《奠基未来（一）：智能家居的中央处理平台》，计算机世界报，第 21 期 B5、B6

⑥ 《基于 Jini 技术的智能家居系统集成研究》，李中堂、王波，建筑智能化，2007（12）

⑦ 《嵌入式智能家居远程监控系统的设计与实现》，刘晓彤，北京交通大学硕士学位论文，2009

⑧ 《基于物联网的物流信息增值服务》，《经济师》，潘金生，2007（9）

⑨ 《物流信息化与物联网建设》，邹生、何新华，电子工业出版社，2010（1）

⑩ 《基于 RFID 电子标签的物联网物流管理系统》，《RFID 射频识别》，余雷，2006（1）

⑪ http://www.bjxa.com/news-155.html 2010-6-25

⑫ http://www.80075.com/JiaoTongYunShu/20070827/20124-1.shtml 2010-7-18

⑬ http://www.tranbbs.com/Techarticle/ITS/Techarticle_13987.shtml 2010-7-18

⑭ 物联网在农业信息化中的应用，http://www.echinagov.com/gov/item/2010/2/4/95536.shtml，2010-2-4

⑮ 物联网在农业中的应用，中国农业大学－现代精细农业系统集成研究教育部重点实验室 2010-4-15

⑯ 物联网：助推军事变革的新引擎，中国国防报

⑰ 无线传感器网络的军事应用研究，杨宏武，舰船电子工程，2007（5）

⑱ 太空军事：物联网时代空天战机，华夏物联网

⑲ 物联网技术为军事领域带来新革命，刘建，赛迪网

⑳ 可穿戴计算机的军事应用，徐学航、邹雷，科技与信息管理

㉑ http://www.siaaa.com/jidianlunwen/kejiwenku/200910/214896_2.html 2010-7-18

㉒ http://www-900.ibm.com/innovation/cn/cities/cities2009/?ca=spindex 2020-7-5

㉓ http://www.hebdx.com/tabid/63/InfoID/3604/Default.aspx 2010-6-25

㉔ http://baike.baidu.com/view/3310078.htm?fr=ala0_1_1 2010-6-25

物联网

CHAPTER 技术篇

- 感知技术
- 数据传输
- 数据处理
- 技术应用
- 物联网的安全问题
- 物联网标准

第十一章 | *感知技术*

●● **第一节　物联网技术简介**

　　技术的发展演进都具有传承性，物联网也不例外，因此介绍物联网技术首先要提到传感网技术。最初的狭义传感器网络指的是由传感器节点和控制节点组成的局域无线网络，后来将互联网加入到传感网的系统结构中来，能将传感器网络的信息传送给更远的用户，这样形成了广义的传感器网络的结构，将广义传感器网络的感知前端再加入更多的可以感知信息的部件（主要是RFID，以及所有其它能有助于物与物或人与物之间交换信息的感知部件），就构成了当前讨论的物联网的概念。

　　我们从感知前端（传感器或 RFID）获得的大量原始数据是海量的、看上去杂乱无序的，而我们得到这些数据的目的是根据这些数据做出决策，靠人工处理海量数据不现实，所以需要在传感网络中加入智能处理技术，让智能系统来对海量、庞杂的数据进行加工，给用户提供直接有价值的可用信息，这样传感器网路就变得"智能"起来，成为所谓的智能传感器网络。而我们将来要实现的物联网同样会产生更加庞杂的数据，所以将来的物联网也必须是智能化的物联网，所依赖的技术应该包含前端技术（传感器、RFID 等）、数据传输技术（无限通信、互联网等）、智能化处理技术（数理统计、模式识别等）、终端技术（给用户呈现信息的软、硬件技术）。

可见，由于物联网要在人与物、物与物之间建立信息交流，那么它所涉及的技术更加广泛，但其核心技术仍然是传感网技术，不论硬件还是软件方面，都能从传感网获得核心的技术支持，或者说在传感网大部分底层硬、软件不变的情况下，加上必要的部件，和设计高端应用架构和软件，就能扩展成物联网。当前的广义传感网技术已经趋向成熟，有了不少成功的应用。因此在本章对物联网相关技术的介绍中，我们以介绍传感网技术为核心，并补充介绍其它与物联网相关的技术。

●● 第二节　感知技术

在物联网体系中，负责感知和获取"物"的状态等信息和对"物"进行操控的前端技术占有重要地位，它是物联网系统的末端神经和触角。在感知前端技术中包括所有能实现感知、操控功能的技术，包括各类传感器、RFID、微机电系统等。

一　RFID 和 EPC[①]

物联网连接人与物、物与物，这种连接通过无线网络和有线网络实现，但连接之后就存在一个个体识别的问题，如果不能对联网的个体进行区分标识，那么物联网就失去了意义。这种个体标识可以采用多种技术，我们最熟知的互联网中对计算机的唯一标识是 IP 地址，在下一代互联网的技术条件下，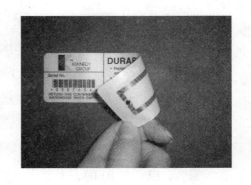用 IP 地址区分联网的个体也是可行的，但 IP 地址是专用于信息传输的路由定位技术，并不是专门根据个体信息对个体进行标识的技术，专用于个体标识的技术已经存在，RFID 就是当前最重要的这类技术之一。

在物联网的前端技术中，RFID 的应用将加速物联网的发展进程。RFID（Radio Frequency Identification，中文名为"射频标签"），主要应用于物流、食品、零售等行业，物联网的兴起首先带动了中国 RFID 产业的发展，因为需要实现在点对点的物对物的操作，因此对于物联网的发展 RFID 功不可没。RFID 产业的发展在物联

网中同样起着至关重要的作用，是物联网最前端的关键技术。

互联网与物联网的区别是：一个是虚拟世界，一个是物理世界和虚拟世界的结合，互联网传输的是数字代码，物联网这个物理世界中的事物本身无法产生数字代码描述，必须借助各种射频设备，帮其附上一个类似于身份证的"身份"，把它变得智能化，这个物体就可以"自动开口说话"，再借助无线网络技术，人们就可以和物体"对话"，物体和物体之间也能"交流"，而RFID是解决身份识别的关键技术。

条码技术的应用实现了对物品的数字化管理，也改善了供应链的管理水平。随着技术的进步，条码技术的局限性也一一体现：条码的信息容量有限，只能识别一类产品；条码是可视传播技术，只能接触识别；必须一个一个地通过手动扫描来识别产品，无法同时识别多个物品。条码的局限和现实的需要促成了EPC（Electronic Product Code，中文名称是"电子产品码"）技术的产生。

RFID，是一种利用无线射频识别技术识别目标对象并获取相关信息的技术。RFID从硬件设备讲主要包括电子标签和识读器两部分。当电子标签通过由识读器产生的射频区域时，识读器发出询问信号并向电子标签提供电磁能量，标签获得能量后向识读器返回芯片内存储的EPC数据信息。因此，在RFID射频系统中识读器不需要"看见"就能读取信息。

RFID具有快速读写、距离远、长期跟踪管理等特点，被认为是21世纪最有发展前途的信息技术之一。作为物联网发展的上游产业，特别是最具潜力的超高频RFID，物联网的到来将加速其产业化发展。将是受益最大的基础产业，同时，反过来对比，RFID也将帮助物联网真正的实现物理性。

在成熟条码技术普遍应用于物流领域的背景下，IT业界又提出EPC技术的概念。那么，EPC与RFID是什么关系？EPC会取代条码吗？下面介绍的内容回答这些问题。首先。我们来看一下条码标识技术的局限性与RFID标识技术及其优越性。

1. 条码标识技术的局限性

条码虽然现在应用很广泛，而且也大大提高了物流的效率。但是条码有自己的局限性：

（1）条码只能识别一类产品，而无法识别单品。（2）条码是可视传播技术。即扫描仪必须"看见"条码才能读取它，这表明人们通常必须将条码对准扫描仪才有效。（3）如果印有条码的横条被撕裂、污损或脱落，就无法扫描这些商品。

（4）传统一维条码是索引代码，必须实时和数据库联系，从数据库中寻找完整的描述数据。　（5）没有做到真正的"一物一码"，对每一个商品的管理不到位，无法实现产品的实时追踪。　（6）传统的条码技术不便于推广开发基于互联网的应用。（7）没有分类和属性信息，不能实现分类查询、统计等应用，在电子商务中的应用受到限制。

可见，条码比较适用于流通领域（商流和物流的信息管理），不能透明地跟踪和贯穿供应链过程。

2. RFID 标识技术及其优越性

RFID 在本质上是物品标识的一种手段，它被认为将会最终取代现今应用非常广泛的传统条形码，成为物品标识的最有效方式，它具有一些显而易见的优点。条码与 RFID 的功能对比，在标签信息容量大小、一次读取数量、读取距离远近、读写能力更新（标签信息可反复读写 R/W）、读取方便性（读取速度与可否高速移动读取）、适应性（全方位穿透性读取，在恶劣环境下仍可读取，全天候工作）等方面都大大优于条码。

RFID 技术拥有良好的功能特性，能满足当前社会经济发展对商品处理的高效性需求。射频识别技术作为快速、实时、准确采集与处理信息的高新技术和信息标准化的基础，通过对实体对象（包括零售商品、物流单元、集装箱、货运包装、生产零部件等）的唯一有效标识，被广泛应用于生产、零售、物流、交通等各个行业。RFID 技术已逐渐成为企业提高物流供应链管理水平、降低成本、实现企业管理信息化、增强企业核心竞争能力不可缺少的技术工具和手段。

与条码技术相比，射频识别 RFID 是一种新兴的自动识别技术。射频识别系统利用射频标签承载信息，射频标签和识读器间通过感应、无线电波或微波能量进行非接触双向通信，达到自动识别的目的。RFID 技术是实现物流过程实施货品跟踪的一种非常有效的技术。射频识别技术最突出的特点是：

（1）可以非接触识读，距离可以从十厘米至几十米。　（2）信息容量大，唯一标识每个物体。　（3）可识别高速运动物体。　（4）抗恶劣环境。　（5）保密性强。（6）可同时识别多个对象等。

3. EPC 概念和技术的产生及其技术特性

大家公认，产品的唯一识别对于某些商品非常必要。而条码识别最大的缺陷之

一是它只能识别一类产品，而不是某一件商品。例如牛奶纸盒上的条码都一样，要辨别哪盒牛奶先超过有效期将是不可能的。那么如何才能识别和跟踪供应链上的每一件单品呢？

随着因特网的飞速发展和射频技术趋于成熟，信息数字化和全球商业化促进了更现代化的产品标识和跟踪方案的研发，可以为供应链提供前所未有的、近乎完美的解决方案。也就是说，公司将能够及时知道每个商品在他们供应链上任何时点的位置信息。

（1）EPC 概念和技术的产生

虽然有多种方法可以解决单品识别的问题，但目前所找到的最好的解决方法就是给每一个商品提供唯一的号码——"EPC 码"。EPC 码采用一组编号来代表制造商及其产品，不同的是 EPC 还用另外一组数字来唯一地标识单品。EPC 是唯一存储在 RFID 标签微型芯片中的信息，这样可使得 RFID 标签能够维持低廉的成本并保持灵活性，使在数据库中无数的动态数据能够与 EPC 标签相链接。

EPC 技术是由美国麻省理工学院的自动识别研究中心开发的，旨在通过互联网平台，利用射频识别（RFID）、无线数据通信等技术，构造一个实现全球物品信息实时共享的物联网。

2003 年 11 月 1 日，国际物品编码协会（EAN-UCC）正式接管了 EPC 在全球的推广应用工作，成立了电子产品代码全球推广中心（EPCGlobal），标志着 EPC 正式进入全球推广应用阶段。物品编码中心（ANCC）是 EPCGlobal 在中国的唯一授权代表机构。EPC 系统是一个非常先进的、综合性的、复杂的系统。其最终目标是为每一单品建立全球的、开放的标识标准。

为了解决第一个问题，EAN 和 UCC（目前已经合并，并改名为 GS1，即全球第一商贸标准化组织）联合推出产品电子标签（EPC）技术。产品电子标签是一种新型的射频识别标签，每个标签包含唯一的电子产品代码，可以对所有实体对象提供唯一有效的标识。它利用计算机自动地对物品的位置及其状态进行管理，并将信息充分应用于物流过程中，详细掌握从企业流向消费者的每一件商品的动态和流通过程，这样可以对具体产品在供应链上进行跟踪。

（2）EPC 技术特性

EPC 系统是集编码技术、射频识别技术和网络技术为一体的新兴技术，EPC

系统的推广和应用将引起物流管理过程的革命。EPC 的编码体系完全与 EAN–UCC 编码体系相兼容。

EPC 标签芯片的面积不足 1 平方毫米，可实现二进制 128 字节信息存储，它的标识容量上限是：全球 2.68 亿家公司，每个公司出产 1600 万种产品，每种产品生产 680 亿个。这样大的容量可以将全球每年生产的谷物逐粒标识清楚。这意味着每类产品的每个单品都能分配一个标识身份的唯一电子代码。形象地说，给它们上了"户口"。

跟条形码相比，EPC 的优势还不仅在超强的标识能力。同时，EPC 系统射频标签与视频识读器之间是利用无线感应方式进行信息交换的，因此可以进行无接触识别，"视线"所及，可以穿过水、油漆、木材甚至人体识别。EPC 一秒钟可以识别 50 至 150 件物品。

EPC 应用的是芯片，它存储的信息量和信息类别是条形码无法企及的。未来 EPC 在标识产品的时候将要达到单品层次，如果制造商愿意，它还可以对物品的成分、工艺、生产日期、作业班组，甚至是作业环境进行描述。EPC 以互联网为平台，能实现全球物品信息的实时共享，这将是继条码技术之后，再次变革商品零售结算、物流配送及产品跟踪管理模式的一项新技术。

（3）EPC 系统组成与物联网

一个完整的 EPC 工作系统由 EPC 标签、识读器、Savant 服务器、Internet、ONS（对象名称解析服务）服务器、PML（实体标记语言）服务器以及众多的数据库组成。

在全球互联网的基础上，EPC 通过管理软件系统、ONS 和 PML 实现全球"实物互联"。Savant 服务器的主要任务是数据校对、识读器协调、数据传输、数据存储和任务管理，它是 EPC 工作系统的中枢神经，起着管理系统平台的作用。ONS 给 Savant 系统指明存储产品有关信息的服务器，ONS 发挥了关键的作用。PML 则是描述产品信息的计算机语言。

在由 EPC 标签、解读器、Savant 服务器、Internet、ONS 服务器、PML 服务器以及众多数据库组成的 EPC 物联网中，解读器读出的 EPC 只是一个信息参考（指针），该信息经过网络，传到 ONS 服务器，找到该 EPC 对应的 IP 地址并获取该地址中存放的相关的物品信息。而采用分布式 Savant 软件系统处理和管理由解读器

读取的一连串 EPC 信息，Savant 将 EPC 传给 ONS，ONS 指示 Savant 到一个保存着产品文件的 PML 服务器查找，该文件可由 Savant 复制，因而文件中的产品信息就能传到供应链上。

4. RFID 与 EPC 以及 EAN-UCC 体系的关系

（1）EPC 与 EAN-UCC 之间的关系

产品电子代码 EPC 是为了提高物流供应链管理水平、降低成本而新近发展起来的一项新技术，可以实现对所有实体对象（包括零售商品、物流单元、集装箱、货运包装等）的惟一有效标识，被誉为具有革命性意义的新技术，受到世界发达国家和地区的高度重视。产品电子代码 EPC 与目前应用最成功的商业标准 EAN-UCC 全球统一标识系统是兼容的，成为 EAN-UCC 系统的一个重要组成部分，是 EAN-UCC 系统的延续和拓展，主要表现在以下两个方面：组织上，由国际物品编码协会 EAN 和美国统一代码委员会 UCC 负责 EPC 在全球的推广与实施。技术上，EPC 结构与现行的 EAN-UCC 系统中的 GTIN 是相兼容的，也就是说 GTIN 是 EPC 编码结构中的重要组成部分。二者之间既有区别又有联系，整体上必须维护 EAN-UCC 系统的一致性和连续性。

（2）EPC 与 RFID 的关系

早期的 RFID 标签是由集成电路板卡制成，由于体积大，成本高，只能应用于托盘、货架和集装箱上，只有极少数的用户使用，人们对其前景并不看好。而 EPC 采用微型芯片存储信息，并用特殊薄膜封装技术，体积大大缩小，随着技术改进和推广应用，成本不断降低，能够给每个单个消费品一个唯一的身份。

EPC 系统（物联网）是在计算机互联网和射频技术 RFID 的基础上，利用全球统一标识系统编码技术给每一个实体对象一个唯一的代码，构造了一个实现全球物品信息实时共享的"物的互联网"。它将成为继条码技术之后，再次变革商品零售结算、物流配送及产品跟踪管理模式的一项新技术。EPC 与 RFID 科学的逻辑关系应该是：EPC 代码 + RFID + Internet = EPC 系统（物联网）。由此可见，EPC 系统是一个复杂、全面、综合的系统，包括 RFID、EPC 编码、网络、通信协议等，RFID 只是其中的一个组成部分。EPC 是 RFID 技术的应用领域之一，只有特定的低成本的 RFID 标签才适合 EPC 系统。

与传统的条码相同的是电子产品码用一串数字代表产品制造商和产品类别，而最大不同之处在于 EPC 还外加了第三组数字，是每一件产品所特有的序列号。电子产品码这些数据存储在 RFID 标签微型晶片中，利用阅读器可以将其读出并送至 EPC 网络。EPC 与数据库里的大量数据相关联，如产品的生产地点、日期、有效日期、发货目的地等等。随着产品的转移或变化，这些数据进行实时更新。人们在全球任意地点都可以通过查询实时了解物品的相关信息情况。

从上面对条码、RFID、EPC 三者之间的关系以及它们与 EAN-UCC（GS1）体系的关系分析、阐述，可以看出物流信息标识与采集技术的发展脉络和对物流管理产生的变革性影响。

在强大的市场导向下，RFID 技术、EPC 与物联网在世界范围内必将引起一场重大的变革，它将成为未来一个新的经济增长点。在现今激烈的市场竞争中，快速、准确、实时的信息获取及处理能力将成为企业获得竞争优势的关键。RFID 技术的应用对于以信息化为基础的现代物流管理来说尤为重要。相信在不久的将来，EPC 技术将同条码技术一样深入到现代物流管理的方方面面，带来生产、商业流通和消费领域——环球供应链的一场新革命。

5. EPC 网络

EPC 网络是一个非常先进而又复杂的系统，主要由六个大的方面组成：EPC 编码标准、EPC 标签、阅读器、Savant 系统、对象名称解析服务器（ONS）及物理标记语言（PML）。当 RFID 标签进入阅读器的阅读范围时，阅读器发送电磁波，RFID 标签从中获得能量并将存储在其内部的数据传回。阅读器接收到数据后便将其 EPC 代码传送到 Savant 服务器，该代码进入公司局域网或互联网上的对象名称解析服务器（ONS），检索与该 EPC 相关的产品信息存放的数据库服务器。ONS 类似于 Internet 网中域名解析服务（DNS），把 Savant 引入到保存着其产品文件的 EPCIS 服务器进行查找。

每个产品的相关数据（如其基本特征、所属类）将以一种物理标记语言（PML）存储。PML 语言基于流行的可扩展标记语言（XML），因此便可以执行一些常用的企业任务，如查找在某存货数据库中所有的某种饮料，或是对类似性能的所有笔记本进行价格比较。

EPC 标签由于其存储容量相对较小而只储存了二进制的 EPC 编码，未能储存其他相关的商品信息（如产地、制造日期、保质期等）。如何利用现有的 EPC 编码

来查找其商品相应信息成为人们急需解决的问题。但细观现有的互联网，我们通过DNS便能够顺利浏览各个网站的信息而无需记忆其站点的 IP 地址。类似地，利用DNS 来构建 ONS，可以很好解决这个问题。

ONS 的作用是将一个 EPC 映射到一个或多个 URI，通过这些 URI 我们可以查找到在 EPCIS（或 web）服务器上关于此产品的其它详细信息。这里，ONS 存有制造商位置的记录，而 DNS 则是到达 EPCIS 服务器位置的记录，所以 ONS 的设计运行在 DNS 之上。与 DNS 相似，ONS 系统的层次也是分布式的，主要由根 ONS、ONS 服务器、本地 ONS、本地 ONS 缓存及映射信息组成。

根 ONS 服务器处于 ONS 层次中的最高层，它拥有 EPC 名字空间的最高层域名，因此基本上所有的 ONS 查询都要经过它。ONS 也是相当的重要，它用于回应本地的 ONS 查询，并返回查询成功的 URI。ONS 本地缓存则是将经常、最近查询的 URI 保存起来，以减少对外的查询次数。作为 ONS 查询的第一站，其作用是极大的提高了查询效率并减小 ONS 服务器的压力。而映射信息则是 ONS 系统所提供服务的实际内容，它指定了 EPC 编码与其相关的 URI 的映射关系，并且分布存储在不同层次的各个 ONS 服务器中。

这样，ONS 系统便最大限度地利用现有的互联网体系结构中的 DNS 系统，节省了大量的重复投资。

二 传感器

在物联网前端技术中，上面介绍了 RFID。RFID 对物进行唯一身份标识，要获取物的实时信息，如温度、湿度、运动，以及其它各类物理的、甚至化学的变化等信息，就需要使用传感器。传感器就是感知各种实时信息的部件。可以用不同的观点对传感器进行分类：它们的转换原理（传感器工作的基本物理或化学效应）；它们的用途；它们的输出信号类型以及制作它们的材料和工艺等。

1. 根据传感器工作原理分类

根据传感器的工作原理分类，可分为物理传感器和化学传感器二大类。物理传感器应用的是物理效应，诸如压电效应，磁致伸缩现象，离化、极化、热电、光电、磁电等效应。被测信号量的微小变化都将转换成电信号。化学传感器包括那些以化学吸附、电化学反应等现象为因果关系的传感器，被测信号量的微小变化也将转换成电信号。

有些传感器既不能划分到物理类，也不能划分为化学类。大多数传感器是以物理原理为基础运作的。化学传感器技术难题较多，例如可靠性问题，规模生产的可能性，价格问题等，解决了这类难题，化学传感器的应用将会有巨大增长。

2. 按照传感器用途分类

按照用途或者获取的目标信息，传感器可分为：

力敏传感器　能感受力并按一定规律将其转换成可用输出信号的器件或装置称为力敏传感器。通常由力敏元件及转换元件组成。力敏元件是指力敏传感器中能感受（或响应）力的元件；转换元件是指力敏传感器中能将力敏元件感受的力转换成适于传输和测量信号的元件。力包括重力、拉力、压力、力矩、张力、压强等物理量。力敏元件及传感器广泛用于各工业生产部门和科学实验研究。多数情况下，传感器的输出采用电量的形式（电流、电压、电阻、电脉冲等）。

位置传感器　位置传感器可分为两种：直线位移传感器和角位移传感器。其中直线位移传感器常用的有直线位移定位器等，具有工作原理简单、测量精度高、可靠性强的优点；角位移传感器则可选旋转式电位器，具有可靠性高、成本低的优点。

液面传感器　常见的是电容式液位计，采用测量电容的变化来测量液面的高低。它是一根金属棒插入盛液容器内，金属棒作为电容的一个极，容器壁作为电容的另一极。两电极间的介质即为液体及其上面的气体。由于液体的介电常数和液面上的介电常数不同，则当液位升高时，两电极间总的介电常数值随之加大因而电容量增大。反之当液位下降，值减小，电容量也减小。射频电容式液位变送器依据电容感应原理，当被测介质浸没测量电极的高度变化时，引起其电容变化。它可将各种物位、液位介质高度的变化转换成标准电流信号，远传至操作控制室供二次仪表或计算机装置进行集中显示、报警或自动控制。其良好的结构及安装方式可适用于

高温、高压、强腐蚀，易结晶，防堵塞，防冷冻及固体粉状、粒状物料。它可测量强腐蚀型介质的液位，测量高温介质的液位，测量密封容器的液位，与介质的粘度、密度、工作压力无关。

速度传感器 单位时间内位移的增量就是速度。速度包括线速度和角速度，与之相对应的就有线速度传感器和角速度传感器，我们都统称为速度传感器。在自动化技术中，旋转运动速度测量较多，而且直线运动速度也经常通过旋转速度间接测量。目前广泛使用的速度传感器是直流测速发电机，可以将旋转速度转变成电信号。测速机要求输出电压与转速间保持线性关系，并要求输出电压陡度大，时间及温度稳定性好。旋转式速度传感器按安装形式分为接触式和非接触式两类。接触式旋转式速度传感器与运动物体直接接触。当运动物体与旋转式速度传感器接触时，摩擦力带动传感器的滚轮转动。装在滚轮上的转动脉冲传感器，发送出一连串的脉冲。每个脉冲代表着一定的距离值，从而就能测出线速度。非接触式旋转式速度传感器与运动物体无直接接触，非接触式测量原理很多，有光电流速传感器、光电风速传感器等。

热敏传感器 热敏传感器利用热电效应，根据温差生成图像。导热性的差异表现是，皮肤表面的乳突线与传感器像素有接触，而纹谷中充满了空气，形成绝热区。测量时会出现导热现象，像素和手指表面之间几毫秒就能产生热平衡，所以手指只要迅速掠过传感器就可以了。如果传感器和手指表面温度相同，就会测不出温差，这时就需要使用传感器加热器。目前市场上只有一种按热电原理工作的传感器，是由 Atmel 生产的。热电采集法普及不广，尽管它能产生高质量的图像。线阵传感器测量的是乳突线和纹谷中的空气之间的温差，即便手指表面肮脏、潮湿或极端干燥，也不影响图像的高质量。这种方法适用于有着极端温度、高湿度、油污或水污的环境。

加速度传感器 加速度传感器是一种能够测量加速力的电子设备。加速力就是当物体在加速过程中作用在物体上的力。加速力可以是个常量，比如 g，也可以是变量。加速度计有两种：一种是角加速度计，是由陀螺仪（角速度传感器）改进的；另一种就是线加速度计。

射线辐射传感器 射线传感器是在环保领域有重要应用的传感器类型，能感知和测量 X 射线、核辐射等。

振动传感器 振动传感器在测试技术中是关键部件之一，它的作用主要是将机械量接收下来，并转换为与之成比例的电量，进行线性输出或继电器输出。由于它也是一种机电转换装置，所以我们有时也称它为换能器、拾振器等。

湿敏传感器 湿度传感器按湿敏元件分主要有电阻式、电容式两大类。湿敏电阻的特点是在基片上覆盖一层用感湿材料制成的膜，当空气中的水蒸气吸附在感湿膜上时，元件的电阻率和电阻值都发生变化，利用这一特性即可测量湿度。湿敏电容一般是用高分子薄膜电容制成，当环境湿度发生改变时，湿敏电容的介电常数发生变化，使其电容量也发生变化，其电容变化量与相对湿度成正比。湿度传感器也是环境监测的重要点子设备。

磁敏传感器 利用磁场作为媒介可以检测很多物理量，例如：位移、振动、力、转速、加速度、流量、电流、电功率等。它不仅可实现非接触测量，并且不从磁场中获取能量。在很多情况下，可采用永久磁铁来产生磁场，不需要附加能源，因此这一类传感器获得极为广泛的应用。

气敏传感器 气敏电阻传感器将检测到的气体的成分和浓度转换为电信号，在环境气体检测和安全监督等领域有重要用途。

真空度传感器 就是真空度的测量，用以探测低压空间稀薄气体压力所用的仪器称为真空计。真空计种类繁多，工作原理各异，除极少数几种是直接测量压力外，其他几乎都是间接测量压力。

生物传感器 生物传感器是用生物活性材料（酶、蛋白质、DNA、抗体、抗原、生物膜等）与物理化学换能器有机结合的一门交叉学科，是发展生物技术必不可少的一种先进的检测方法与监控方法，也是物质分子水平的快速、微量分析方法。在国民经济中的临床诊断、工业控制、食品和药物分析（包括生物药物研究开发）、环境保护以及生物技术、生物芯片等研究中有着广泛的应用前景。各种生物传感器有以下共同的结构：包括一种或数种相关生物活性材料（生物膜）及能把生物活性表达的信号转换为电信号的物理或化学换能器（传感器），二者组合在一起，用现代微电子和自动化仪表技术进行生物信号的再加工，构成各种可以使用的生物传感器。生物传感器的原理为，待测物质经扩散作用进入生物活性材料，经分子识别，发生生物学反应，产生的信息继而被相应的物理或化学换能器转变成可定量和可处理的电信号，再经二次仪表放大并输出，便可知道待测物浓度。

转速传感器 即旋转编码器，将转速转换成脉冲波（5VDC）送入 PLC 或其它处理器进行处理。

电流传感器 电流传感器是传感器的一种分类，其主要信号源是采集信号的电流大小，主要参数为其电流大小。

电压传感器 即电压变送器，将 0-100V 或更大的电压信号转换成 0-10V 的标准控制信号给处理器。

霍尔传感器 霍尔传感器是一种磁传感器。用它可以检测磁场及其变化，可在各种与磁场有关的场合中使用。霍尔传感器以霍尔效应为其工作基础，是由霍尔元件和它的附属电路组成的集成传感器。霍尔传感器在工业生产、交通运输和日常生活中有着非常广泛的应用。按被检测对象的性质可将霍尔传感器的应用分为直接应用和间接应用。前者是直接检测受检对象本身的磁场或磁特性，后者是检测受检对象上人为设置的磁场，这个磁场是被检测的信息的载体，通过它，将许多非电、非磁的物理量，例如速度、加速度、角度、角速度、转数、转速以及工作状态发生变化的时间等，转变成电学量来进行检测和控制。

空气流量传感器 可以将空气流量转换为电信号，输出继电器信号或电压、电流的线性信号。

3. 按传感器输出信号分类

模拟传感器 将被测量的非电学量转换成模拟电信号。

数字传感器 将被测量的非电学量转换成数字输出信号（包括直接和间接转换）。

膺数字传感器 将被测量的信号量转换成频率信号或短周期信号的输出（包括直接或间接转换）。

开关传感器 当一个被测量的信号达到某个特定的阈值时，传感器相应地输出一个设定的低电平或高电平信号。

4. 按传感器所应用的材料分类

传感器的基本工作原理是，在外界因素的作用下，所有材料都会作出相应的、具有特征性的反应。它们中的那些对外界作用最敏感的材料，即那些具有功能特性的材料，被用来制作传感器的敏感元件。

按照其所用材料的类别分 金属、聚合物、陶瓷、混合物。

按材料的物理性质分　绝缘体、半导体、磁性材料。

按材料的晶体结构分　单晶、多晶、非晶材料。

5. 按照传感器制造工艺分类

集成传感器　是用标准的生产硅基半导体集成电路的工艺技术制造的。通常还将用于初步处理被测信号的部分电路也集成在同一芯片上。

薄膜传感器　则是通过沉积在介质衬底（基板）上的相应敏感材料的薄膜形成的。使用混合工艺时，同样可将部分电路制造在薄膜板上。

厚膜传感器　是利用相应材料的浆料，涂覆在陶瓷基片上制成的，基片通常是Al_2O_3制成的，然后进行热处理，使厚膜成型。

陶瓷传感器　采用标准的陶瓷工艺或其某种变种工艺（溶胶－凝胶等）生产。

每种工艺技术都有自己的优点和不足。由于研究、开发和生产所需的资本投入较低，以及传感器参数的高稳定性等原因，采用陶瓷和厚膜传感器比较合理。

三　摄像头

作为传感器网络的高级形式，视频传感器网络在环境监控、安全监控以及医疗保健等应用领域发挥重要作用。数字图像处理技术为视频和图像的智能化应用提供了有力的支撑，所以视频和图像采集是物联网数据收集的重要部分。视频传感器是摄像头的核心部件，所以我们以摄像头这一产品形态来介绍视频传感器。

1. 摄像头分类

摄像头分为数字摄像头和模拟摄像头两大类。模拟摄像头捕捉到的视频信号必须经过特定的视频捕捉卡将模拟信号转换成数字模式，并加以压缩后才可以转换到计算机上运用。数字摄像头可以直接捕捉影像，然后通过串口、并口或者 USB 接口传到计算机。由于模拟摄像头的整体成本较高，而且 USB 接口的传输速度远远高于串口、并口的速度，因此现在市场热点主要是 USB 接口的数字摄像头。以下主要介绍 USB 接口的数字摄像头。

2. 摄像头工作原理

从摄像头的组成来看决定一个摄像头的品质从硬件上来说主要是：镜头、主控芯片与感光芯片。摄像头的工作原理大致为：景物通过镜头（LENS）生成的光学

图像投射到图像传感器表面，然后转为电信号，经过 A/D（模数转换）转换后变为数字图像信号，再送到数字信号处理芯片（DSP）中加工处理，再通过 USB 接口传输到电脑中进行处理和显示。

3. 摄像头技术要点

（1）镜头（LENS）

镜头由几片透镜组成，一般有塑胶透镜（plastic）或玻璃透镜（glass）。采用玻璃镜头成像效果优于塑胶镜头，五层"全玻"算是目前的顶级镜头。大多摄像头产品为了降低成本，一般采用塑胶镜头或半塑胶半玻璃镜头（即：1P、2P、1G1P、1G2P 等）。

（2）感光芯片（SENSOR）

应用中有两种感光元器件的镜头，一种是 CCD（电荷耦合器），一般是用于摄影摄像方面的高端技术元件，应用技术成熟，成像效果较好，但是价格相对较贵。另外一种是比较新型的感光器件 CMOS（互补金属氧化物半导体），它相对于 CCD 来说价格低、功耗小。

（3）视频捕获能力

数字摄像头的视频捕获能力是用户最为关心的功能之一，现在厂家一般标示的最大动态视频捕捉像素为 640480，其实由于现在摄像头的接口大都采用 USB1.1 标准，所以高分辨率下的数据传输仍然是个"瓶颈"，都会产生跳帧。

（4）调焦能力

调焦功能也是摄像头比较重要的指标之一，一般好的摄像头都有较宽广的调焦范围，另外还应该具备物理调焦功能，能够手动调节摄像头的焦距。

（5）图像解析度／分辨率

图像解析度即传感器像素，是衡量摄像头的一个重要指标之一。

（6）自动白平衡调整（AWB）

要求在不同色温环境下，照白色的物体，屏幕中的图像应也是白色的。

（7）图像压缩方式

JPEG（联合图像专家组）是一种有损图像的压缩方式。压缩比越大，图像质量也就越差。当图像精度要求不高存储空间有限时，可以选择这种格式。目前大部分数码相机都使用 JPEG 格式。

（8）彩色深度（色彩位数）

反映对色彩的识别能力和成像的色彩表现能力，常用色彩位数表示。彩色深度越高，获得的影像色彩就越艳丽动人。现在市场上的摄像头均已达到 24 位，有的甚至是 32 位。

（9）输出 / 输入接口

目前摄像头接口分为：

- 串行接口（RS232/422）：传输速率慢，为 115kbit/s。

- 并行接口（PP）：速率可以达到 1Mbit/s。

- 红外接口（IrDA）：速率也是 115kbit/s，一般笔记本电脑有此接口。

- 通用串行总线 USB：即插即用的接口标准，支持热插拔。USB1.1 速率可达 12Mbit/s，USB2.0 可达 480Mbit/s。

- IEEE1394（火线）接口（亦称 ilink）:其传输速率可达 100M~400Mbit/s。

（10）主控芯片（DSP）

中星微（VIMICRO）301Plus 主控芯片，是目前摄像头中最好的核心 IC 之一。在 DSP 的选择上，是根据摄像头成本、市场接受程度来进行确定。现在 DSP 厂商设计、生产 DSP 的技术已经逐渐成熟，在各项技术指标上相差不是很大，只是有些 DSP 在细微的环节及驱动程序上需要进一步改进。

4.红外摄像

还有一类特殊的摄像设备，就是红外摄像头。红外摄像在监控摄像机中具有夜视距离远、隐蔽性强、性能稳定等突出优势，对重要的场所可以做到 24 小时连续监控。

四　微机电

微机电系统（MEMS，即 Micro-Electro-Mechanical Systems）建立在微米 / 纳米基础上，是对微米 / 纳米材料进行设计、加工、制造、测量和控制的技术，完整的 MEMS

是由微传感器、微执行器、信号处理和控制电路、通讯接口和电源等部件组成的一体化的微型器件系统。MEMS 传感器能够将信息的获取、处理和执行集成在一起，组成具有多功能的微型系统，从而大幅度地提高系统的自动化、智能化和可靠性水平。它还能使制造商将一件产品的所有功能集成到单个芯片上，从而降低成本，适用于大规模生产。MEMS 在传感器设计中有重要应用，该类传感器目前主要应用在汽车和消费电子两大领域。

五 嵌入式技术

物联网的目的是让所有的物品都具有计算机的智能但不以通用计算机的形式出现，并把这些物品与网络连接在一起，这就需要嵌入式技术的支持。嵌入式技术是计算机技术的一种应用，该技术主要针对具体的应用特点设计专用的计算机系统——嵌入式系统。

嵌入式系统是以应用为中心，以计算机技术为基础的，并且软硬件可量身订做，它适用于对功能、可靠性、成本、体积、功耗有严格要求的专用计算机系统。嵌入式系统通常嵌入在更大的物理设备当中而不被人们所察觉，如手机、PDA、甚至空调、微波炉、冰箱中的控制部件都属于嵌入式系统。

六 遥感技术

"遥感"，顾名思义，就是遥远地感知。传说中的"千里眼"、"顺风耳"就具有这样的能力。人类通过大量的实践，发现地球上每一个物体都在不停地吸收、发射和反射信息和能量，其中有一种人类已经认识到的形式——电磁波。不同物体的电磁波特性是不同的，遥感就是根据这个原理来探测地表物体对电磁波的反射和其发射的电磁波，从而提取这些物体的信息，完成远距离识别物体。

●● 第三节 传感网技术

无线传感器网络（简称传感网）综合了多种技术，而且已经较为成熟，它本身就是物联网的一部分，而且大部分物联网应用都可以借鉴传感网技术。本节介绍传感网涉及的各方面技术。

数据浏览及处理

Internet

基站

数据服务

传输网络

网关

传感节点

传感器网络

传感器节点结构

一　传感网节点[②]

无线传感网络是计算机、信息处理、嵌入式计算、通信和传感器技术相融合的产物，是一种全新的信息获取和处理方法。

现代信息技术的三大基础是传感器技术、通信技术、计算机技术，它们分别完成对信息的采集、传输和处理。传感器网络将三种技术结合在一起，从而实现信息采集、传输和处理的真正统一。因此，传感器网络被认为是21世纪最重要的技术之一，它将会对人类未来的生活方式产生深远的影响。

传感器网络是由大量部署在作用区域内、具有无线通信与计算能力的微小传感器节点，通过自组织方式构成能根据环境自主完成指定任务的分布式、智能化网络系统。传感网络的节点间距离很短，一般采用多跳（multi-hop）的无线通信方式进行通信。传感网络的节点协作地监控不同位置的物理或环境状况（比如温度、声音、振动、压力、运动或污染物）。无线传感器网络的发展最初起源于战场监测等军事应用。现今已被应用于很多民用领域，如环境与生态监测、健康监护、家庭自动化、交通控制等。传感器网络可以在独立的环境下运行，也可以通过网关连接到Internet，通过随机自组织无线通信网络以多跳中继方式将所感知信息传送到用户终端，实现"无处不在的计算"理念。

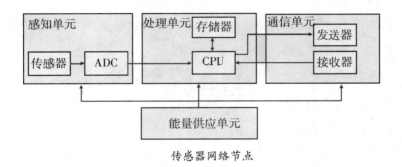

传感器网络节点

传感器网络节点的组成和功能包括如下四个基本单元：传感单元（由传感器和模数转换功能模块组成）、处理单元（由嵌入式系统构成，包括 CPU、存储器、嵌入式操作系统等）、通信单元（由无线通信模块组成）以及电源部分。此外，可以选择的其它功能单元包括：定位系统、运动系统以及发电装置等。

电源为传感器提供正常工作所必需的能源。感知单元用于感知、获取外界的信息，并将其转换为数字信号。处理单元负责协调节点各部分的工作，如对感知单元获取的信息进行必要的处理、保存，控制感知单元和电源的工作模式等。通信模块负责与其他传感器或收发者的通信。软件则为传感器提供必要的软件支持，如嵌入式操作系统、嵌入式数据库系统等。

在传感器网络中，节点可通过飞机布散、人工布置等方式大量部署在感知对象内部或者附近。这些节点通过自组织的方式构成无线网络，可以实现对任意地点信息在任意时间的采集，处理和分析。这种以自组织形式构成的网络，通过多跳路由方式将数据传回 sink 节点（传感器信息汇聚点），最后借助 sink 链路将整个区域内的数据传送到远程控制中心进行集中处理。

传感器网络的每个节点可以配备一个或多个传感器，一个无线电收发器、一个微控制器和一个能源（通常为电池）。单个传感器节点的尺寸大到一个鞋盒，小到一粒尘埃。传感器节点的成本也是不定的，从几百美元到几美分，这取决于传感器网络的规模以及单个传感器节点所需的复杂度。传感器节点尺寸与复杂度的限制决定了能量、存储、计算速度与频宽。

二 传感网系统结构

传感器网络主要包括三个方面的技术：感应、通讯、计算（硬件、软件、算法）。物联网和通常的传感网的体系结构是基本一致的，不同点在于，物联网的感知前端部分还要加上一类重要的前端部件，

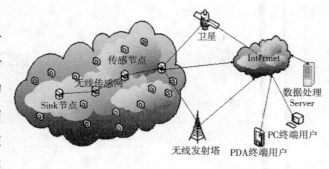

传感器网络的系统结构

那就是 RFID（将在后面的内容中专门介绍）。将来的物联网所感知的信息，有相当一部分来自于 RFID。典型的传感器网络的体系结构包括分布式传感器节点（群）、sink 节点、互联网和用户界面等。

在传感器网络中绝大多数的节点只有很小的发射范围，而 sink 节点的发射能力较强具有很高的电能，可以把数据发给远程的控制节点。卫星链路可用作 sink 链路，借助游弋在监测区上空的无人飞机回收 sink 节点上的数据也是一种方式。如果网络规模太大，可以采用聚类分层的管理模式。还有一种传感器网络的体系结构，其中数据是通过基站转送到有线网络的。其网络节点分为 3 类：基站节点、固定节点和应用节点。基站节点担任无限传感器和有线网络的网关。固定节点通过多跳路由方式与基站进行数据通信。应用节点是可移动或者固定的节点。

三　传感网协议[③]

和传统网络协议类似，无线传感器网络协议也大致包括物理层、数据链路层、网络层、传输层和应用层上的协议。由于无线传感器节点的能量有限，所以节能是无线传感器网络设计中最重要的方面。大量的研究显示：网络层上的路由协议和数据链路层上的 MAC 协议对无线通信模块的能量消耗起着至关重要的影响。

1. 物理层

无线传感网物理层通信协议主要解决传输介质选择、传输频段选择、无线电收发器的设计、调制方式等问题。物理层（包括其它各层）的一个核心设计原则就是节约能量。WSN 使用的传输介质主要包括无线电、红外线、光波等。无线电是目前最主要的 WSN 传输介质，使用这种介质需要解决频段选择、调制方式的选择等问题。

2. 数据链路层 MAC 协议

数据链路层的研究主要集中在 MAC 协议，WSN 的 MAC 协议旨在为资源（特别是能量）受限的大量传感器节点建立具有自组织能力的多跳通信链路，实现公平有效的通信资源共享，处理数据包之间的碰撞，重点是如何节省能量。数据链路层的 MAC 协议有以下一些工作方式：

（1）基于随机竞争的 MAC 协议

这类协议周期性侦听 / 睡眠工作方式，使节点尽可能处于睡眠状态，降低能量

消耗；邻居节点由一致性协商睡眠调度机制形成虚拟簇，减少节点空闲侦听时间，通过流量自适应侦听机制，减少消息在网络中的传输延迟，根据通信流量动态调整传感器节点的活动时间，用突发方式发送信息，减少空闲侦听时间。

（2）基于 TDMA（时分多址）的 MAC 协议

这类 MAC 协议将所有节点划分成多个簇，每个簇具有一个簇头，簇头负责为簇内所有节点分配时槽，收集和处理簇内节点发来的数据，并发送给 Sink 节点。也可以把一个数据传输周期分为调度访问阶段和随机访问阶段。调度访问阶段由多个连续的数据传输时槽组成，每个数据传输时槽分配给特定节点，用来发送数据。随机访问阶段由多个连续的信令交换时槽组成，用于处理节点的添加、删除以及时间同步等。还可以建立基于周期性消息调度的 MAC 协议，采用周期性的消息发送模型，构建节点周期性消息发送调度机制，保证节点之间无冲突地使用无线信道。

3. 网络层路由协议

网络层路由协议的研究可分为以下几类：基于聚簇的路由协议、基于地理位置的路由协议、能量感知路由协议、以数据为中心的路由协议等。

（1）基于聚簇的路由协议

这类协议首先根据某种规则把所有节点集划分为多个子集，每个子集成为一个簇，具有一个簇头，每个簇的簇头节点负责全局路由，其他节点通过簇头接收或发送数据。

（2）基于地理位置的路由协议

这类协议假定每个节点都知道自己的地理位置以及目标节点的地理位置。

（3）以数据为中心的路由协议

与基于地址的路由协议不同，节点不再有全局唯一地址，而代之以此节点观测数据的属性。Sink 采用洪泛方式将用户兴趣消息传播到整个或部分监测区域内的所有节点，用户兴趣消息表达用户感兴趣的监测数据，例如温度等。在兴趣消息的传播过程中，协议逐跳地在每个传感器节点上建立反向的从数据源到 Sink 的传输路径，传感器节点把采集到的数据沿着已确定的路径向 Sink 传送。该类协议在路由建立时需要洪泛传播，能量和时间开销较大。

（4）能量感知路由协议

在这类协议中，源节点和目的节点之间建立多条通信路径，每条路径都具有一个与节点剩余能量相关的选择概率，当源节点需要向目的节点传输数据时，协议根据路径的选择概率选择一条路径进行数据传输。

在设计路由协议时要考虑节能与通信服务质量的平衡、如何支持拓扑结构频繁改变、如何面向应用设计路由协议、安全路由协议等问题。

4.传输层协议

WSN 的传输层与传统的网络传输层担负的任务大致相同，负责端到端的传输控制。当 WSN 与 Internet 或其他网络相连接时，传输层协议尤其重要。但由于 WSN 的能量受限性、节点命名机制、以数据为中心等特征，使其传输控制很困难，WSN 的传输层需要特殊的技术和方法。

四　传感网操作系统④

节点是无线传感器网络中部署到研究区域中用于收集和转发信息、协作完成指定任务的对象。每个节点上运行的程序可以是完全相同的，唯一不同的是其 ID。本质上，无线传感器节点就是一个网络化的分布式嵌入式系统，通过无线信道实现网络间的通信。为了减少通信量，在本地完成必要计算进行数据融合，从而协作完成数据的采集。在应用上体现以网络为中心，节点的功能通过网络来体现，并且节点中运行程序存在大量并行和节点协同计算，因此，传统的嵌入式设计思想在无线传感器网络中遇到许多挑战。

从对节点结构分析不难看出，虽然无线传感器节点硬件简单，可以直接在硬件上进行编程。但是这在实践中会产生许多问题：首先，应用程序开发的难度大大增加，程序员必须对硬件十分了解；其次，程序员无法继承现有的软件成果，延长开发周期；还有，无法形成规模化开发，改用新的芯片，上层模块都必须改写。从现有软件技术来看，无线传感器可以直接使用现有的嵌入式操作系统，但嵌入式操作系统耗能大、容量大是与无限传感网相矛盾的。所以在实际应用中需要以传感网节点特点为基础的操作系统。

由于传感器网络的特殊性，需要操作系统能够高效地使用传感器节点有限内存、低功耗的处理器、传感器、低速通信设备、有限的电源，且能够对各种特定应用提供最大的支持。在面向传感器网络的操作系统支持下，多个应用可以并发地使

用系统资源，如计算、存储和通信等。在传感器网络中，传感器节点有两个很突出的特点：①并发性很密集。它可能存在多个需要同时执行的逻辑控制，需要操作系统能够有效地满足这种发生频繁、并发程度高、执行过程比较短的逻辑控制流程。②传感器节点模块化程度很高。它要求操作系统能够让应用程序方便地对硬件进行控制，且在保证不影响整体开销的情况下，应用程序中的各个部分能够比较方便地进行重新组合。

传感网节点操作系统的一个例子是 TinyOS。为满足无线传感器网络的要求，在 TinyOS 中引入 4 种技术：轻线程、主动消息、事件驱动和组件化编程。轻线程主要是针对节点并发操作可能比较频繁，且线程比较短。这是针对传统的进程 / 线程调度无法满足（使用传统调度算法会产生大量能量用在无效的进程互换过程中）的问题提出的。主动消息是并行计算机中的概念。在发送消息的同时传送处理这个消息的相应处理函数 ID 和处理数据，接收方得到消息后可立即进行处理，从而减少通信量。整个系统的运行是因为事件驱动而运行的，没有事件发生时，微处理器进入睡眠状态，从而可以达到节能的目的。组件就是对软硬件进行功能抽象。整个系统是由组件构成的，通过组件提高软件重用度和兼容性，程序员只关心组件的功能和自己的业务逻辑，而不必关心组件的具体实现，从而提高编程效率。

五　传感网中间件⑤

中间件在软件系统中起到承上启下的作用。中间件是构件化软件的一种表现形式。中间件抽象了典型的应用模式，应用软件制造者可以基于标准的中间件进行再开发，这种操作方式其实就是软件构件化的具体实现。传感网中，中间件所处的位置如下图。

借助中间件，一方面可以屏蔽操作系统层的差异，为方便地移植应用创造条件；另一方面，为应用层提供可复用的功能，减少应用系统开发的工作量。与传统网络不同，无线传感器网络有着自己独特的特点。首先，网络节点体积非常小，能量有限资源有限，节点很容易功能失效。其次，由于节点本身的移动、能量耗尽或环境影响造成的节点失效，导致网络拓扑动态变化。再次，由于节点部署往往数量庞大，人工部署和维护不大可能，需要网络自配置和自维护。大量节点使网络更加

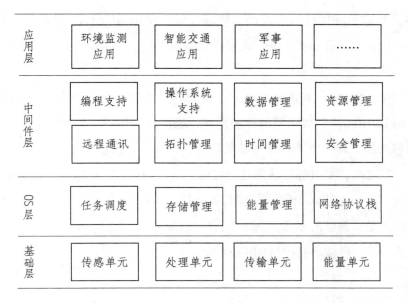

WSN 系统分层结构图

健壮，但同时造成数据冗余问题，需要数据的网内融合。再者，网络往往由许多体系结构、计算能力、存储能力、能量级别各不相同的异构节点组成，网络设计时也要考虑异构性问题。

中间件作为处于操作系统与应用程序之间的系统软件，通过对底层组件异构性的屏蔽，提供一个统一的运行平台和友好的开发环境，实现动态重配置、可扩展、上下文敏感等功能特征。无论是节点的物理分布，还是节点间协同处理及系统资源共享上来看，无线传感器网络都是一个分布式系统，同样适用分布式系统的处理方法，分布式计算中间件也是自然选择。

有限的资源、动态变化网络环境、应用程序 QoS 的需求以及内在的分布式特性决定了 WSN 中间件的功能需求。总体来说，从概念层面上讲，为开发人员提供一个熟悉的编程范式，从功能层面上讲解决节点的嵌入式本质和分布式问题。然而由于 WSN 的独特点和应用程序的多样性，传统中间件的体系结构不能简单应用于 WSN，必须对现存中间件修改或者开发新的中间件来满足 WSN 的需求。然而设计和实现一个成功的中间件并非易事，面临着许多问题。

综上所述，WSN 中间件完成实时网络协同和控制，实现以满足应用系统性能要求为目标的网络资源动态管理机制，在 WSN 节点间分配应用任务并确定优化任

务调度策略，兼容不同传感节点操作系统等任务。WSN 中间件需要满足可靠性、自适应性、可扩展性、分布式计算、能耗优化等技术指标。下面介绍一个中间件的例子。

在物联网中，RFID 占有重要地位。在 WSN 中，RFID 中间件是一种特有的中间件类型。RFID 中间件是物联网的神经系统，是连接标签读写器和企业应用程序的纽带，用它来加工和处理来自读写器的所有信息和事件流。RFID 中间件在将数据送往应用系统之前，要对标签数据进行过滤、分组和计数，以减少发往信息网络系统的数据量，并防止错误识读、漏读和冗余信息。RFID 中间件是一种面向消息的中间件。信息是以消息的形式，从一个程序传送到另一个或多个程序。信息可以以异步的方式传送，所以不必等待回应。

六 其它传感网技术

传感网的应用还需要其它一些技术的支持，包括拓扑控制、时间同步、节点定位、网络安全、服务质量管理、数据管理等。这些技术的实现散布于上面所介绍的技术层次中，比如服务质量管理可以在节点操作系统中实现，也可以在中间件中实现。

1. 拓扑控制

拓扑控制是在满足网络覆盖度和连通度的前提下，通过功率控制或层次拓扑控制，最小化网络的能量消耗。层次拓扑控制是根据一定机制选择某些节点作为骨干节点，打开其通信模块，关闭非骨干节点的通信模块，构建一个满足覆盖度的连通网络，这样既保证了原有覆盖范围内的数据通信，也在很大程度上节省了节点能量。在层次拓扑控制方面，目前已经提出了成簇算法、虚拟地理网格分簇算法以及自组织成簇算法等。拓扑控制技术需要以实际应用为背景，采用多种机制，强调网络拓扑控制的自适应和鲁棒性，在保证网络连通性和覆盖度的前提下提高网络通信效率，最大限度地节省能量，延长网络的生存期。

2. 时间同步

在 WSN 中，每个节点都有自己的时钟，由于不同节点的晶体振荡器频率存在误差以及环境干扰，即使在某个时刻所有节点都达到了时间同步，它们的时间也会逐渐出现偏差。WSN 的协同工作特点需要各传感器节点的时间同步，所以，时间同步机制是 WSN 的关键机制。可以根据实际应用条件采用不同的时间同步技术：网络节点通过网络物理层定期向相邻节点广播时间信号，接受方把信息的到达时间作为参照点来比较它们的时钟，实现时钟同步。或者在通常情况下不进行时间同步，仅当检测到事件发生时使用上面的方法进行时间同步。建立一个获取外界时间的节点，该节点可以装配如 GPS 接收机那样的复杂硬件，作为整个网络的时钟源，称为根节点。首先把所有网络节点分成层次级别，然后逐级进行时间同步，每个节点与上一级的一个节点进行同步，最终所有节点与根节点同步。总之，时间同步要考虑同步精度与能量有效性之间的平衡、局部同步和全网同步之间关系、抗外来侵扰的同步机制、同步机制的性能估计、安全时间同步机制等问题。

3. 节点定位

在 WSN 系统中，位置信息至关重要，没有位置信息的数据几乎没有意义。目前人们提出了两类传感器节点定位方法：基于测量距离的定位方法，与测量距离无关的定位方法。

基于距离的定位方法首先使用测距技术测量相邻节点间的实际距离或方位，然后使用三角计算、三边计算、多边计算、模式识别、极大似然估计等方法进行定位。传感器节点定位中使用的测距技术主要有如下几种：测量无线信号的到达时间、测量无线电信号强度、测量普通声波与无线电到达的时间差、测量无线信号到达角度等。与测量无关的方法针对一组节点，首先计算出一个参考位置，然后根据特定方法估算其它节点的位置。

基于测量距离的定位方法需要附加的硬件设备，与测量距离无关的定位方法精度低。定位方法还要考虑定位精度评估、信标节点自身位置误差对定位精度的影响、测量距离的误差对定位精度的影响、网络拓扑结构对定位的影响等问题。

4. 网络安全

WSN 关注的网络安全问题与传统安全问题类似，主要集中在密钥管理、身份认证和数据加密方法、攻击检测与抵御、安全路由协议和隐私问题。由于物联网在数据传输方面，无线网络占了较大比重，因此无线网络的安全问题，是物联网安全的重要方面，将在后面内容中重点介绍。

5. 服务质量（QoS）管理

WSN 的服务质量是其可用性的关键。可以在中间件中利用节点的冗余保障网

络操作的容错性，并能够以较低的开销为应用提供实时性服务。也可以在路由协议中实现 QoS，实现多路径多速度路由协议，保证路由的实时性和可靠性，设置多包发送速度，提供多级别的实时保证，通过选择多路径，提供各种各样的可靠性保证。还可以利用功能较强的汇聚节点集中转发数据，实现数据传输的质量保障和节约能量。

6. 数据管理

WSN 的主要目标是获取数据，因此可以将 WSN 视为数据库，从而在 WSN 应用中借用数据库的相关概念和方法，以数据库的观点来构建 WSN 应用，如数据的查询、索引、存储等。

第十二章 | **数据传输**

　　由于物联网的无处不在的建设理念，物联网的数据传输涉及到几乎所有通讯手段，包括无线通讯网络、下一代互联网等都是将物联网的数据传输途径。本章将对这些数据传输技术作一简要介绍。

●● 第一节　无线通讯网络

一　无线通讯协议[⑥]

1.无线通讯网络的类型

按传输距离和覆盖范围划分，无线网络主要有三种。

（1）无线局域网（WLAN）

无线局域网在公共设施中已经日益普及。称为"热点"的位置提供接入点，可以与笔记本电脑或掌上电脑的无线网卡通讯。要接入公共区域的无线局域网，需要有无线服务提供商要求的账户。某些地区可能需要另付接入费用。公共区域接入热点的范围和速度视环境和其它因素而定。

（2）无线个人局域网（WPAN）

无线个人局域网即蓝牙技术，无线个人局域网是利用蓝牙 TM 技术的短距离网络。通常用于与距中心位置较近的兼容设备互联，例如台式机。WPAN 的范围一般是 30 英尺。同样，它的无线覆盖范围视干扰、传输障碍（如墙体和建筑材料）及其它因素而定。蓝牙技术是 WPAN 联网标准，某些设备具有内置蓝牙兼容性。另外有些设备加配插件式蓝牙网卡后，可兼容蓝牙技术。WPAN 设备不能与

WLAN 设备通讯，使用 WPAN 能减少工作场所线缆和布线数量。

（3）移动宽带或无线广域网（WWAN）

移动宽带或无线广域网需使用移动电话信号，移动宽带网络的提供和维护一般依靠特定移动电话（蜂窝）服务提供商，它让您即使远离其它网络接入形式也能保持连接。只要可以获得服务提供商蜂窝电话服务的地址，就能获得该提供商提供的无线广域网连接性。

2. 无线局域网标准

（1）无线局域网 MAC 和 PHY 标准（802.11）

无线局域网（WLAN）采用行业标准 802.11。许多 802.11 设备都经过 Wi-Fi 联盟认证，以确保无线局域网（802.11）产品的互操作性。

公认的 802.11 标准有三种：802.11（b）、802.11（g）和 802.11（a）。另外，新兴的 802.11（n）标准较前代规格，提供更高数据传输率和大得多的传输距离。802.11 设备互操作性的 Wi-Fi 认证，仅适用于具有相同规格的产品。举例来说，Wi-Fi 认证 802.11（b）无线设备兼容其它 Wi-Fi 认证 802.11（b）设备。Wi-Fi 认证 802.11（b）设备不兼容 Wi-Fi 认证 802.11（g）设备，除非特别说明可兼容。

（2）802.11 规格

①802.11（b）：最常用的一种 802.11 标准，被最广泛地部署在企业和公共区域。传输速率最高每秒 11 兆比特（Mbps）。使用 2.4GHz 无线频段。这里的数据传输率仅用于比较，实际速率受环境、设备和其它因素影响，低于本文所引用的数值。

②802.11（g）：提供比 802.11（b）更快的速率。兼容 802.11（b），理想条件下，802.11（g）设备之间的传输速率最高可达 54Mbps，使用 2.4GHz 无线频段。

③802.11（a）：802.11（a）设备与其它 802.11（a）设备通讯的传输速率最高可达 54Mbps。使用 5GHz 无线频段某些 802.11（a）设备是"双模"设备，这些双模产品能够兼容 802.11（b）和 802.11（g）设备。单模 802.11（a）设备不兼容 802.11（b）或 802.11（g）设备。

④802.11（n）：最新规格 802.11（n）设备之间的传输速率高达 270Mbps，具有与 802.11（a）规格相同的双模功能，兼容全部前三种标准。多种可用配置（或兼容标准草案），如 Dell Wireless 1500802.11（n）草案兼容产品，支持

802.11nIntensi-fi 和 802.11a/b/g 标准。

3. 移动宽带网络标准

无线城域网是连接数个无线局域网的无线网络形式。2003 年，一项新的无线城域网标准 IEEE802.16a 正式通过。

4. 一些无线网络协议

（1）蓝牙

蓝牙是代替线缆的短距离通讯协议，关键性能是稳健、低耗能、低成本。蓝牙协议定义了一大堆通用设备接口（蓝牙耳机，蓝牙鼠标，蓝牙键盘……），只要符合标准就能互相通讯。目前为止，蓝牙主要是手机和手机周边通讯用。最新的蓝牙标准 2.1，增加了安全性，增加了近场通讯 NFC 的支持，增强连接性和通讯距离 100 米。现在蓝牙能力更强了，可以干更多事情了。

（2）ZigBee

大家都熟悉基于 IEEE802.15.4 协议工作在 ISM 频段 2.4GHz、915MHz 和 868MHz。2.4GHz 有 16 个信道，每 50MHz 一个。2.4GHz 每个信道最多 250kbit/s，915MHz 每个信道 40kbit/s，868MHz 每个信道 20kbit/s。通讯距离 10 到 75 米。ZigBee 在家庭局域网 Home Area Network 占有一席之地，特别是目前智能电网系统，它是实际上的标准。

（3）Wibree

蓝牙超低能技术（Blue tooth low energy technology），它比原始的蓝牙更省电，目标市场包括手表、无线键盘和玩具。

（4）Z-Wave

这是为家电遥控设计的标准。使用 900MHz 通讯，速率大约在 9.6 到 40kbit/s 之间，通讯距离 30 米。适用于灯光控制、家庭门禁系统、娱乐系统和家电。不同于 ZigBee 技术的近距离无线组网通信技术，是由芯片和软件开发商 Zensys 与另外多家组建的一个新的联盟——Z-Wave 联盟，以推动在家庭自动化领域采用 Z-Wave 协议。

（5）SimplisiTI

德州仪器的专利协议，专注于简单的、节点数量小于 100 个的家庭网络和商用灯光控制。这个协议特点是体积小巧，适用于警报系统、自动读表、家庭自动化和

主动 RFID。虽然是专利，但可以免费使用。

（6）SMAC/Synkro

飞思卡尔的基于 802.15.4 的专利协议，这个协议主要适用于产品快速研发和系统评估用。SMAC 原始只能支持星型和 P2P 网络，不能进行多跳路由，当然你也可以自己写算法。Synkro 主要是消费类电子产品比如电视机、DVD 机、录像机、机顶盒和家庭影院的控制、监测。

（7）MiWi

MiWi 和 MiWiP2P 协议是 Microchip 公司的专利协议，基于 802.15.4。体积也比较小，大约 3–17K。虽然协议提供免费下载，但是在商业产品中使用它们还是要找 Microchip 申请证书。

二　频谱分配

几千年来，从烽火报信、快马传书、驿站梨花，到发明电报、电话、互联网，人们追求时空通信自由的努力从未停止过。人们梦想有朝一日拥有在任何时间、任何地点与任何人的无束缚通信自由。要获得这种自由，利用无线电波进行通信必不可少。

所有的无线电业务都离不开无线电频率，就像车辆必须行驶在道路上。无线电频率是自然界存在的一种电磁波，是一种物质，是一种各国可均等获得的看不见、摸不着的自然资源。物联网技术开发和应用中无线电频谱资源占有重要地位，稀缺的频率资源将可能成为新技术应用中需要面临的重大问题。

任何无线技术的底层都需要依靠无线频谱来支撑，人们都希望通过更少的频谱资源实现更高的传输速率。但是随着 Wi-Fi、3G 等无线技术的应用，现在的无线频谱几乎全部被划分掉。那么未来 4G、物联网等无线应用推广时，我们将面临无频段可用的情况。在这种情况下，美国和欧洲的很多科研机构就在考虑，目前已分配的频谱资源是否被利用得很好。比如说电视频段，它分配得很早，但是在很多地区，它并没有被充分利用，这就造成了资源的极大浪费。

而这正是开展无线电业务感知的最大背景，因为我们只有对无线应用具有很好的认知和预期能力，才能够判断如何合理分配频谱，以满足应用的需要。认知无线电是指具有自主寻找和使用空闲频谱资源能力的智能无线电技术。认知无线电技术的提出，为解决不断增长的无线通信应用需求与日益紧张的无线频谱资源之间的矛盾提供了一种有效的解决途径。

认知无线技术还可以进一步拓展无线应用的范围，比如在航空领域中。波音公司曾表示在其 787 飞机中放弃无线网络计划，因为波音无法在某些国家取得特定无线频率的使用许可，这使得需要高频宽的无线娱乐节目难以在机舱内提供播放。不过随着无线技术认知能力的提升，这种情况已经改变，计划的首个任务是要加快信息在飞机、维修人员、机场仓库间的互通，缩短飞机的地面维修时间，下一步将会应用到飞机的娱乐系统上。

当前，认知无线电技术从理论到实践都面临很多困难。随着认知无线电技术的发展，各国际标准化组织和行业联盟也纷纷开展相关的研究，并且开始着手制定认知无线电的标准和协议，主要标准组织包括国际电信联盟（ITU）、IEEE 等。[⑦]

●●第二节　下一代互联网[⑧]

物联网的远程数据传输和数据的广泛共享最终离不开互联网，当前以 IPv4 为主体的互联网在 IP 地址容量、数据传输速度方面不能满足物联网的要求。物联网要求互联网提供可以为世界上万事万物分配 IP 地址的能力，同时能够快速传输海量数据。幸运的是，以 IPv6 为主体的下一代互联网完全满足这些要求。我国在下一代互联网方面已经掌握了成熟的技术，并且已经开始了对互联网的产业升级，这为我国发展物联网产业提供了良好的条件。

一　认识下一代互联网

对于下一代互联网的特征，目前学术界还没有统一定义，但对其主要特征已达成共识：

1. 地址空间更大：采用 IPv6 协议，使下一代互联网具有非常巨大的地址空间，网络规模将更大，接入网络的终端种类和数量更多，网络应用更广泛。

2. 传输速度更快：100M 字节／秒以上的端到端高性能通信。

3. 网络信息更安全：可进行网络对象识别、身份认证和访问授权，具有数据加密和完整性，实现一个可信任的网络。

4. 数据传输更及时：提供组播服务，进行服务质量控制，可开发大规模实时交互应用。

5. 信息传递更方便：无处不在的移动和无线通信应用。

6. 信息更可管理：有序的管理、有效的运营、及时的维护。

7. 网络运营更有效：有赢利模式，可创造重大社会效益和经济效益。

二　我国的下一代互联网建设

我国开创性地建成了世界第一个纯 IPv6（互联网协议第六版）主干网；在国际上首次提出了真实源地址认证新体系结构理论和两代互联网过渡技术方案，向国际组织提交了七项标准草案；首次在全国主干网中大规模使用国产 IPv6 路由器。这是"下一代互联网示范工程 CNGI 示范网络核心网 CNGI–CERNET2/6IX"项目获得的一系列重大创新成果，其中三项属于国际首创。我国在下一代互联网研究总体上达到世界领先水平。

全面支持 IPv6 协议的网络——第二代教育和科研计算机网（CERNET2），是我国在 2003 年启动的国家重大科技攻关项目，由清华大学等 25 个高校共同承担，2004 年建成，在北京、上海、广州三城市进行了联网试运行，目前已与全国 20 个城市的 167 所高校科研机构进行了互联，并与欧、美、亚太地区的下一代互联网高速互联，传输速度达到了每秒 2.5G~10G，是当前各国使用的第一代互联网速的100 多倍。有关专家认为，该项目比第一代互联网具有更大、更快、更及时、更安全和更方便的特点。

CERNET2 开创性地提出"基于真实源地址的网络寻址体系结构"，为消除目前广泛使用的 IPv4 互联网存在黑客攻击、垃圾邮件等大量安全隐患提供了保证。同时，我国科研人员在国际上提出了一种新的过渡技术方案，解决了现有互联网向下一代互联网过渡的兼容性、可管理、可扩展、可靠性和自动配置等技术难题。

"下一代互联网示范工程"的成功，有力地推动了我国下一代互联网的技术研究、重大应用和产业开发，为提高我国在国际下一代互联网技术竞争中的地位作出了重要贡献。尤其是 CERNET2 首次在全国主干网大规模使用国产 IPv6 路由器，国产核心路由器的采用率达到 80%。这对摆脱互联网领域依赖国外核心设备的被动局面、推进我国下一代互联网核心设备自主创新和产业化，具有重要战略意义。

三　下一代互联网技术

下面介绍 IPv6 的特点，以及地址分配、网络安全、路由等关键技术。

1. IPv6 的特点

IPv6 除了解决了地址空间的短缺问题外，比 IPv4 处理性能更加强大、高效，还全面地考虑了其他在 IPv4 中难以解决的问题，包括完善处理端到端的 IP 连接、安全性、QoS、多播、移动性等技术问题。因此，IPv6 以在地址数量、安全性、QoS 及移动性等方面的巨大优势，将对未来网络演进和业务发展产生巨大影响。

2. IPv6 的地址分配

IPv6 的地址是 128 位编码，能产生 2 的 128 次方个 IP 地址，地址资源极端丰富。有人比喻，世界上的每一粒沙子都会有一个 IP 地址。IP 地址将可充分满足数字化生活的需要，不再需要地址的转换，还互联网本来的面目。更重要的是，将提供更安全、更为广阔的应用与服务。

IP 地址规划主要涉及网络资源的利用的方便有效的管理网络的问题，IPv6 的 128 位地址中可供分配为网络前缀的空间有 64 位，IPv6 地址分为全球可路由前缀和子网 ID 两部分，协议并没有明确的规定全球可路由前缀和子网 ID 各自占的位数。

IPv6 的地址使用方式有两类，一类是普通网络申请使用的 IP 地址，这类地址完全遵从前缀 + 接口标识符的 IP 地址表示方法；另外一类就是取消接口标识符的方法，只使用前缀来表示 IP 地址。

由于 IPv6 的地址空间巨大，因此尽可能减少对路由表容量的需求是非常重要的。合理划分地址空间是下一代互联网中地址有效聚合的关键。

IP 地址的分配和网络组织、路由策略以及网络管理等都有密切的关系，具体的 IP 地址分配将通常在工程实施时统一规划实施，IP 地址的分配原则为：

• 地址规划采用扁平化的规划思路，全网拓扑分为两个层次：骨干网和城域网。

● 各个骨干网络或者特殊区域网络按照业务量需求，在骨干区域分配不同的地址段。

● 考虑 IETF 对 IPv6 地址空间的 /48 的分配建议，结合大城域网的地址空间需求，将城域网划分为两级：城域区域和站点区域，其中城域区域划分为骨干区域到 /48 地址之间的地址空间，而站点区域，按照 IETF 的建议，使用 /48 到 /64 之间的地址空间。

● IP 地址分配要尽量给每个区域分配连续的 IP 地址空间。在每个城域网中，相同的业务和功能尽量分配连续的 IP 地址空间，有利于路由聚合以及安全控制。

● IP 地址的规划与划分应该考虑到网络的发展要求，即要充分考虑未来业务发展，预留相应的地址段。

● IP 地址的分配需要有足够的灵活性，能够满足各种用户接入如小区用户、专线用户等的需要。

● 充分合理利用已申请的地址空间，提高地址的利用效率。

● IP 地址规划应该是网络整体规划的一部分，即 IP 地址规划要和网络层次规划、路由协议规划、流量规划等结合起来考虑。IP 地址的规划应尽可能和网络层次相对应，应该是自顶向下的一种规划。

3. IPv6 的网络安全

随着互联网的大规模商用化和在国民经济中越来越重要的地位，安全威胁成为一个必须解决的问题。为此，IETF 在设计下一代互联网协议 IPv6 时，增加了对网络层安全性的要求，设计了 IPSec 协议（IP 安全），并规定所有的 IPv6 实现必须支持 IPSec。

IPSec 在 IP 层上对数据包进行了高强度的安全处理，提供数据源地址验证、无连接数据完整性、数据机密性、抗重播和有限业务流加密等安全服务。各种应用程序可以享用 IP 层提供的安全服务和密钥管理，而不必设计和实现自己的安全机制，因此减少了密钥协商的开销，也降低了产生安全漏洞的可能性。IPSec 可以连续或递归应用，在路由器、防火墙、主机和通信链路上配置，实现端到端安全、虚拟专用网络（VPN）和安全隧道技术。

4. IPv6 的路由协议

路由协议分为域内路由协议和域间路由协议，目前主要的路由协议都增加了对

IPv6 的支持功能。

（1）域内路由协议

支持 IPv6 的内部网关协议有：RIPng、OSPFv3、IS-ISv6 协议。从路由协议标准化进程看，RIPng 和 OSPFv3 协议已较为成熟，从协议的应用范围的角度，RIPng 协议适用于小规模的网络，而 OSPF 和 IS-IS 协议可用于较大规模的网络。

电信级的骨干 IP 网络，为了保证网络的可靠性和可扩展性，内部路由协议（IGP）必须使用链路状态路由协议，只能在 OSPF 与 IS-IS 之间进行选择。

（2）域间路由协议

域间路由协议采用 BGP4/BGP4+，从而实现不同 ISP 核心网络之间的互通，而且目前大多数典型的路由器设备都支持这个协议。

5. IPv6 网络的业务应用

（1）IPv6 对业务模式的影响

由于 IPv6 本身的一些区别于 IPv4 的特性，IPv6 对于业务模式产生了比较深远的影响，这些影响表现在：

• 互联网终端 IP 地址静态化甚至电话号码化（ENUM），方便运营商对用户进行识别、定位和管理。

• 互联网终端类型不断丰富，数量会急剧增加，强调移动性和个人化及使用方便性，一切电子设备都将带有网络接口，而且是多种接口。

• 业务内容与应用会逐渐边缘化，CS、BS 类型的应用仍将存在，但会有越来越多的 P2P 应用，出现各种类型应用共存的局面。

• 应用的质量要求、安全要求、移动性要求会越来越高，IPv6 的特性可以很好地适应这种要求。

（2）基于 IPv6 的业务和应用

由于 IPv6 是相对于 IPv4 的改进和完善，将进一步推动现有业务和应用发展：

①远程应用业务（远程教育、远程医疗、远程监控）

现有的系统仍然属于完全的 C/S 结构，对于服务器的配置要求比较高，而且管理配置复杂，IPv6 可以实现 C/S 结构 +P2P 结构的混合结构。也就是应用服务器仅仅起到连接建立阶段和连接断开阶段的"中间人"角色，负责认证、计费等，而在双方建立连接后，就不再经过服务器转发数据，实现 P2P 连接，减轻服务器的负

担，保证不因服务器性能"瓶颈"影响用户使用质量。

②宽带接入业务（FTTH、LAN、DSL 等）

帮助用户实现"永远在线"，实现 IPv6 地址和用户的绑定，在地址合理规划的情况下，实现 IPv6 地址电话号码化，极大提高用户管理的效率，同时可以实现用户的业务定制，通过对 TCP/UDP 端口的管理，将不同的应用包装成增值业务。

③视频点播业务（VoD）

传统的 VoD 仅仅意味着上网看电影，但是 IPv6 将 VoD 的内容涵盖扩大化，一切可以借助流媒体技术实现的内容都可以包装成为 VoD 的服务，比如用户通过 VoD 观看某个新开楼盘的实况，某个商场正在进行的促销活动等等。传统的 VoD 终端往往是 PC，IPv6 可以使用户摆脱 PC 的束缚，在一切可以想象的电子设备上实现 VoD 的服务。

④移动业务（CDMA1x、GPRS、WLAN 等）

通过对移动终端赋予固定的 IPv6 地址，可以将 IPv6 地址和用户标识进行绑定，结合移动 IPv6 技术，可以向用户提供各种增值服务，如根据用户是否在漫游收取不同的费用。IPv6 将使一切电子设备成为互联网终端，普及 3G/WLAN 的使用，扩大用户和市场的覆盖面。

⑤网络游戏业务

传统网络游戏是基于 BS 结构或者 CS 结构的，虽然 BS 结构或者 CS 结构的网络游戏由于技术和服务优势仍将处于主导地位，但未来不可避免地将会出现 P2P 结构的网络游戏，加速实现网络游戏的产业化，培养一大批游戏爱好者、游戏职业玩家，它将成为宽带接入的一种增值服务。

⑥VoIPv6 业务

IPv6 的安全特性可以有效地在网络层保证用户的数据安全；IPv6 地址的有效规划可以使运营商有效识别用户终端的位置（用户是否漫游），区分用户呼叫（市话、长途），按照不同的呼叫区间进行收费。

⑦IPv6 MPLS VPN

VPN 对运营商来说是非常有价值的服务，运营商管理的 IPv4 VPN 模型非常成功，因此运营商也需支持 IPv6 MPLS VPN 服务。IPv6 MPLS VPN 能够更好地支持作为 VPN 服务一部分的 QoS、组播功能，从而增强网络的可靠性与可扩展性。

综合以上对下一代互联网和 IPv6 的介绍，下一代互联网的技术特点和支持的服务拓展都非常有助于物联网的实施，所以说，下一代互联网为物联网的发展搭建了一个广阔的平台。尤其是我国的下一代互联网建设已经取得了可喜的成就，这为我国的物联网战略的实施创造了良好的基础条件。

●● 第三节　三网融合

按照物联网的理念，物联网在应用领域上向社会生活的各个领域全面渗透，在覆盖范围上实现无处不在，因此，任何信息传输途径都可能被利用起来，加入到物联网的构建和拓展延伸，而所有的信息传输方式实现互联互通才能使物联网成为一个整体，从而实现无处不在的组网理念。三网融合指的是电信网、广播电视网和互联网融合发展，实现三网互联互通、资源共享，这对于整合已有信息传输资源，实现更大程度的信息共享具有重要意义。和下一代互联网一样，三网融合同样将给物联网的建设创造更好的基础条件。

一　什么是三网融合

三网融合指的是原先独立设计运营的电信网、广播电视网和互联网趋于相互渗透和相互融合。从理论上讲，实行三网融合后，不用再建太多的信息基础设施，利用一根光缆便可以让用户打电话、上网、看电视。从长远来看，电信网、广电网最终都要归于互联网。

国务院提出三网融合的重点之一是符合条件的广播电视企业可以经营增值电信业务和部分基础电信业务、互联网业务；符合条件的电信企业可以从事部分广播电视节目生产制作和传输。鼓励广电企业和电信企业加强合作、优势互补、共同发展。三网融合主要针对的是广播电视网和电信网的双向开放，原来这两个网络是互不开放的，已经严重阻碍了生产力的发展。而互联网只是一个业务网，并不是一个独立的物理网络，大部分互联网所依赖的骨干传输网、出口、网关都运行在电信网上。

所以，三网融合指的不是三个物理网络的融合，而是对网络内容和业务的融

合。广电网和电信网实现双向准入后，将为用户提供话音、数据和广播电视等多种服务，也会出现很多融合的业务，如用户在互联网和手机上今后可以看到各种电视节目，IPTV 业务也会进一步发展。今后，电视机也可以当电脑使用，能够用来上网、收发邮件等，在适度竞争中实现共建共享。显然，三网融合有利于物联网的构建和拓展。

二　三网融合的关键问题

三网融合并不是一个新概念，已经在行业内外争论了十多年。国务院常务会议提出三网融合的重点之一是加强网络建设改造。全面推进有线电视网络数字化和双向化升级改造，提高业务承载和支撑能力。整合有线电视网络，培育市场主体。加快电信宽带网络建设，推进城镇光纤到户，扩大农村地区宽带网络覆盖范围。充分利用现有信息基础设施，积极推进网络统筹规划和共建共享。

有线电视网采用的是横向管理体制，在全国并不是一个完整的网络，而且是单向的。广电企业要经营增值电信业务、互联网业务等，必须全面推进有线电视网络数字化和双向化改造。目前要实现广电网和电信网的共建共享比较困难，但在面向家庭的接入网建设方面，双方可以协商，存在资源共建共享的可能性。

三网融合难在体制创新。在三网融合时代，广电进入电信的重点在于丰富信息市场的内容和传播渠道，发展接近于大众的视频网络和相关的业务平台，发挥数字电视与 IPTV 的互补，推动有线电视基于互联网和 PC 网的融合业务，同时，将手机电视业务的内容服务全面对电信运营商放开，让电信运营商发挥其基于通信网络宽带业务的延伸服务，避免两者在手机电视领域的撞车和无意的竞争。同样，电信运营商的创新体制一定要打破对广电做基础电信业务的封堵，放开存量市场，利用广电网、互联网的融合资源发展新的增量市场。

三网融合将采取渐进式的推动方式，国务院提出了推进三网融合的阶段性目标。2010 年至 2012 年重点开展广电和电信业务双向进入试点，探索形成保障三网融合规范有序开展的政策体系和体制机制。2013 年至 2015 年，总结推广试点经验，全面实现三网融合发展，普及应用融合业务，基本形成适度竞争的网络产业格局。

●● 第四节　VPN 应用

一　VPN 技术

物联网的大规模、宽覆盖的业务应用离不开远程数据传输，这需要通过公用的互联网传输途径或者专用线路来实现。专用线路的高成本制约了大范围应用，而互联网又不能保证安全性和一定的质量要求。VPN 技术能够解决这一问题，在低成本的环联网环境中满足一定的高质量、安全、可靠的数据传输要求。

二　VPN 技术的特点[①]

1. 安全保障

虽然实现虚拟专用网络（VPN）的技术和方式很多，但所有的 VPN 均应保证通过公用网路平台传输数据的专用性和安全性。在非面向连接的公用 IP 网络上建立一个逻辑的、点对点的连接，称之为建立一个隧道，可以利用加密技术对经过隧道传输的数据进行加密，以保证数据仅被指定的发送者和接受者了解，从而保证了数据的私有性和安全性。在安全方面，由于 VPN 直接构建在公用网上，使操作变得简单、方便与灵活，但同时其安全问题也更为突出。企业必须确保其 VPN 上传送的数据不被攻击者窥视和篡改，并且要防止非法用户对网络资源或私有信息的访问。VPN 将企业网扩展到合作伙伴和客户，对安全性提出了更高的要求。

2. 服务质量保证

VPN 网应当为企业数据提供不同等级的服务质量保证，因为不同的用户和业务对服务质量保证的要求差别较大。对于拥有众多分支机构的专线 VPN 网络，交互式的内部企业网应用要求网络能提供良好的稳定性，对于其它应用（如视频等）则对网络提出了更明确的要求，如网络时延及误码率等。所有以上网络应用均要求网络根据需要提供不同等级的服务质量。

在网络优化方面，构建 VPN 的另一重要需求是充分有效地利用有限的广域网

资源，为重要数据提供可靠的带宽。广域网流量的不确定性使其带宽的利用率很低，在流量高峰时引起网络阻塞，产生网络瓶颈，使实时性要求高的数据得不到及时发送；而在流量低谷时又造成大量的网络带宽空闲。QoS 通过流量预测与流量控制策略，可以按照优先级分配带宽资源，实现带宽管理，使得各类数据能够被合理地先后发送，并预防阻塞的发生。

3. 可扩充性和灵活性

VPN 必须能够支持通过 Intranet 和 Extranet 的任何类型的数据流，方便增加新的节点，支持多种类型的传输媒介，可以满足同时传输语音、图像和数据等新应用对高质量传输以及带宽增加的需求。

4. 可管理性

从用户角度和运营商角度应可方便地进行管理、维护。在 VPN 管理方面，VPN 要求企业将其网络管理功能从局域网无缝地延伸到公用网，甚至是客户和合作伙伴。虽然可以将一些次要的网络管理任务交给服务提供商去完成，但企业自己仍需要完成许多网络管理任务，所以，一个完善的 VPN 管理系统是必不可少的。VPN 管理的目标为：减小网络危险、具有高扩展性、经济性、高可靠性等优点。事实上，VPN 管理主要包括安全管理、设备管理、配置管理、访问控制列表管理、QoS 管理等内容。

第十三章

数据处理

物联网在将感知的数据通过各种通讯方式传输、集中后，需要对数据进行处理才能提供应用服务。物联网数据具有数据量大、实时到达等动态数据特点，所以处理方法与传统的基于关系数据库的静态数据处理有很大不同。因此，首先要对物联网的海量、实时数据进行有效管理，才能针对不同应用对数据作不同的面向服务的智能化处理。对物联网数据的管理是实时数据流处理要解决的问题，进一步的智能化处理要涉及各种相关处理方法，这些是本章的介绍内容。

●● 第一节　实时数据流处理

一　概念及原理

物联网的目标是通过无线的和有线的网络连接所有可以被连接的"物"，在实现"物"的联网以后最直接的结果就是能够获取海量的数据。这些数据还不能被称为信息，为了得到有价值的信息，需要对这些海量的数据进行处理。在物联网中存在大量实时、分布式数据源，这些数据源将产生时间上连续的或突发的实时数据，在有效使用这些数据以前，需要对这些大量的、实时、分布式数据源产生的数据进行有效管理，这是对物联网海量数据进行处理、利用的前提。

传统数据库管理系统（DBMS）是对静态数据的管理。鉴于物联网的规模和获取数据的实时性，产生的数据不可能被全部保存，因此对数据的使用和处理是动态状态下进行的，而不是像传统数据处理那样只涉及保存在 DBMS 中的数据。所以，对物联网所产生的实时、分布式数据流的建模、查询是物联网高层应用系统的基

础，也是物联网业务应用的共性技术之一。

基于物联网的各类应用和服务属于数据密集型，这类应用的特征是，数据不宜用持久稳定关系建模，而适宜用瞬态数据流建模。未来这类应用的实例包括智能交通、智能电网、智能安防等等。在这种数据流模型中，由于这些数据以大量、快速、时变的数据流形式持续到达，因此又产生了一些基础性的新的研究问题。

二 国内外发展概况[①]

国内外已经开展了类似实时数据流管理的，对动态、不确定性数据管理方面的研究，在相关机制、理论、定义语言、原形系统等方面有了一些公开的的成果。目前国外对不确定类数据的管理和查询技术的研究比较广泛，涉及了理论、技术、方法、原形系统。比如，Alert 系统在传统的 SQL 数据库基础上，通过使用定义在专门的增补"反应表"上的连续查询，提供了一种实现"事件－情况－反应"触发机制。

国内在这方面的研究不多，主要是哈尔滨工业大学、重庆大学、华中科技大学等高校的一些学者开展了这方面的研究。涉及了对新问题的发现、关键技术的分析研究、方案设计等，原形系统比较少见。

●● 第二节 智能化数据处理

物联网应用应该实现两种主要的功能：信息采集和信息处理。由物联网实现的智能化社会的智能性也体现在这两个方面，特别是数据的处理阶段的智能理论和方法的应用。

物联网通过感知前端获取了大量信息数据，并将这些数据提交到数据中心，这些海量数据包含了对我们有价值的信息，但如果人工提取出这种信息会非常耗费人的精力和脑力，所以物联网中心还应负起数据处理的责任，这也就是所谓的网络"智能化"。"智能化"需要应用到一些传统的或者当前比较前沿的理论或技术，包括统计学、神经网络、图像处理、模式识别等。

一 统计学

物联网的重要功能是获取海量数据，而对这些数据加工处理才能得到有价值的信息。对数据作加工处理需要各种理论和方法上的工具，其中统计学就是最为基础和重要的一种理论工具。统计学是应用数学的一个分支，主要通过利用概率论建立数学模型，收集所观察系统的数据，进行量化的分析、总结，并进而进行推断和预测，为相关决策提供依据和参考。它被广泛地应用于各门学科，从物理和社会科学到人文科学，甚至被用在工商业及政府的情报决策之上。

一些学科大量地利用了应用统计学，以至于它们自己已经各自独立成为一门学科，形成了与各个应用领域紧密结合的统计学分支，统计学已经成为物联网智能化的天然理论工具。

二 人工神经网络

神经网络是重要的智能化理论之一。神经网络是由多个非常简单的处理单元彼此按某种方式相互连接而形成的计算机系统，该系统是靠其状态对外部输入信息的动态响应来处理信息。所谓人工神经网络就是指为了模拟生物大脑的结构和功能而构成的一种信息处理系统或计算机。人工神经网络特点具有大规模并行计算、非线性处理、鲁棒性、自组织及自适应性、学习能力、联想能力等特点。

人工神经网络的主要民用应用领域有：语言识别、图像识别与理解、计算机视觉、智能机器人故障、实时语言翻译、企业管理、市场分析、决策优化、物资调运、自适应控制、专家系统、智能接口、神经生理学、心理学和认知科学研究等等。

虽然人工神经网络的理论还不是十分成熟，但其在智能化的应用方面已经前景广阔，在物联网智能化方面也会大有作为。

三 模式识别

另一种重要的、传统的智能化技术是模式识别。模式识别是指对表征事物或现

象的各种形式的（数值的、文字的和逻辑关系的）信息进行处理和分析，以对事物或现象进行描述、辨认、分类和解释的过程，是信息科学和人工智能的重要组成部分。

模式还可分成抽象的和具体的两种形式。前者如意识、思想、议论等，属于概念识别研究的范畴，是人工智能的另一研究分支。我们所指的模式识别主要是对语音波形、地震波、心电图、脑电图、图片、照片、文字、符号、生物的传感器等对象进行测量的具体模式进行分类和辨识。

模式识别研究主要集中在两方面：一是研究生物体（包括人）是如何感知对象的，属于认识科学的范畴；二是在给定的任务下，如何用计算机实现模式识别的理论和方法。前者是生理学家、心理学家、生物学家和神经生理学家的研究内容。后者通过数学家、信息学专家和计算机科学工作者近几十年来的努力，已经取得了系统的研究成果，当然，这里介绍的模式识别属于后者。

应用计算机对一组事件或过程进行鉴别和分类。所识别的事件或过程可以是文字、声音、图像等具体对象，也可以是状态、程度等抽象对象。这些对象与数字形式的信息相区别，称为模式信息。

模式识别与统计学、心理学、语言学、计算机科学、生物学、控制论等都有关系。它与人工智能、图像处理的研究有交叉关系。例如自适应或自组织的模式识别系统包含了人工智能的学习机制；人工智能研究的景物理解、自然语言理解也包含模式识别问题。又如模式识别中的预处理和特征抽取环节应用图像处理的技术；图像处理中的图像分析也应用模式识别的技术。下面从几个方面简要介绍模式识别。

1. 模式识别方法

（1）决策理论方法

又称统计方法，是发展较早也比较成熟的一种方法。被识别对象首先数字化，变换为适于计算机处理的数字信息。一个模式常常要用很大的信息量来表示。许多模式识别系统在数字化环节之后还进行预处理，用于除去混入的干扰信息并减少某些变形和失真。

随后是进行特征抽取，即从数字化后或预处理后的输入模式中抽取一组特征。所谓特征是选定的一种度量，它对于一般的变形和失真保持不变或几乎不变，并且只含尽可能少的冗余信息。特征抽取过程将输入模式从对象空间映射到特征空间。

这时，模式可用特征空间中的一个点或一个特征矢量表示。这种映射不仅压缩了信息量，而且易于分类。在决策理论方法中，特征抽取占有重要的地位，但尚无通用的理论指导，只能通过分析具体识别对象决定选取何种特征。

特征抽取后可进行分类，即从特征空间再映射到决策空间。为此而引入鉴别函数，由特征矢量计算出相应于各类别的鉴别函数值，通过鉴别函数值的比较实行分类。

(2) 句法方法

又称结构方法或语言学方法。其基本思想是把一个模式描述为较简单的子模式的组合，子模式又可描述为更简单的子模式的组合，最终得到一个树形的结构描述，在底层的最简单的子模式称为模式基元。

在句法方法中选取基元的问题相当于在决策理论方法中选取特征的问题。通常要求所选的基元能对模式提供一个紧凑的反映其结构关系的描述，又要易于用非句法方法加以抽取。显然，基元本身不应该含有重要的结构信息。模式以一组基元和它们的组合关系来描述，称为模式描述语句，这相当于在语言中，句子和短语用词组合，词用字符组合一样。基元组合成模式的规则，由所谓语法来指定。一旦基元被鉴别，识别过程可通过句法分析进行，即分析给定的模式语句是否符合指定的语法，满足某类语法的即被分入该类。

模式识别方法的选择取决于问题的性质。如果被识别的对象极为复杂，而且包含丰富的结构信息，一般采用句法方法；被识别对象不很复杂或不含明显的结构信息，一般采用决策理论方法。这两种方法不能截然分开，在句法方法中，基元本身就是用决策理论方法抽取的。在应用中，将这两种方法结合起来分别施加于不同的层次，常能收到较好的效果。

(3) 统计模式识别

统计模式识别的主要方法有：判别函数法，k 近邻分类法，非线性映射法，特征分析法，主因子分析法等。

在统计模式识别中，贝叶斯决策规则从理论上解决了最优分类器的设计问题，但其实施却必须首先解决更困难的概率密度估计问题。BP 神经网络直接从观测数据（训练样本）学习，是更简便有效的方法，因而得到了广泛的应用，但它是一种启发式技术，缺乏指定工程实践的坚实理论基础。统计推断理论研究所取得的突破

性成果导致现代统计学习理论——VC 理论的建立，该理论不仅在严格的数学基础上圆满地回答了人工神经网络中出现的理论问题，而且导出了一种新的学习方法——支撑向量机。

2. 模式识别的应用

模式识别可用于文字和语音识别、遥感和医学诊断等方面。

(1) 文字识别

汉字已有数千年的历史，也是世界上使用人数最多的文字之一，对于中华民族灿烂文化的形成和发展有着不可磨灭的功勋。所以在信息技术及计算机技术日益普及的今天，如何将文字方便、快速地输入到计算机中已成为影响人机接口效率的一个重要"瓶颈"，也关系到计算机能否真正在我国得到普及的应用。

目前，汉字输入主要分为人工键盘输入和机器自动识别输入两种。其中人工键入速度慢而且劳动强度大；自动输入又分为汉字识别输入及语音识别输入。从识别技术的难度来说，手写体识别的难度高于印刷体识别，而在手写体识别中，脱机手写体的难度又远远超过了连机手写体识别。到目前为止，除了脱机手写体数字的识别已有实际应用外，汉字等文字的脱机手写体识别还处在实验室阶段。

(2) 语音识别

语音识别技术所涉及的领域包括：信号处理、模式识别、概率论和信息论、发声机理和听觉机理、人工智能等等。近年来，在生物识别技术领域中，声纹识别技术以其独特的方便性、经济性和准确性等优势受到世人瞩目，并日益成为人们日常生活和工作中重要且普及的安全验证方式。而且利用基因算法训练连续隐马尔柯夫模型的语音识别方法现已成为语音识别的主流技术，该方法在语音识别时识别速度较快，也有较高的识别率。

(3) 车牌识别

在交通管理方面，自动车牌识别有重要价值和用途。对违章车辆或被监控车辆拍照，然后对得到的数码照片进行处理，自动提取文字区域，然后与模版库中模版进行比对，识别出文字，当然还有其它识别方法。

(4) 指纹识别

我们手掌及其手指、脚、脚趾内侧表面的皮肤凹凸不平产生的纹路会形成各种各样的图案。而这些皮肤的纹路在图案、断点和交叉点上各不相同，是唯一的。依靠这种唯一性，就可以将一个人同他的指纹对应起来，通过比较一个人的指纹和预先保存的指纹进行比较，便可以验证他的真实身份。指纹识别基本上可分成：预处理、特征选择和模式分类几个步骤。

(5) 遥感

遥感图像识别已广泛用于农作物估产、资源勘察、气象预报和军事侦察等。

(6) 医学诊断

在癌细胞检测、X 射线照片分析、血液化验、染色体分析、心电图诊断和脑电图诊断等方面，模式识别已取得了成效。

3. 模式识别的发展潜力

模式识别技术是人工智能的基础技术，21 世纪是智能化、信息化、计算化、网络化的世纪，在这个以数字计算为特征的世纪里，作为人工智能技术基础学科的模式识别技术，必将获得巨大的发展空间。在国际上，各大权威研究机构，各大公司都纷纷开始将模式识别技术作为公司的战略研发重点加以重视。

模式识别领域拥有多种成熟的技术，并且具有大量成功的应用，是智能化领域的主流技术。模式识别技术在智能化物联网建设中同样会发挥重要作用。

四　数字图像处理

在传感网获取的大量数据中，视频和图像数据占有较大比重，是重要的信息来源。要从视频或图像数据中提取有用信息，就要依靠图像处理技术，准确地说是数字图像处理技术。数字图像处理技术在模式识别中有重要应用，但不仅限于此，它是一个针对数字图像的、具有多种理论支持的、专门化、系统化的技术体系。

数字图像处理是通过计算机对图像进行去除噪声、增强、复原、分割、提取特征等处理的方法和技术。各个应用领域对数字图像处理提出越来越高的要求，促进了这门学科向更高级的方向发展。特别是在景物理解和计算机视觉（即机器视觉）方面，图像处理已由二维处理发展到三维理解或解释。

1. 数字图像处理的目标

一般来讲，对图像进行处理的主要目的有三个方面：

(1) 提高图像的视感质量，如进行图像的亮度、彩色变换，增强、抑制某些成

分，对图像进行几何变换等，以改善图像的质量。

（2）提取图像中所包含的某些特征或特殊信息，这些被提取的特征或信息往往为计算机分析图像提供便利。提取特征或信息的过程是模式识别或计算机视觉的预处理。提取的特征可以包括很多方面，如频域特征、灰度或颜色特征、边界特征、区域特征、纹理特征、形状特征、拓扑特征和关系结构等。

（3）图像数据的变换、编码和压缩，以便于图像的存储和传输。

2. 数字图像处理的内容

数字图像处理的内容主要有：

（1）图像获取和图像表现阶段主要是把模拟图像信号转化为计算机所能接受的数字形式，以及把数字图像用所需要的形式显示出来。

（2）图像复原当造成图像退化的原因已知时，复原技术可用来进行图像的校正。复原技术是基于模型和数据的图像恢复，其目的是消除退化的影响，从而产生一个等价于理想成像系统所获得的图像。

（3）图像增强当无法知道与图像退化有关的定量信息时，可以使用图像增强技术较为主观地改善图像的质量。

（4）图像分析对图像中的不同对象进行分割、特征提取和表示，从而有利于计算机对图像进行分类、识别、理解或解释。

（5）图像重建由图像的多个一维投影重建该图像，可看成是特殊的图像复原技术。

（6）图像编码和压缩，对图像进行编码的主要目的是为了压缩数据，便于存储和传输。当前的一些编码方法对图像分析和图像加密也有越来越多的应用。

3. 数字图像处理的理论工具

数字图像处理的工具可分为三大类：第一类包括各种正交变换和图像滤波等方法，其共同点是将图像变换到其它域（如频域）中进行处理（如滤波）后，再变换到原来的空间（域）中；第二类方法是直接在空间域中处理图像，它包括各种统计方法、微分方法及其它数学方法；第三类是数学形态学运算，它不同于常用的频域和空域的方法，是建立在积分几何和随机集合论的基础上的运算。

4. 数字图像处理的应用领域

数字图像处理主要应用于下面一些领域：

（1）通信包括图像传输、电视电话、电视会议。

（2）宇宙探测随着太空技术的发展，需要用数字图像处理技术处理大量的星体照片。

（3）遥感分航空遥感和航天遥感。遥感图像需要用图像处理技术加工处理并提取有用的信息。可用于地质、矿藏勘探和森林、水利、海洋、农业等资源的调查；自然灾害预测预报；环境污染监测；气象卫星云图处理以及用于军事目的的地面目标识别。

（4）生物医学领域中的应用 X 射线、超声、显微图像分析、计算机断层摄影（即 CT）分析和重建等。

（5）工业生产中的应用主要有产品质量检测、生产过程的自动控制、计算机辅助设计与制造等。

（6）军事、公安、档案等其它方面的应用，军事目标的侦察、制导和警戒系统，自动火器的控制及反伪装；公安部门的现场照片；指纹、手迹、印章、人像等的进一步处理和辨识；历史文字和图片档案的修复和管理；以及其它方面图像信息的显示、记录、处理和文字自动识别等。

（7）机器人视觉作为智能机器人的重要感觉器官，进行三维景物的理解和识别。主要用于军事侦察、危险环境作业、装配工作识别和定位以及邮政、家政服务等。

（8）视频和多媒体系统，目前，电视制作系统广泛使用图像处理、变形、合成技术。多媒体系统离不开静止图像和动态图像的采集、压缩、处理、存储和传输。

（9）科学计算可视化数字图像处理和计算机图形学紧密结合，形成了科学计算的新型研究工具。

第十四章 | **技术应用**

物联网通过感知前端采集到数据，然后通过数据传输、数据集中处理，最后到达数据的应用阶段。物联网的技术应用同样是一个复杂的系统工程，涉及许多高端软件系统的设计理念和前沿技术，比如云计算概念、中间件技术等。

●● 第一节 云计算

一 什么是云计算①

云计算作为一个新的网络计算理念，目前还没有一个严格统一的定义。一般讲，云计算四个方面的主要特点：云上的海量数据存储，无数的软件和服务置于云中，它们均构筑于各种标准和协议之上，可以通过各种设备来获得。

"云计算"是在"网格计算"概念提出将近 10 年后又一个类似的新概念。所谓"云计算"是指通过网上的数据中心，实现 PC 上的各种应用与服务。跨国信息技术行业的公司如 IBM、Yahoo 和 Google 等正在使用云计算的概念兜售自己的产品和服务，可以高效处理数据外包业务，并使之成为像电一样轻松购买的商品。

"云计算"是分布式处理、并行处理和网格计算的发展，是这些计算机科学概念的商业实现，其核心部分依然是数据中心。它使用的硬件设备主要是成千上万的工业标准服务器，企业和个人用户通过高速互联网得到计算能力，从而避免了大量的硬件投资。

二 云计算的原理

云计算的基本原理是，通过使计算分布在大量的分布式计算机上，而非本地计算机或远程服务器中，企业数据中心的运行将更与互联网相似。这使得企业能够将资源切换到需要的应用上，根据需求访问计算机和存储系统。云计算描述了一种可以通过互联网进行访问的可扩展的应用程序。云计算使用大规模的数据中心以及功能强劲的服务器来运行网络应用程序与网络服务。任何一个用户通过合适的互联网接入设备以及一个标准的浏览器都能够访问一个云计算应用程序。

三　云计算的发展方向

以用户为中心，数据存在于云海之中，并且伴随着你和你的设备。你可以在任何时间、任何地点以某种便捷的方式安全地获得它或与他人分享。以任务为中心：人们可以方便地与合作者共同规划并执行各项任务，并随时随地进行有效的交流和沟通。强大的功能：置于云海中由成千上万的计算机群提供的强大计算能力、存储能力等将能够为你完成传统上单台计算机根本无法完成的事情。智能化：基于海量数据的数据挖掘技术来获得大量的新知识。作为一个典型的示例，基于这种新技术的语言翻译将更加强大。我们在互联网络上可以看到这样一种模式：海量的数据 + 海量的分析 = 知识。基础设施的可行性：如今上千台的 PC 级服务器集群可以获得极高的性能。

四　云计算厂商的不同理念[12]

主流厂商的云计算理念不一样，对云计算的理解不尽相同。

Google 的云计算是以公开的标准和服务为基础，以互联网为中心，提供安全、快速、便捷的数据存储和网络计算服务，让互联网成为每一个网民的数据中心和计算中心。也就是说，在 Google 理念的云计算模式中，用户所需的应用程序并不是运行在用户的个人电脑、手机等终端设备上，而是运行在互联网上的大规模服务器集群中。用户所处理的数据也不是存储在本地，而是存储在互联网上的数据中心里。提供云计算服务的企业负责管理和维护这些数据中心的正常运转，确保有足够强的计算能力和足够大的存储空间可供用户使用。用户在任何时间、任何地点，用任何可以连接至互联网的终端设备均可以访问这些服务。Google 显然是云计算的先

行者，其所提供的网络搜索功能本身，就是一种典型的云计算。

IBM 的云计算将网格计算和虚拟化技术融合，利用网格分布式计算处理的能力，将资源构筑成一个资源池。使用服务器虚拟化、存储虚拟化技术，用户就可以实时地监控和调配资源。虽然通过快速提供运行网格应用的物理和虚拟服务器，云计算环境也可支持网格计算，但两者还是有区别的。网格计算将一个大型任务分解为多个小任务，以并行方式运行在不同的服务器上，一般使用数千台计算机。而云计算也支持非网格环境，比如标准的三层 Web 架构或 Web2.0 应用。此外，云计算不仅仅是计算机资源的简单汇集，也提供了管理这些资源的机制。显然，云计算是由网格计算脱胎而来，但前者更注重商业化，更注重企业级的安全因素。

Microsoft 的云计算是指各种各样的应用分布在全球的数据中心中，这些应用可以根据需要，动态地分配到客户端。这与 Google 强调几乎所有软件都可以搬到网上、以服务取代软件的理念不同，Microsoft 提出了"云端计算"，即云端和终端都会具备很强的计算能力。对于企业来说，往往拥有成百上千的应用程序，但并非所有应用程序都适合远程使用，因此 Microsoft 微软强调云端和终端的均衡。

五　云计算与物联网

云计算是一种以数据为中心的、新型的、数据密集型的超级计算方式。不论云计算的定义如何，所反映的云计算的特点是共同的：

1. 云计算系统提供的是服务。服务的实现机制对用户透明，用户无需了解云计算的具体机制，就可以获得需要的服务。

2. 用冗余方式提供可靠性。云计算系统由大量商用计算机组成集群向用户提供数据处理服务。随着计算机数量的增加，系统出现错误的概率大大增加。在没有专用的硬件可靠性部件的支持下，采用软件的方式，即数据冗余和分布式存储来保证数据的可靠性。

3. 高可用性。通过集成海量存储和高性能的计算能力，云能提供较高的服务质量。云计算系统可以自动检测失效节点，并将失效节点排除，不影响系统的正常运行。

4. 高层次的编程模型。云计算系统提供高层次的编程模型。用户通过简单学习，就可以编写自己的云计算程序，在"云"系统上执行，满足自己的需求。

这些特点迎合了物联网的高端服务设计需求，物联网通过互联网远程传输和汇聚海量数据，这些数据的分类获取、处理分析等适合采用云计算机制进行，实现资源的整合利用，提高网络的整体运行效率。

●● 第二节　中间件

一　中间件介绍

中间件是一种独立的系统软件或服务程序，分布式应用软件借助这种软件在不同的技术之间共享资源。中间件位于客户机／服务器的操作系统之上，管理计算机资源和网络通讯。是连接两个独立应用程序或独立系统的软件。相连接的系统，即使它们具有不同的接口，但通过中间件相互之间仍能交换信息。执行中间件的一个关键途径是信息传递。通过中间件，应用程序可以工作于多平台或 OS 环境。

中间件一般具有以下特点：

1. 运行于多种硬件和 OS 平台；

2. 支持分布式计算，提供跨网络、硬件和 OS 平台的透明性的应用或服务的交互功能；

3. 支持标准的协议；

4. 支持标准的接口。

总之，中间件的作用就是屏蔽下层（软件或硬件）差异，封装共性技术和功能，为上层提供统一的服务，方便系统的开发、部署和维护。对于物联网的应用需求，大致需要两类中间件来支撑：系统集成中间件和应用服务中间件。

二　系统集成中间件

系统集成中间件的目标是实现跨平台、跨组织机构，并且能够承载多类业务的协同应用。系统集成中间件通过提供业务流程的整合工具，满足分布、开放、动

态、异构系统的业务整合需求；通过消息服务，对异构、多来源的信息提供大规模高效的交换整合服务；在适配器方面实现对主流框架，主流标准的支持；通过集成服务，转换不同格式的数据，对异构的应用系统和数据进行集成。

具体讲，物联网系统集成中间件要承担的任务有：不同设备接口、不同通讯协议（包括有线通讯、无线通讯）、数据交换标准和接口、服务访问接口和标准等。

物联网集成中间件处于物联网的集成服务器端和感知层、传输层的嵌入式设备中。服务器端中间件也称为物联网业务基础中间件，可以基于传统的中间件（或应用服务器）构建，加入设备连接和图形化组态展示等模块。嵌入式中间件是一些支持不同通信协议的模块和运行环境。

系统集成中间件的特点是固化了很多通用功能，在具体应用中以二次开发的形式来实现个性化的行业业务需求。因此物联网中间件需要提供快速开发工具，或者二次开发的编程接口（API），实现标准化的应用服务开发平台，为上层应用服务系统的开发提供通用性的、统一的、简化的功能接口，实现应用服务系统的快速、高效开发和部署。

三　应用服务中间件

物联网的应用服务中间件建立在系统集成中间件之上，实现提供应用服务的共性功能和面向不同应用领域的特性功能。在共性功能方面，最核心的是实时数据流管理，其它共性功能还可以包括消息管理、实时数据呈现等。

在面向应用的特性功能方面，物联网的应用服务中间件可以提供面向各类行业和应用领域的专用服务，如为面向家庭应用、面向交通管理、面向智能安防、面向智能电网等应用领域提供更高层次的行业专用功能，进一步提高高端应用的开发效率和维护的便利性。

●● 第三节　感知终端

物联网的感知前端负责实时的收集数据，将数据通过网络上传到数据处理中心，数据处理中心将对数据处理产生的信息或者决策提供给用户或者联动装置。当信息或者决策需要提供给用户时就是通过感知终端设备，也就是能够将信息呈现给用户的设备，典型的如个人电脑、PDA、手机等，这里对这些终端设备作一简要介绍。

一　个人电脑

传统的网络终端往往是个人电脑或称 PC 机，这是大家最熟知的信息获取设备。个人电脑作为终端的优势很明显，它可以呈现丰富的信息内容，而且呈现的数据量大，处理速度较其它终端设备更快，而且操作方便，而且通用性强。个人电脑作为终端的劣势也很明显，体积较大，携带不方便，在一些场合下或者特殊情形下不再适合，比如在日常生活中当需要随时获取信息时，随时携带个人电脑就有诸多不便。

二　3G 手机

3G 手机通俗地说就是指第三代手机。随着科技和经济的发展，手机现在已经成为非常普及的日常用品，从第一代模拟制式手机到第二代的 GSM、CDMA 等数字手机，再到现在的第三代手机，手机已经成了集语音通信和多媒体通信相结合，并且包括图像、音乐、网页浏览、电话会议以及其它一些信息服务等增值服务的新一代移动通信系统。和 GSM、CDMA 一样，3G 是另一种网络制式，与前两种最大的区别就是 3G 网络有更高的数据传输速率，可以达到 300k/s 左右，这样 3G 手机就有了很多实用的功能，如：视频对话、网络电视、下载音乐、游戏、无线上网等。

3G 手机可能应用的技术标准有 WCDMA、CDMA-2000、TD-SCDMA 等等。3G手机完全是通信业和计算机工业相融合的产物，因此越来越多的人开始称呼这类新的移动通信产品为"个人通信终端"。可从外形上轻易地判断出一部手机是否是"第三代"：大多数的 3G 手机都有一个超大的、往往还是触摸式的彩色显示屏。因此 3G 手机可以被视为对 PC 机的处理显示能力和携带方便性进行折中的产物。

具备强大功能的基础是 3G 手机极高的数据传输速度，目前的 GSM 移动通信网的传输速度为每秒 9.6K 字节，而第三代手机最终可能达到的数据传输速度将高达每秒 2 兆字节。而为此做支撑的是互联网技术充分融入到 3G 手机系统中，其中最重要的就是数据打包技术。在现有 GSM 上应用数据打包技术发展出的 GPRS 目

前已可达到每秒 384K 字节的传输速度，这相当于 D – ISDN 传输速度的两倍。3G 手机支持高质量的话音、分组数据、多媒体业务和多用户速率通讯，将大大扩展手机通讯的内涵。可见，3G 手机可以作为物联网用户的理想终端。

三　PDA

另一种便携的网络访问终端是 PDA（Personal Digital Assistant），即个人数字助理，一般是指掌上电脑。相对于传统电脑，PDA 的优点是轻便、小巧、可移动性强，同时又不失功能的强大，缺点是屏幕小，且电池续航能力有限。PDA 通常采用手写笔作为输入设备，而存储卡作为外部存储介质。在无线传输方面，大多数 PDA 具有红外和蓝牙接口，以保证无线传输的便利性。许多 PDA 还具备 Wi–Fi 连接以及 GPS 全球卫星定位系统。

PDA 没有电话功能，要想有电话功能，需要在 PDA 的扩展插口里插上手机卡。现在的手机结合了掌上电脑的功能，称为 PDA 手机，我们统称为智能手机。

无线传输也将是未来的取向，也就是无论使用者身在何处，只需结合无线通讯与无联机网的技术，PDA 就可以毫无顾虑地运作。另外，PDA 将发展成将存储容量与系统的处理过程全部交给远端服务器，这也说明了未来 PDA 体积将会变得更小，因为少了一些硬件设备，同时，远端服务器的存取运作方式，即使 PDA 遗失了，也不会造成自己资料的损失。

PDA（个人数字助理）无论现在或未来，都将为人类带来无比的便利，未来多媒体数位时代的来临，IA（Information Appliance，信息家电）、宽频、3G 时代无联机网、无线传输等有线、无线技术，使科技与生活将再也分不开。

第十五章 | **物联网的安全问题**

　　轻触一下电脑或者手机的按键，千里之外你想了解的某件物品的状况、某个人的活动情况一目了然。如此智能的场景，已不仅是好莱坞科幻大片中才有的情形了，21 世纪的今天，随着物联网的逐渐应用，你、我将和我们身边无数物品一起，通过 RFID、红外感应器、全球定位系统、激光扫描器等信息传感设备，与物联网连接起来，进行信息交换和通讯，以实现智能化识别、定位、跟踪、监控和管理。

　　然而，当小到个人的心跳脉搏，大到国家电网数据都接入到看似无边界的物联网时，人们都会问一句："安全吗？"的确，物联网要发展，安全问题不能回避。物联网具有与互联网相似的特征，并能主动发射信号，如果它被未经授权地读取和使用，就会产生我们所担心的"安全、可靠、隐私"问题。物联网还能进行智能的主动反应，安全问题由此产生。⑬

●● 第一节　物联网技术层面的安全问题

　　由于物联网是由大量的电子设备和相关装置构成，缺少人对设备的有效监控，并且数量庞大、设备集群，因此主要有以下几个方面特殊的安全问题。⑭

　　1.物联网设备 / 感知节点的本地安全问题

　　由于物联网的应用可以取代人来完成一些复杂、危险和机械的工作。所以物联网设备 / 感知节点多数部署在无人监控的场景中。那么攻击者就可以轻易地接触到这些设备，从而对他们造成破坏，甚至通过本地操作更换机器的软硬件。

　　2.感知网络的传输与信息安全问题

　　感知节点通常情况下功能简单（如自动温度计）、携带能量少（使用电池），使得它们无法拥有复杂的安全保护能力，而感知网络多种多样，从温度测量到水文监

控，从道路导航到自动控制，它们的数据传输和消息也没有特定的标准，所以没法提供统一的安全保护体系。

3. 核心网络的传输与信息安全问题

核心网络具有相对完整的安全保护能力，但是由于物联网中节点数量庞大，且以集群方式存在，因此会导致在数据传播时，由于大量机器的数据发送使网络拥塞，产生拒绝服务攻击。此外，现有通信网络的安全架构都是从人通信的角度设计的，并不完全适用于设备之间的自主通信，使用现有安全机制会割裂物联网设备间的逻辑关系。

4. 物联网业务的安全问题

由于物联网设备可能是先部署后连接网络，而物联网节点又无人看守，所以如何对物联网设备进行远程操控和业务信息配置就成了难题。另外，庞大且多样化的物联网平台必然需要一个强大而统一的安全管理平台，否则独立的平台会被各式各样的物联网应用所淹没，但如此一来，如何对物联网机器的日志等安全信息进行管理成为新的问题，并且可能割裂网络与业务平台之间的信任关系，导致新一轮安全问题的产生。

●● 第二节　RFID 的安全

RFID 目前广泛应用于企业的供应链中，不过因为信息安全问题的存在，RFID 应用尚未普及到较重要的关键任务中。像 RFID 这种应用面很广的技术，具有巨大的潜在破坏能力，如果不能很好地解决 RFID 系统的安全问题，随着应用扩展，未来遍布全球各地的 RFID 系统安全可能会像现在的网络安全难题一样考验人们的智慧。

一　RFID 系统安全风险分析

1. RFID 系统的安全脆弱性

RFID 技术存在的安全漏洞的原因致使 RFID 主要存在三大隐患：

（1）标签：

标签的成本及其标准化在一定程度上决定了它的安全性，再加上它是移动的，接触的人很多，RFID 标签容易被非法用户所操控。非法用户利用特定程序，只需把一个廉价的插入式标签识别器连接到电脑上，就可以破坏 RFID 标签上的信息、更改贴有 RFID 标签的数据等；

（2）无线通讯：

由于无线信道是开放的，RFID 数据很容易受到攻击，因为 RFID 芯片本身以及芯片在读或写数据的过程中很容易被黑客利用，且无线信号容易被恶意屏蔽和干扰；

（3）网络：

RFID 系统依托的网络如在配送中心、仓库和商店中的网络的安全性同样很脆弱，为窃听数据提供了机会。

2. RFID 系统面临的攻击手段

RFID 系统可能受到的攻击主要有物理攻击、伪造攻击、假冒攻击、复制攻击、重放攻击和病毒攻击等。

（1）物理攻击：破坏识别器等 RFID 设备或进行电磁干扰。

（2）伪造攻击：伪造电子标签以产生系统认可的"合法用户标签"，干扰系统正常工作、窃听或篡改相关信息。

（3）假冒攻击：利用合法用户的丢失标签假冒合法用户使用来攻击系统。

（4）复制攻击：通过复制他人电子标签信息，来达到代替其他标签获取各种好处的目的。

（5）重放攻击：重放设备能够截取和重放 RFID 指令，以达到干扰 RFID 应用的目的。

（6）病毒攻击：通过攻击射频通信网络，不仅能够窃取信息和非法访问网络，而且还能阻止网络的正常工作。最近研究表明，RFID 标签也可能感染病毒。

二　RFID 系统的安全防护技术

针对 RFID 系统安全脆弱性和面临的攻击手段，人们提出了物理方法、读取接入控制、标签认证、标签加密四类防护手段，下面分别做介绍。

1. 物理方法

（1）破坏标签。标签从识别器收到"kill"命令，抹去标签唯一的序列号，只保留产品代码信息完整，或者在校验时完全破坏标签。这在保护用户隐私方面是十分有用的。但是，要确定被破坏标签确实执行了破坏命令十分困难，并且标签被跟踪还是很可能发生。另外，被破坏的标签将不能再被激活，这将会妨碍合法的应用。

（2）休眠标签。休眠标签与破坏标签相似，但是休眠标签可以通过"wake up"命令激活后再次使用。问题在于什么样的识别器可以激活标签，使得标签的管理十分困难。

（3）屏蔽标签。将标签装入屏蔽袋之后，标签同时丧失了射频特征。但是在不需要阅读和通信的时候，这也是一个主要的保护手段，特别是包含有金融价值和敏感数据的标签（高端标签，如智能卡）的场合可以在需要通信的时候解除屏蔽。

（4）有源干扰。对射频信号进行有源干扰（active—jamming）是另一种保护射频标签免受监测的物理手段。消费者可以随身携带一种能主动发出无线电信号的设备用以阻碍或干扰附近 RFID 系统识别器的正常工作。但是这种有源干扰的方法可能是违法的(至少是在发射能量太高的情况下)，而且它可能会给附近的 RFID 系统带来严重的破坏。

（5）堵塞标签。该方法依赖于标签可更改隐私位的功能。隐私位为"0"代表标签对公共浏览没有限制，隐私位为"1"代表该标签是"私有的"。堵塞标签是一种特殊的 RFID 标签，能够阻止标签私有区域的不必要的浏览，但是它也会妨碍标签的延伸应用。

2. 读取接入控制

带有读取接入控制的标签将只对已认证标签进行响应。也就是说，标签在某个读写器未受到自己认证之前，不会把信息泄露出去。

（1）Hash 锁协议

Hash 锁是一种更完善的抵制标签未授权访问的安全隐私技术。整个方案只需要采用 Hash 函数，因此成本很低。方案原理是识别器存储每个标签的访问密钥 K，对应标签存储的元身份（MetaID），其中 MetaID=Hash（K）。标签接收到识别器访问请求后发送 MetaID 作为响应，识别器通过查询获得与标签 MetaID 对应的密钥 K 并发送给标签，标签通过 Hash 函数计算识别器发送的密钥 K，检查 Hash（K）是否与 MetaID 相同，相同则解锁，发送标签真实 ID 给识别器。

(2) 随机化 Hash 锁协议

作为 Hash 锁的扩展，随机 Hash 锁解决了标签位置隐私问题。采用随机 Hash 锁方案，识别器每次访问标签的输出信息都不同。随机 Hash 锁原理是标签包含 Hash 函数和随机数发生器。后台服务器数据库存储所有标签 ID。识别器请求访问标签，标签接收到访问请求后，由 Hash 函数计算标签 ID 与随机数 r（由随机数发生器生成）的 Hash 值。标签发送数据给请求的阅读器，同时识别器发送给后台服务器数据库，后台服务器数据库穷举搜索所有标签 ID 和 r 的 Hash 值，判断是否为对应标签 ID，标签接收到识别器发送的 ID 后解锁。

尽管 Hash 函数可以在低成本的情况下完成，但要集成随机数发生器到计算能力有限的低成本被动标签，却是很困难的。其次，随机 Hash 锁仅解决了标签位置隐私问题，一旦标签的秘密信息被截获，隐私侵犯者将获得访问控制权，通过信息回溯得到标签历史记录，推断标签持有者隐私。再次，后台服务器数据库的解码操作是通过穷举搜索，需要对所有的标签进行穷举搜索和 Hash 函数计算，因此存在拒绝服务攻击。

(3) Hash 链协议

方案原理是标签最初在存储器设置一个随机的初始化标识符 S1，同时这个标识符也储存在后台数据库。标签包含两个 Hash 函数 G 和 H 当识别器请求访问标签时，标签返回当前标签标识符 rk=G（Sk）给识别器，同时当标签从识别器电磁场获得能量时自动更新标识符 Sk+1=H（Sk）。

Hash 链与之前的 Hash 方案相比主要优点是提供了前向安全性。然而，它并不能阻止重放攻击。并且该方案每次识别时需要进行穷举搜索，比较后台数据库每个标签，一旦标签规模扩大，后端服务器的计算负担将急剧增大。因此 Hash 链方案存在着所有标签自更新标识符方案的通用缺点。难以大规模扩展，同时，因为需要穷举搜索，所以存在拒绝服务攻击。

(4) 基于 Hash 的 ID 变化协议。

基于 Hash 的 ID 变化协议采用每一次回话中的 ID 交换信息都不相同，该协议可以抗重传攻击，因为系统使用了一个随机数 R 对标签标识不断进行动态刷新，同时还对 TID（最后一次回话号）和 IST（最后一次成功的回话号）信息进行更新。但是，该协议不适合于使用分布式数据库的普通计算环境，同时存在数据库同步的

潜在安全隐患。

3. 标签认证

（1）三次互认证协议。

三次互认证协议是 RFID 系统认证的一般模式。该互认证过程中，属于同一应用的所有标签和读写器共享同一加密密钥。由于同一应用的所有标签都使用唯一的加密密钥，所以三次互认证协议具有安全隐患。

（2）Yoking-proof 协议。

由于 RFID 标签是一种便宜的小器件，它们之间不能通信。"Yoking—proof"的安全协议可以通过将读写器作为通信媒介使两个标签相互通信。在该协议中，由于标签通过使用随机数来计算 MAC，所以攻击者可以通过保留先前的随机数来进行重放攻击。

（3）分布式询问——应答协议。

这是一种适用于分布式数据库环境的 RFID 认证协议，它是典型的询问——应答型双向认证协议。到目前为止，还没有发现该协议有明显的安全漏洞或缺陷。但是，在本方案中，执行一次认证协议需要标签进行两次 Hash 运算。标签电路中需要集成随机数发生器和 Hash 函数模块，因此它也不适合于低成本 RFID 系统。

（4）LCAP 协议。

该协议也是询问一应答协议，但是与前面的同类其它协议不同，它每次执行之后都要动态刷新标签的 ID。与基于 Hash 的 ID 变化协议的情况类似，LCAP 协议也不适合于使用分布式数据库的普通计算环境,同时也存在数据库同步的潜在安全隐患。

（5）数字图书馆 RFID 协议。

数字图书馆 RFID 协议，其使用基于预共享密钥的伪随机函数来实现认证。到目前为止，还没有发现该协议具有明显的安全漏洞。但是，为了支持该协议，必须在标签电路中包含实现随机数生成以及安全伪随机函数两大功能模块，因而该协议不适用于低成本 RFID 系统。

4. 标签加密

RFID 标签的计算资源和存储资源都很有限，因此极少有人设计使用公钥密码体制的 RFID 安全机制。到目前为止，公开发表的基于公钥密码机制的 RFID 安全方案只有两个： （1）Juels 等人的方案基于一般的安全公钥加密／签名方案，同时给了一种基于椭圆曲线体制的实现方案。完成再次加密的实体知道被加密消息的所有知识；（2）而 Golle 等人的方案则采用了基于 E1Gamal 体制的通用再加密（Universal Re—ecuplion）技术这种方案中，完成对消息的再次加密无需知道关于初始加密该消息所使用的公钥的任何知识。

三　RFID 安全解决方案[15]

以下重点讲述四个关于 RFID 信息安全方面的解决方案。

1. RSA "软阻塞器" 安全方案

虽然许多公司刚刚开始考虑 RFID 安全问题，但隐私权倡导者和立法者已经关注标签的隐私问题有一段日子了。在德国麦德龙集团设在莱茵贝格的"未来商店"中，贴在货物上的 RFID 标签一旦离开商店就失去功效，商店在出口处为顾客安装了一台"消码器"，可以将芯片上的产品数字代码全部清为零。RSA 安全公司展示了 RSA "阻塞器标签（Blocker Tag）"，这种内置在购物袋中的专门设计的 RFID 标签能发动 DoS 攻击，防止 RFID 阅读器读取袋中所购货物上的标签。但缺点是，Blocker Tag 给扒手提供了干扰商店安全的办法。所以，该公司改变了方法。一个方法是使用"软阻塞器"，它强化了消费者隐私保护，但只在物品确实被购买后执行。消费者在销售点刷一下与个人隐私数据相关的"忠诚卡"，购物后，销售点会更新隐私信息，并提示某些阅读器如供应链阅读器不要读取该信息。业内人士表示，"软阻塞器"会是一个不错的选择，EPCglobal 第二代标准会具有这项功能。

2. MIKOH 安全方案

许多大企业和商家也开始注意到这个问题的严重性并采取了相应的措施。MIKOH 公司的智能安全防篡改标志技术（Smart&Secure tamper-indicating）的 RFID 芯片、封印和标签，确保标签的安全性和所获数据的完整性，提供了目前最先进的技术解决了标签物理损害的问题。当 RFID 标签的原始配置受到干扰时，Smart&Secure 技术会使标签无效，这样就可以防止伪造、替换品、偷窃及其他形式的欺诈造成的安全问题和商业损失。在一些 RFID 应用中，如对药品贴上标签、集装箱安全性应用、重要文件的防伪应用、安全设备的监控等，标签的完整性是非常关键，所以这些应用将得益于 RFID 标签的篡改侦测技术（Tamper-detection）。

"传统的 RFID 标签不仅仅只局限在一个物品,它可以从一个物品移到另一个物品上进行应用,""在系统没有觉察的情况下,贴在重要物品的标签可以很容易被去掉,这样就不能达到自动追踪物品的本意了。"已获专利的 Smart&Secure 技术可以兼容现存所有的 RFID 频段、芯片种类和压力敏感性标签设计。

3. Columbitech 安全方案

在公开的无线环境传递敏感信息需要有安全保证,即决不允许外人获取信息,或者进入合作网络,同时又要保证终端用户使用方便。Columbitech 的 WVPN 可以为用户提供可靠、方便、无障碍、单信号的通信环境。它可以防止第三方窃听或者破坏由 RFID 器件传递的数据。安全性和保密性可以随着应用的推广进一步提高,公司的无线 VPN 采用最新的标准和算法,保证 RFID 器件、合作网络、RFID 手持读取器传递的数据安全可靠。

为使用户建立低成本企业级 RFID 应用环境,这种解决方案可以让企业自己把无线通信装置设置在 RFID 读取器邻近。这样 Columbitech 的 WVPN 就可以为企业实现无线业务数据通信和移动数据通信。

4. EPCglobal UHF 第二代协议

EPCglobal 维护着电子产品代码(EPC)数据库,可以识别生产商、产品版本及序列号,提供用于数据交换的中间件规范,以及对象名称管理服务等。

研究表明,目前还没有一种安全、高效、实用的低成本 RFID 安全方案出现。如何设计一个安全、高效、实用的低成本 RFID 安全方案将成为一个挑战,同时也将是一个研究热点。随着可证明安全理论和分析技术的进一步完善,我们相信这个领域的研究会有所突破。

●● 第三节　无线传感网的安全

无线传感器网络(WSN,Wireless Sensor Networks)是一种由大量具有无线通信功能传感器构成的动态、分布式、自组织网络,它是物联网传感层次的关键技术之一。对于一个无线传感器网络,它所面临的安全问题主要包括三个方面:一是来自于无线通信过程中的信号干扰,攻击者可以采用频率干扰的方法来破坏传感器接收信号,破坏传感器和基站之间的联系;二是来自无线自组织网络自身的脆弱性,如无线自组织网络拓扑结构变化快引起的；三是来自传感器自身，如单个传感器能源和处理能力有限引起的能源攻击和剥夺睡眠攻击。⑯

一　WSN 各层面临的攻击手段

1. 物理层的攻击

（1）物理破坏

这种破坏是指攻击者可轻易捕获传感器，并直接从物理上将其破坏。但由于传感器造价低廉，且部署数目巨大（一般在成千上万个），WSN 还具有自组织和容错能力，因此，这样的破坏使 WSN 所受影响不大。

（2）阻塞（jamming）攻击

无线环境是一个开发的环境，所有无线设备共享这样一个开放的空间，所以若两个节点发射的信号在一个频段上，或者是频点很接近，就会因为彼此干扰而不能正常通信。攻击节点通过在 WSN 工作频段上不断发送无用的信号，可以使在攻击节点通信半径内的 WSN 节点都不能正常工作。这种攻击节点达到一定的密度时，整个无线网络将面临瘫痪。

阻塞攻击对单频点无线通信网络非常有效。攻击者只要获得或者检测到目标网络通信频率的中心频率，就可以通过在这个频点附近发射无线电波进行干扰。阻塞攻击是一种典型的 DOS 攻击。

2. 链路层的攻击

（1）冲突攻击

数据链路层为邻居节点提供可靠的通信通道，在 MAC 协议中，节点通过监测邻居节点是否发送数据来确定自身是否能访问通信信道。这种载波监听方式很容易遭到 DOS 攻击。在某些 MAC 层协议中使用载波监听的方法来与相邻节点协调使用信道，当发生信道冲突时，节点使用二进制值指数倒退算法来确定重新发送数据的时机，攻击者只需要连续发送一个字节数据，不断产生冲突就可以破坏整个数据包的发送。因为只要部分数据的冲突就会导致接收者对数据包的校验和不匹配，导致接收者发送数据冲突的应答控制信息 ACK，使发送节点根据二进制指数倒退算法重新选择发送时机。这样经过反复冲突，使节点不断倒退，就导致信道阻塞。所

以，载波冲突是一种有效的 DOS 攻击方法。

（2）耗尽攻击

耗尽攻击就是利用协议漏洞，通过持续通信的方式使节点能量资源耗尽。如利用链路层的错包重传机制，使节点不断重复发送上一包数据，最终耗尽节点资源。在 802.11 的 MAC 协议中使用 RTS、CTS 和 ACK 机制，如果恶意节点向某节点持续发送 RTS 数据包，该节点就会不断发送 CTS 回应，最终导致节点资源耗尽。

3. 网络层的攻击

在无线传感器网络中，大量的传感器节点密集地分布在一个区域里，消息可能需要经过若干节点才能到达目的地，而且由于传感器网络的动态性，因此没有固定的基础结构，所以每个节点都需要具有路由的功能。由于每个节点都是潜在的路由节点，因此更易于受到攻击。WSN 网络层常见的攻击手段有以下几种：

（1）虚假路由信息（Bogus Routing Information）攻击

攻击者通过欺骗、更改和重发路由信息创建路由环，吸引或者拒绝网络信息流通量，延长或者缩短路由路径，形成虚假的错误消息，分割网络，增加端到端的时延。

（2）选择性转发（Selective Forwarding）攻击

WSN 是多跳传输，每一个传感器既是终节点又是路由中继点，这要求传感器在收到报文时无条件转发（该节点为报文的目的时除外）。攻击者利用 WSN 这一特点，在俘获传感器后丢弃需要转发的报文。但如果完全丢弃所有报文，邻居传感器可通过多径路由收到该传感器丢弃的报文，识破该节点为攻击点。因此为了避免这种情况，攻击点采用选择转发的方式，只丢弃一部分应转发的报文，从而迷惑邻居传感器。当选择转发的攻击点处于报文转发的最优路径上时，这种攻击方式尤其奏效。

（3）陷洞（Sinkholes）攻击

攻击者通过一个危害节点吸引某一特定区域的通信流量，形成以危害节点为中心的"陷洞"，处于"陷洞"附近的攻击者就能相对容易的对数据进行篡改。某些路由协议的实现思想使得陷洞攻击十分容易。如在一些协议中节点需要通过端到端的确认获取各路径的可靠性等一系列指标，再决定下一跳路由。这样，攻击者就可以使用大功率设备和其他欺骗的手段，使自己成为网关节点一跳范围内的邻居，并且具有良好的链路性能，以洪泛的方式不断向外广播。攻击者附近的节点都倾向于将信息分组转发至危害节点，因为危害节点吸引了网络信息流量，所以在此基础上，可以很方便地实现其他攻击，如选择性转发信息。由于 WSN 特殊的通信方式——众多传感器节点共享一个目的网关节点，一个危害节点可以影响一个范围很广的区域，使得网络特别容易受到此种形式的攻击。

(4) 女巫（Sybil）攻击

WSN 中每一个传感器都应有唯一的一个标识与其他进行区分。当前具有容错功能的路由协议都是靠不同的节点分布式存储路由信息的，在不同节点之间实现从源节点到目的节点的多经路由。女巫攻击的特点是多重身份，攻击点伪装成具有多个身份标识 ID 的节点。当通过该节点的一条路由遭到破坏时，网络会选择另一条自认为完全不同的路由，由于该节点的多重身份，该路由实际上又通过了该攻击点。女巫攻击大大降低了多径选路的效果。

(5) 虫洞（Wormholes）攻击

最简单的虫洞攻击是将一个危害节点位于两个节点之间进行消息转发，使消息转移，并进行重送。实际的攻击往往是利用一对间隔较远的危害节点共同工作。位于网关附近的攻击者一旦建立一个位置很好的虫洞，则可能完全破坏整个 WSN 的路由。因为通过虫洞的方式可以在离网关较远的区域形成一个陷洞。这样，虫洞攻击有可能与选择性转发攻击相结合，而且如果与女巫攻击相结合，将很难被检测到，危害巨大。

(6) Hello 洪泛攻击

很多路由协议需要传感器节点定时地发送 Hello 包，以声明自己是其他节点的邻居节点，而收到该 Hello 报文的节点则会假定自身处于发送者正常无线传输范围内。而事实上，若该节点离危害节点距离较远，以普通的发射功率传输的数据包根本到不了目的地。攻击者可以用信号足够强的无线设备使网络中的几乎每个节点都将它当作邻居节点，其他节点往往会认为危害节点是一条高质量的路径而将信息发送给攻击者。网络受到这种攻击后得出的路由往往使该危害节点成为报文传输的瓶颈，一些较远的节点发送的分组丢失，造成整个网络的瘫痪。

二　WSN 安全防范对策

针对上述各种攻击手段，可采用如下的一些防范对策：

1. 物理层、链路层的攻击防御

针对阻塞攻击，有以下防范对策。要抵御单频点阻塞攻击，使用宽频或扩频的方法是比较有效的，在检测到所在空间遭受攻击以后，网络节点将通过统一的策略跳转到另外一个频率进行通信。但对于长时间全频持续阻塞攻击，转换通信模式是唯一能够采用的方法，光通信、红外通信等无线通信和有线通信都可备选。全频持续阻塞攻击虽然非常有效，但是实施起来较困难，所以还有一些积极的策略应对阻塞攻击。一是当攻击者使用能量有限的阻塞攻击时，WSN 可采用调整工作占空比的策略应对。二是当攻击者采用间歇式阻塞攻击时，WSN 可以用优先级策略，将高优先级数据在攻击间歇期及时转发。

针对冲突攻击，可以采用纠错编码和使用信道监听和重传机制。应对耗尽攻击的方法是限制网络发送速度和对同一数据包的重传次数进行限制。

2. 传统网络安全技术

（1）采用数据加密技术，抵御虚假路由信息攻击

加密是一种基本的安全机制，它把传感器节点之间的通信消息转换成密文，形成加密密钥，这些密文只有知道解加密密钥的人才能识别。由于传感器节点能量、计算能力、存储空间的限制，要尽量采用轻量级的加密算法。

使用一个公共密钥简单地对链路层加密，可以防止多数外部人员对传感器网络路由选择协议的攻击。由于节点不愿意接受入侵者的单个身份，女巫攻击不再相关；因而入侵者被阻止参加拓扑，使得多数选择性转发和污水池攻击不可能，链路层承认现实能被验证。

加密能使一些选择性转发攻击利用虫洞更困难，但是，对阻止"黑洞"选择性转发却无能为力。在内部人员出现的场合或在被损害的节点处，使用一个公共密钥是完全无效的。因此，需要提供更复杂的防御机制，以对抗虫洞和内部人员攻击。

（2）采用身份验证技术，抵御女巫攻击

女巫攻击使攻击者利用"叛变"节点身份加入网络，并且可使用全局共享密钥

将其伪装成任何节点（这些节点可能不存在）。因此，必须对节点身份进行验证。按照传统方法可以使用公共密钥加密来实现，但数字签名的产生和验证将超出传感器节点的能力范围。一种解决方法是使用可信任的基站使每个节点共享唯一的对称密钥，2 个节点使用像 Needham—schroeder 这样的协议相互验证身份，并建立一个共享密钥。为了防止内部攻击在固定网络周围漫游并与网络中的每一个节点建立共享密钥，基站可合理限制其相邻节点的数量，当数量超过时则发送错误消息告警并采用一定的防御措施。

3. 容侵策略和路由设计

无线传感器网络中的容侵路由协议（INSENSE，Intrusion Tolerant Routing in Wireless Sensor Networks）设计思想是在路由中加入容侵策略。INSENSE 的安全策略有 3 个：策略 i，一次通信路由初始化时，就建立多路径；策略 ii，由基站控制路由建立和刷新；策略 iii，基站提供单向认证。对要修改完善的路由协议，可以在总的路由初始化阶段加入策略 ii 和策略 iii，在某次通信路由建立阶段加入策略 i。

加入容侵策略后可以增强网络的健壮性，使网络具有一定的对抗攻击能力和自我修复能力。这样，即使网络遭受一定程度的攻击仍能正常工作，还能自动减少受到破坏的程度。

（1）用多路径路由选择方法，抵御选择性转发攻击

即使在对陷洞、虫洞和女巫攻击能完全抵御的协议里，如果被损害的节点在策略上与一个基站相似，它就有显著的可能性去发动一次选择性转发攻击。

多路径路由选择（multiple routing）能用来反对这类攻击，但是，完全不相交的路径是很难创建的。利用多路径路由选择允许节点动态地选择一个分组的下一跳点能更进一步减少入侵者控制数据流的机会，因此，可以提供极可能的保护。

（2）在路由设计中加入广播半径限制，抵御洪泛攻击

在一些距离向量路由算法及网络分级管理策略中都提到了广播半径限制。对每个节点都限制一个数据发送半径，使它只能对落在这个半径区域内的节点发送数据，而不能对整个网络广播。这样就把节点的广播范围限制在一定的地理区域。具体实施可以在总体制定路由机制时，对节点设置最大广播半径 Rmax 的参数。

加入广播半径限制后避免了高能的恶意攻击者在整个网络区域不断发送数据包，使得网络节点不得不一直处理这些数据，造成 DOS 和能源耗尽攻击。这一策

略可以在一定程度上对抗洪泛攻击，特别是 Hello 洪泛。

（3）在路由设计中加入安全等级策略，抵御"虫洞攻击"和"陷洞攻击"

安全等级策略是采用一个安全参数 Txy 来衡量路由的安全级别，在 WSN 中考虑到能源有限性，由基站来完成监听和检测任务。这样改进后的路由就具有抗虫洞、陷洞攻击的能力。

（4）采用基于地理位置的路由选择协议，抵御"虫洞攻击"和"陷洞攻击"

这两类攻击非常难对付，特别是当两者被结合使用时。虫洞之所以很难发现，是因为它们使用一条私有的、在频带外的信道，下面的传感器网络看不见；而陷洞难对付是在协议方面，因为它能利用被广告的信息创建一个路由选择协议，这些信息很难证实。

检测"虫洞攻击"和"陷洞攻击"的最好方法是：避免路由选择竞争条件，仔细地设计路由选择协议，使这些攻击不那么有意义。对这些攻击有抵抗力的一类协议是地理路由选择协议（geographic routing protocols）。

●● 第四节　传输网络的安全

物联网要大规模应用，必须将无线传感网和 RFID 网联起来，这就需要传输网络来完成。传输网络的安全采用传统网络安全方法。从广义上来说，凡是涉及到网络上信息的保密性、完整性、可控性、真实性和可用性的相关技术和理论都是网络安全的研究领域。

网络信息的保密性（Confidentiality）是指网络信息的内容不会被未授权的第三方所知。网络信息的完整性（Integrity）是指信息在存储或传输时不被修改、破坏，不出现信息包的丢失、乱序等，即不能为未授权的第三方修改。网络信息的可用性（Availability）包括对静态信息的可得到和可操作性及对动态信息内容的可见性。网络信息的真实性（Authenticity）是指信息的可信度，主要是指对信息所有者或发送者的身份的确认。网络信息的可控性（Controllability）是指对信息及信息系统实施安全监控管理。

一 网络安全技术分析

1.数据加密技术

数据加密技术是信息网络信息安全的核心技术。常见数据加密技术有对称加密技术和非对称加密技术。数据加密实质上是对以符号为基础的数据进行移位和置换的变换算法，这种变换是受称为密钥的符号串控制的。在传统的加密算法中，加密密钥与解密密钥是相同的，或者可以由其中一个推知另一个，称为对称密钥算法。这样的密钥必须秘密保管，只能为授权用户所知，授权用户既可以用该密钥加密信息，也可以用该密钥解密信息。DES 可以对任意长度的数据加密，密钥长度 64 比特，实际可用密钥长度 56 比特，加密时首先将数据分为 64 比特的数据块，采用 ECB（Electronic CodeBook）、CBC（Ciper Block Chaining）、CFB（Ciper Block Feedback）等模式，每次将输入的 64 比特明文变换为 64 比特密文。最终，将所有输出数据块合并，实现数据加密。

如果加密、解密过程各有不相干的密钥，构成加密、解密密钥对，则称这种加密算法为非对称加密算法，或称为公钥加密算法，相应的加密、解密密钥分别称为公钥、私钥。在公钥加密算法下，公钥是公开的，任何人可以用公钥加密信息，再将密文发送给私钥拥有者；私钥是保密的，用于解密其接收的公钥加密过的信息。典型的公钥加密算法如 RSA（Ronald L Rivest，Adi Shamir，Leonard Adleman），是目前使用比较广泛的加密算法。在互联网上的数据安全传输，如 Netscape Navigator 和 Microsoft Internet Explorer 都使用了该算法。

2.传统防护技术

（1）访问控制技术

访问控制（Access Control）是网络安全防范和保护的主要策略之一，它的主要任务是保证网络资源不被非法使用和访问。访问控制是通过某种安全途径准许或限制访问能力及范围的一种方法。通过范围控制服务，可以限制对关键资源的访问。防止非法用户的侵入或者合法用户的不慎操作所造成的破坏。访问控制的常见实现方法有访问控制矩阵、访问能力表、访问控制表和授权关系表等几种。

（2）防火墙技术

防火墙（Firewall）安全保障技术主要是为了保护与互联网相连的企业内部网络或单独节点。它具有简单实用的特点，并且透明度高，可以在不修改原有网络应用系统的情况下达到一定的安全要求。防火墙一方面通过检查、分析、过滤从内部网流出的 IP 包，尽可能地对外部网络屏蔽被保护网络或节点的信息、结构，另一方面对内屏蔽外部某些危险地址，实现对内部网络的保护。

（3）病毒防治技术

病毒威胁计算机系统安全已成为一个重要的问题。要保证计算机系统的安全运行，除了运行服务安全技术措施外，还要专门设置计算机病毒检测、诊断、杀除设施，并采取成套的、系统的预防方法，以防止病毒的再入侵。计算机病毒的防治涉及计算机硬件实体、计算机软件、数据信息的压缩和加密解密技术。

（4）物理隔离技术

物理隔离技术是指采用物理方式将被保护网络从开放、无边界、自由的环境独立出来，使被保护网络的数据不能有意或无意的泄漏出去，也不能通过外部网窃取或破坏数据，从而为被保护网络提供一个安全可靠的边界。物理隔离要求做到：物理传导上的隔离、物理辐射上的隔离、物理存储上的隔离。

（5）虚拟专用网技术

虚拟专用网（VPN）可以帮助远程用户、公司分支机构、商业伙伴的内部网建立可信的安全连接，并保证数据的安全传输。虚拟专用网具有如下基本功能：加密数据，信息认证和身份认证，提供访问控制，远程用户或移动用户和公司的内部网之间的信息传输，可以通过拨号或者宽带接入等方式登录因特网，内部网中的安全设备会对此用户进行身份验证，确定为合法用户后，即允许安全设备与用户建立隧道，然后用户才可以安全地进行信息传输。

3. 主动防御技术

（1）入侵检测技术

入侵检测系统（IDS）是防火墙的合理补充，帮助系统对付网络攻击，扩展了系统管理员的安全管理能力（包括安全审计、监视、进攻识别和响应），提高了信息安全基础结构的完整性。它从计算机网络系统中的若干关键点收集信息，并分析这些信息，看看网络中是否有违反安全策略的行为和遭到袭击的迹象。因此，入侵检测被称为是防火墙之后的第二道安全闸门。

（2）安全审计技术

安全审计是系统安全运行的重要措施，它首先可以形成一种威慑力量，使攻击者望而生畏。同时，它为事后分析提供可查性。安全审计要求识别、记录、存储和分析那些与安全活动有关的信息。审计记录的内容可用来检测、判断发生了哪些安全相关活动，以及这些活动是由哪个用户负责的。

（3）网络欺骗技术

网络欺骗（也称为"诱饵"即 honeypot）一般通过隐藏和安插错误信息等技术手段实现。前者包括隐藏服务、多路径和维护安全状态信息机密性，后者包括重定向路由、伪造假信息和设置圈套等等。网络欺骗技术集合当前计算机欺骗技术、安全审计技术、入侵检测技术及其攻击技术于一体，可以有效的迷惑攻击者，使其在所设置的陷阱中消耗大量的资源。

二　可生存性技术

1. 三代网安技术

网络安全技术通过攻防者无数次博弈，形成了以下三代技术：

第一代：信息保护技术。它假设能够划分明确的网络边界并能够在边界上阻止非法入侵。

第一代技术解决了很多安全问题，但是，并不是在所有情况下都能够清楚地划分并控制边界，保护措施也并不是在所有情况下都有效.特别是随着互联网的普及，信息系统的分布性越来越高，防堵的边界越来越宽，再加上信息系统本身所固有的缺陷，使得信息保护难上加难。

第二代：信息保障技术。指除了保护以外，增加了检测响应并提供信息系统恢复的能力。

在信息保障技术中，由于所有的响应、甚至恢复都依赖于检测结论，检测系统的性能就成为信息保障技术中最为关键的部分。但是，所有人都认为：检测系统要发现全部的攻击是不可能的，准确区分正确数据和攻击数据、正常系统和有木马的系统有漏洞的系统和没有漏洞的系统也是不可能的。同时，信息保障中的恢复技术也很难在短时间内达到效果。即使不断地恢复系统，但恢复成功的系统仍旧是原来

的有漏洞的系统，仍旧会在已有的攻击下继续崩溃。

第三代：可生存性技术。第三代技术就是关于增强免疫能力的技术，也被称做信息生存技术。所谓"可生存性技术"就是系统在攻击、错误和突发事故发生的情况下，仍然可以及时地完成使命的能力。

2. 容侵技术

网络容侵技术是可生存性技术的核心技术。当故障和意外发生的时候，我们可以利用容错技术来解决系统的生存问题。如远地备份技术和 Byzantine 容错冗余技术。然而容错技术不能解决全部的信息生存问题：第一，并不是所有的破坏都是由故障和意外导致的，例如攻击者的有意攻击。而容错理论并不是针对攻击专门设计的；其次，并不是所有攻击都表现为信息和系统的破坏，例如把账户金额改得大一点或把某个数据加到文件中，这种攻击本身不构成一种显式的错误，容错就无法解决问题；第三，故障错误是随机发生的而攻击者却是有预谋的，这比随机错误更难预防。所以，可生存性技术中最重要的并不是容忍错误，而是容忍攻击。容忍攻击的含义就是在攻击者到达系统，甚至控制部分子系统时，系统不能丧失其应该有的保密性、完整性、真实性、可用性和不可否认性。

实现容侵主要有两种方法：一是基于容错计算技术的容侵。二是基于门限密码技术的容侵方法。容侵技术是实现网络系统安全的一个崭新技术，具有重要的理论意义与实际应用价值，已经成为国际上有待解决的重大前沿课题。国外许多研究机构在军方、大公司的支持下开始对容侵技术和容侵系统的体系结构展开研究，以期建立新的网络安全保障体系，目前已经取得了一定的阶段性成果。容侵技术对物联网产业的健康发展也有积极的意义。

第十六章 |

物联网标准

●● 第一节 物联网标准导言

目前物联网处于发展初期，物联网的概念、范畴、体系结构和系统模型等①方面还没形成共识，它涉及到很多技术和很多行业，类似互联网上 TCP/IP 协议的物联网统一标准至今尚无定论，应用方面也没有相应的标准支撑，更谈不上事实上的工业化标准。物联网的本质就是让物体"开口说话"，但是现实生活中，因为没有统一标准，让物体"开口说话"就存在诸多问题。比如，嵌在物体身上的标签，在一个国家或地区可以识别，但是到了另外一个国家或地区就识别不出来，因为标签识别系统的标准不一样。因此，本文所论述的标准是指在全球范围内、某些国家或地区内、某些行业内可以使用的标准。

从物联网标准制定者角度上看，包括国际化标准组织、区域、国家、地区和行业等。从物联网的使用角度看，包括终端域、网络域和应用域；从物联网基础设施和应用的角度看，物联网的标准分为基础平台标准和应用行业标准；从物联网的技术角度看，物联网的标准包括体系框架、物体编码、接口规范、通信协议、行业应用协议、管理协议、安全协议、测试协议等。

物联网涉及到许多标准化组织。第一类是体系架构，例如 ITU（国际电信联盟）是根据整个物联网整体架构做出规划；ISO（国际标准化组织）制定了无线传感器网络的架构等方面标准。第二类是承载网，例如 IETF（互联网工程任务组）制定了互联网标准。第三类感知层核心技术，例如 EPCGlobal 制定了 RFID 技术标准。

我国物联网发展尚处初创阶段，无论国标的自主制定，还是核心技术产品的研发和产业化以及规模化应用示范都还处于起步阶段。我国物联网起步于传感器网络

研究，2009 年 9 月成立传感器网络标准工作组，2009 年 10 月成为 ISO 国际传感器网络标准组主要成员，向国际标准化组织提交多项提案被采纳。2010 年 6 月 8 日，中国物联网标准联合工作组在北京成立，以推进物联网技术的研究和标准的制定。联合工作组由全国 11 个部门及下属的工业和信息化部电子标签标准工作组、全国信标委传感器网络标准工作组、全国智标委等 19 家相关标准化组织自愿联合组成。联合工作组在成立倡议书中表示，要倾全国之力联合推进中国物联网标准体系建设。

●● 第二节　传感器网络标准化现状

　　传感器网络涉及的技术领域和相关标准化组织较多，目前国际标准化组织（ISO）和国际电工委员会（IEC）的第一联合技术委员会（JTC1）、国际电子和电气工程师协会（IEEE）、国际电信联盟（ITU）和互联网工程师任务组（IETF）等国际标准化组织都在开展传感器网络标准相关的研究工作，但大多尚处于标准提案阶段。其中，IEEE 在为传感器网络提供支持的底层无线传输技术和传感器接口的标准化研究等方面已取得一定进展；ITU-T 的多媒体编码、系统和应用（SG16）研究组开始进行泛在传感器网络（USN）应用和服务的研究，SG17 研究组已开展 USN 安全框架的研究；IETF 成立低功率无线个域网上的 IPv6（6LOWPAN）工作组，已产生 RFC4944（IEEE802.15.4 上的 IPv6）和 RFC4919（问题陈述和目标）。目前公认的可以被称为传感器网络标准的只有 IEEE802.15.4 和 Zigbee 联盟推出的传输、网络、应用层协议标准，以及 IEEE1451。

　　IEEE802.15.4 定义了短距离无线通信的物理层及链路层规范。基于 IEEE802.15.4，Zigbee 制定出网络互联、传输和应用规范。Zigbee 技术具有功耗低、成本低、网络容量大、时延短、安全可靠、工作频段灵活等诸多优点，目前是被普遍看好的无线个域网解决方案，也被很多人视为传感器网络的事实标准。Zigbee 联盟对网络层协议和应用程序接口进行了标准化。然而，尽管 Zigbee 技术试图在传感器网络需求的网络性能上（如功耗、成本、时延、安全等方面）提供一个解决方案，但从目前的应用情况来看，在可扩展性、能耗控制、网络性能等方面还存在明显的缺点。IEEE1451 标准族是通过定义一套通用的通信接口，以使工业变送器(传感器＋执行器)能够独立于通信网络，并与现有的微处理器系统、仪器仪表和现场总线网络相连，解决不同网络之间的兼容性问题,并最终实现变送器到网络的互换性和互操作性。

为了在传感器网络国际标准的制定方面进行研究与探索,2007 年 ISO/IEC JTC1 正式成立了传感器网络研究组（SGSN）。目前有 22 名专家,分别来自中国、法国、日本、韩国、挪威、英国和德国,以及其他组织。2008 年 6 月,SGSN 在中国上海召开了第 1 次全体会议,对传感器网络的应用需求、系统架构、协议、接口和安全等方面的提案进行了讨论。2008 年 9 月和 2009 年 1 月,我国分别组团参加了在德国和澳大利亚举办的第 2 次和第 3 次 SGSN 会议,实质性地参与了《ISO/IECJTC1 传感器网络研究组技术报告》的编写工作,并在很多章节做出了重要的贡献。

截至 2008 年底,我国申请的传感器网络相关专利 435 件,这些探索性研究为我国传感器网络技术的进一步发展进行了必要的技术储备,为国家标准的制定工作奠定了基础。

2006 年,全国信息技术标准化技术委员会成立了传感器网络标准项目组,组织国内的大学、科研单位和企业开展了标准研究工作,对《传感器网络标准体系》、《传感器网络协议栈》、《传感器网络智能传感器接口标准》和《传感器网络安全服务》等标准项目进行了研究。2007 年底,国家标准化管理委员会正式批准筹建传感器网络国家标准工作组,组长单位是中国电子技术标准化研究所,秘书处单位是中国科学院上海微系统与信息技术研究所。目前,工作组由国内 50 余家成员单位,70 多位专家组成,汇集了包括国内传感器网络领域产学研用的各方力量,旨在整合国内科研院所和产业界的优势力量,共同进行传感器网络国家标准的制定,全面推动传感器网络的产业发展。同时,依托该组织,也可将国内相关优势单位联合起来,明确分工,统一协调工作,积极提交国际标准提案,多方进行国际交流和沟通,促进我国在传感器网络国际标准化工作中占据重要地位。

●● 第三节　泛在网络标准化现状[18]

一　泛在网络国际标准化情况

泛在网络的涵盖范围较大,包含了物联网、传感器网,涉及了传感器、标签、

M2M、行业应用等方方面面的技术。在国际标准化方面，与泛在网络研究相关的标准化组织较多（见下图）。

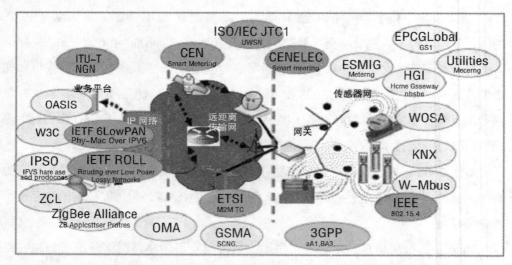

与泛在网络研究相关的标准化组织（信息来源：ETSI M2M TC）

1. 总体框架研究方面

针对泛在网络总体框架方面进行系统研究的国际标准组织比较有代表性的是国际电信联盟 ITU-T 及欧洲电信标准化协会 M2M 技术委员会（ETSIM2M TC）。

（1）国际电信联盟 ITU-T

ITU-T 研究内容主要集中在泛在网络总体框架、标识及应用 3 方面：在泛在网络研究方面已经从需求阶段逐渐进入到框架研究阶段，目前研究的框架模型还处在高层（High-level）层面；在标识研究方面和 ISO（International Organization for Standardization）通力合作，主推基于 OID（Object Identifier）解析体系；在泛在网络应用方面已经逐步展开了对健康和车载方面的研究。

（2）欧洲电信标准协会 M2M 技术委员会（ETSI M2M TC）

M2M 市场前景巨大，ETSI 专门成立了一个专项小组（M2M TC）以研究如何对快速成长的机器对机器技术进行标准化。ETSI 成立 M2M TC 主要是考虑目前虽然已经有一些 M2M 的标准存在，涉及各种无线接口、格状网络、路由和标识机制等方面，但这些标准主要是针对某种特定应用场景，相互独立。如何将这些相对分散的技术和标准放到一起并找出标准化的缺口和不足，这方面所做的工作还很少。在这样的研究背景下，ETSI M2M TC 的主要研究目标是从端到端的全景角度研究机器对机器通信，并与 ETSI 内 NGN 的研究及 3GPP 已有的研究进行协同工作。

M2M TC 的职责是：从利益相关方收集和制定 M2M 业务及运营需求；建立一个端到端的 M2M 高层体系架构（如果需要会制定详细的体系结构）；找出现有标准不能满足需求的地方并制定相应的具体标准；将现有的组件或子系统映射到 M2M 体系结构中；M2M 解决方案间的互操作性（制定测试标准）；硬件接口标准化方面的考虑；与其他标准化组织进行交流及合作。

ETSI M2M TC 目前首先进行的是 M2M 相关定义及两个 M2M 行业应用实例，并以此为基础，同步进行业务需求和体系架构标准工作，目前尚未开始涉及具体技术。

2. 网络能力增强方面

M2M 是机器对机器（Machine to Machine）通信的简称，作为泛在网络中网络能力增强方面的一个研究热点，受到了众多标准组织的关注。

3GPP 针对 M2M 的研究主要从移动网络出发，研究 M2M 应用对网络的影响，包括网络优化技术等。3GPP 对于 M2M 的研究范围为：只讨论移动网的 M2M 通信；只定义 M2M 业务，不具体定义特殊的 M2M 应用；只讨论无线侧和网络侧的改进，不讨论跟 (x) SIMs 和 / 或 (x) SIM 管理的新模型相关的内容。

Verizon，Vodafone 等移动运营商在 M2M 的应用发现很多问题，例如大量 M2M 终端对网络的冲击，系统控制面容量的不足等。因此，在 Verizon，Vodafon，三星，高通等公司推动下，3GPP 对 M2M 的研究在 2009 年开始加速，目前基本完成了需求分析，转入网络架构和技术框架的研究，核心的 RAN 研究工作还未展开。

3. 感知末梢技术方面

传感器网是泛在网络的末梢网络的一种，主要用于环境等信息的采集，是泛在网络不可或缺的重要组成部分，下面主要介绍两个有代表性国际标准组织的研究情况，包括国际标准化组织（ISO）、美国电气及电子工程师学会（IEEE）。

（1）国际标准化组织（ISO）

ISO JTC1 SC6 SGSN（Study Group on Sensor Networks）的研究工作目前主要在应用场景、需求和标准化范围。SGSN 给出了 SN 标准化的 4 个接口。

• 网络内部节点之间的接口

SN 节点之间的接口涉及物理层、MAC 层、网络层和网络管理。该接口需要考虑 SN 的网络协议，有线和无线通信协议及其融合、路由协议以及安全问题。SN

的网络和路由协议是在 MAC 层以上，提供传感器节点之间、传感器节点到传感器网关的连接，不同的应用可能需要不同的通信协议。

- 与外部网络接口

该接口就是 SN 网关接口。该接口通过光纤、长距离无线通信方式提供 SN 与外网的通信能力，需要与相关标准组织合作。此外，该接口需要支持中间件，中间件实现多种应用共性功能，例如网络管理、数据过滤、上下文传输等。

- 器接口

该接口解决模拟、数字和智能传感器硬件即插即用问题，并规范接口数据准确性。

- 业务和应用模块

该接口支持多种类型的传感器、基于不同业务的传感器功能以及应用软件模块。为了支持多种业务和应用，该接口的标准化需要研究这些应用并进行归类，制定一系列业务和基本功能要求。

(2) 美国电气及电子工程师学会（IEEE）

传感器网络的特征与低速无线个人局域网（WPAN）有很多相似之处，因此传感器网络大多采用 IEEE802.15.4 标准作为物理层和媒体存取控制层（MAC 层）。

IEEE 中从事无线个人局域网（WPAN）研究的是 802.15 工作组。这个组致力于 WPAN 网络的物理层和媒体存取控制层（MAC 层）的标准化工作，目标是为个人操作空间内相互通信的无线通信设备提供通信标准。在 IEEE802.15 工作组内有 5 个任务组，分别制定适合不同应用的标准。这些标准在传输速率、功耗和支持的服务等方面存在差异。主要任务如下：

- TG1：制定 IEEE802.15.1 标准，即蓝牙无线通信。中等速率，近距离，适用于手机，PDA 等设备的短距离通信。

- TG2：制定 IEEE802.15.2 标准，研究 IEEE802.15.1 标准与 IEEE802.11 标准的共存。

- TG3：制定 IEEE802.15.3 标准，研究超宽带（UWB）标准。高速率、近距离，适用于个域网中多媒体方面的应用。

- TG4：制定 IEEE802.15.4 标准，研究低速无线个人局域网（WPAN）。该标准把低能量消耗、低速率传输、低成本作为重点目标，旨在为个人或者家庭范围内不同设备之间的低速互联提供统一标准。

· TG5：制定 IEEE802.15.5 标准，研究无线个人局域网（WPAN）的无线网状网（MESH）组网。该标准旨在研究提供 MESH 组网的 WPAN 的物理层与 MAC 层的必要的机制。

二　泛在网络国内标准化情况

2009 年底，中国通信标准化协会 CCSA 在综合考虑泛在网络标准影响的情况下，决定在协会成立"泛在网络技术工作委员会"，技术工作委员会代号为 TC10。TC10 将从通信行业的角度统一对口、统一协调政府和其他行业的需求，系统规划泛在网络标准体系，满足政府以及其他行业对泛在网络的标准要求，提高通信行业对政府和其他行业泛在网络的支持力度和影响力。可以预见，随着 TC10 的成立，泛在网络标准化工作在我国将系统有序的开展，形成一套适合我国国情的标准化体系。

尽管泛在网络总体的系统研究在我国刚刚起步，但是泛在网络的相关技术在我国早已落地生根。WMMP（Wireless M2M Protocol）协议是中国移动制定 M2M 平台与终端，M2M 平台与应用之间交互的企业标准。中国移动制定 WMMP 协议的目的是规范 M2M 业务的发展，降低终端、平台和应用的开发部署成本。然而，由于国外的主流厂商支持较少，WMMP 协议还没能很好地在 M2M 中得到应用，还需要通过企业及相关部门的进一步努力来提升我国企业标准在国际上的地位。

我国其他的与泛在网络相关的技术标准等也在研究和制定过程中（如传感器网，RFID，物联网等），但如果要让我国主导的标准在国际上形成较大的影响，还需要较长时间，需要相关部门的进一步努力。

三　泛在网络标准化趋势分析

泛在网络无论在国际还是国内都是目前研究的热点，综合目前的研究情况可以看出，原有的泛在网络研究往往都是集中在某个具体应用，渐渐地标准组织开始重视泛在网络总体架构和需求的研究，从高层把握泛在网络的方向，查找目前标准中的不足，建立不同应用之间的互操作性、网络的连通性、安全性等都成为泛在网络研究的方向和热点。目前，泛在网络的高层架构、技术体系、产业体系等都还处在研究起始阶段，需要进一步开展相关方面的研究，借此时机，我国应当加快国内研究进展，争取在国际上占有一席之地。

●● 第四节 物联网标准情况

一 EPCglobal 标准体系[19]

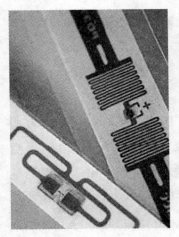

EPC 系统是一个非常先进的、综合性的复杂系统，其最终目标是为每一产品建立全球的、开放的标识标准。它由全球产品电子代码（EPC）的编码体系、射频识别系统及信息网络系统三部分组成。EPCglobal 标准体系有三组标准：EPC 物体交换标准（EPC Physical Object Exchange Standards）、EPC 基础设施标准（EPC Infrastructure Standards for Data Capture）和 EPC 数据交换标准（EPC Data Exchange Standards）。

EPCglobal 标准 v1.3 包括：标签数据标准（TDS）、标签数据转换标准（TDT）、无线电接口协议等。

二 ETSI M2M TC 工作组[20]

ETSI M2M TC 的主要研究目标是从端到端的全景角度研究机器对机器通信，并与 ETSI 内 NGN 的研究及 3GPP 已有的研究进行协同工作。M2M TC 的职责是：从利益相关方收集和制定 M2M 业务及运营需求；建立一个端到端的 M2M 高层体系架构（如果需要会制定详细的体系结构）；找出现有标准

不能满足需求的地方并制定相应的具体标准；将现有的组件或子系统映射到 M2M 体系结构中；M2M 解决方案间的互操作性（制定测试标准）；硬件接口标准化方面的考虑；与其他标准化组织进行交流及合作。

三　ITU–T SG13 工作组[21][22]

SG13 主要从 NGN 角度展开泛在网络相关研究，标准主导主要是韩国(韩国电子和通信研究所)，在 IIU–T SGl3 组提交了 USN 总体架构，其中包括物理传感网络、NGN、USN 中间件以及 USN 上层应用。目前标准化范畴集中在：基于 NGN 的泛在网络 / 泛在传感器网络需求及架构研究、支持标签应用的需求和架构研究、身份管理（IDM）相关研究、NGN 对车载通信的支持。

四　ISO 制定的 RFID 标准[23]

ISO 标准编码说明

标准标号举例	ISO/IEC18000–6C:2004
ISO	国际标准化组织
IEC	国际电工委员会
18000	标准编号
–6C	数字表示部分编号，带后缀字母表示子部分编号
2004	日期

五　GS1 全球统一标识系统

GS1 致力于设计和推广全球通用的、开放的、快跨行业的供应链标准。GS1 拥有一套全球跨行业的产品、运输单元、资产、位置和服务的标识标准体系和信息交换标准体系。

GS1 标准体系包括条形码标准（BarCode Standards）、数据准确性标准（Data Accuracy

Standards）、eCom 标准（eCom Standards）、全球数据同步网络标准（GDSN Standards）、全球产品分类标准（GPC Standards）、电子产品代码标准（EPC Standards）。

六 射频识别技术标准化比较[24]

射频识别技术（Radio Frequency Identification，简称 RFID）是一项利用射频信号通过空间耦合（交变磁场或电磁场）实现无接触传递信息并通过所传递的信息达到识别目的的技术。目前 RFID 技术存在三个标准体系：ISO 标准体系、EPCglobal 标准体系和 UID 标准体系。其对比如下：

标准化组织	EPCglobal	ISO	Ubiquitous ID Center
地区	美国、欧洲	欧洲为主	日本
标准化情况	EPC C1G2 被接受为 ISO/IEC 18000-6C	ISO/IEC 18000-6B	日本标准
频率	902MHz-928MHz（UHF 频段）13.56MHz(智能卡)	860MHz-950MHz	2.45GHz（ISO/IEC 18000-4）13.56MHz(智能卡)
读写速度	40kbps-640kbps	40kbps	250kbps
标签信息位数	EPC C1G1:64~96 位 EPC C1G2:96~256 位	64 位	128 位，可扩展至 512 位

七 智能电网标准[25]

美国在智能电网标准方面作了很多工作，同时也发布了多个标准。

八 云计算标准[26][27]

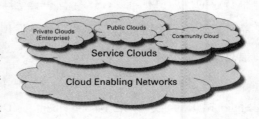

涉及云计算标准化的组织有：云安全联盟（Cloud Security Alliance）、分布式管理任务组（Distributed Management Task

Force)、开放网格论坛（Open Grid Forum）、全球网络存储工业协会（Storage Network Industry Association，简称 SNIA）、开放云联盟（Open Cloud Consortium，简称 OCC）、欧洲电信标准化协会（European Telecommunications Standards Institute，简称 ETSI）、美国国家标准技术研究院（National Institute of Standards and Technology，简称 NIST）、ISO/IEC 第一联合技术委员会第三十八分技术委员会（ISO/IEC JTC1 SC38）、国际电信联盟远程通信标准化组织（ITU-T）、万维网联盟（World Wide Web Consortium，简称 W3C）和互联网工程师任务组（IETF）。

九　Zigbee 技术标准[28]

Zigbee 技术是基于网络底层 IEEE802.15.4 的短距离数据通讯网络协议。Zigbee 网络适用于区域范围内的网络覆盖，可通过网关等设备，与以太网 /GPRS 网络实现无缝连接，完美实现低成本远程监控等应用。

十　智能家庭标准[29]

家庭网络协议标准可以分为三种：底层协议规范（1、2 层）、中间件层（3 层）协议规范和用户层（4 层）规范。底层协议主要包括：电力载波协议(X-10)、消费电子产品总线标准（CEBus）、全分布式智能控制网络技术（LonWorks）、蓝牙技术（BlueTooth）、HomeRFF 无线标准、IEEE1394 等；中间件层协议包括：UPnP 协议、HomeAPI 技术规范、JINI 等。其中用户层还没有任何企业规范和标准，随着信息化家电的不断普及，系统的用户规范化设计势在必行。

参考文献：

① 中国物流与采购网，http://www.cflp.org.cn，《基于 RFID 的 EPC 新技术引领供应链发展》，《物流工程与管理》，师启娟，于天一，2009

② 《无线传感器网络》，《软件学报》，任丰原，黄海宁，2003

③ 《无线传感器网络协议研究》，《计算机技术与发展》，吴春婧，郑明春，2006
《无线传感器网络安全协议的研究》，《计算机工程》，王东安，张方舟，2005

④ 《无线传感器网络操作系统关键技术研究》，《计算机应用研究》，张朋，陈明，2007
《面向无线传感器网络应用的嵌入式操作系统综述》，《计算机应用与软件》，王漫，何宁，2007
《无线传感器网络节点操作系统 −TinyOS 综述》，《矿山机械》，周贤娟，韩树人，2007

⑤ 《无线传感器网络中间件研究进展》，《计算机研究与发展》，李仁发，魏叶华，2008
《基于分簇的无线传感器网络中间件研究》，黄晓光

⑥ DELL 中国网，http://support.ap.dell.com/support/topics
CISCO 中国网，http://www.cisco.com/web/CN/products/products_netsol/wireless

⑦ http://people.ciw.com.cn/CIO/20100201142954.shtml

⑧ 湖南省通信管理局网站，http://www.xca.gov.cn/news_view.asp?id=599

⑨ 《VPN 技术详解及 VPN 技术的发展与应用前景》，http://infc.secu.hc360.com/2009/09/211525166060.shtml

⑩ Brian Babcock etc..，数据流系统建模与分析，斯坦福大学计算机科学系，
http://www.searchforum.org.cn/seminar/members/tjl/datastream/datastream_china.doc

⑪ 《浅谈云计算技术现状》，福建电脑，谢娜，2009

⑫ 《云计算及其关键技术》，《计算机应用》，陈全，邓倩妮，2009

⑬ 《物联网：谁掌握标准谁主动》，http://www.stdaily.com/kjrb/content/2010−03/06/content_162585.htm

⑭ 《物联网安全问题不容忽视》，http://www.catr.cn/zcfg/zcyj/201002/t20100226_1079999.htm

⑮ http://www.net130.com/CMS/Pub/special/RFID/2006/09/06/73870/2.htm

⑯ 沈苏彬,范曲立等. 物联网的体系结构与相关技术研究. 南京邮电大学学报(自然科学版),

2009 年 12 月, 第 29 卷, 第 6 期

⑰ 泛在传感器网络标准体系与系统架构研究.电信网技术, 2010 年 05 月 28 日

⑱ http://www.epcglobalinc.org/

⑲ http://www.etsi.org/

⑳ http://www.itu.int/en/pages/default.aspx

㉑ RFID/USN Research GroupRFID. RFID/USN Technology in Korea. 6 April, 2005. http://www.etri.re.kr

㉒ http://www.iso.org

㉓ http://www.gs1.org/

㉔ 2010 年物联网发展战略. 中国电信集团

㉕ http://www.ieee.org/

㉖ http://www.cloud-standards.org

㉗ http://www.cesi.ac.cn/

㉘ http://www.zigbee.org/

㉙ 马学文等. 智能家庭网络的规范与标准综述. 电子科技,2004 年, 第 1 期

物联网

CHAPTER 应用篇

● 智能科技

第十七章 | 智能科技

英国科学家李约瑟在上个世纪30年代提出：中国曾有非常先进的四大发明，为什么牛顿式的工业革命没有在中国诞生？这是中国知识分子讨论了半个世纪而至今没有答案的难题。国务委员刘延东在2010年全国科技大会上提出：要从根本上破除科技成果向现实生产力转化的体制性障碍。这是中国科技工作者要破除的现实难题。智能科技能够给出上述问题的具体答案，它是物联网领域的扩展，更是建设"创新型国家"的必由之路。

● ● **第一节　智能科技的概念**

我们对科研项目和科技成果的管理，总是依靠经验，总是依靠"手工业化"的管理思维模式。如果我们对于科技管理，都采用"工业化"的管理思维模式，科技成果向现实生产力转化的技术体制性障碍就会消除。

物联网领域中的智能家庭、智能交通、智能农业等应用领域，很多企业都做了大量的研究和应用，而智能科技谁在做？智能科技又是什么？

智能科技是采用"工业化"手段，对科学技术研究项目进行科学管理的一种方法。它是以《科学技术研究项目评价通则》（简称"科技通则"）理论为基础，以TME206标准数据格式为技术手段，对科研项目和科技成果进行管理，使得科学技术研究项目评价达到"工业化"的目的。

"科技通则"是科技研发领域里重大制度创新，该标准是由中国国防科技工业企业管理协会专家委员会和中国电子科技集团公司有关人员，跟踪研究美国科技投入产出效率评价的三个标准——WBS（工作分解结构）、EVM（获得价值管理）、TRL（技术就绪水平）提出来的一套符合科学发展观的、具有中国特色的科研项目评价理论。

　　这份国家标准技术增加值是由中国人自己提出来的，达到国际先进水平。这是一个实践经验提炼、理论方法形成、国家标准建立几乎同时进行的一次有益尝试。标准由五部分组成：应用范围、名词术语、评价方法、评价步骤、附录。"科技通则"为基础研究项目、应用研究项目、开发研究项目各建立了一个技术就绪水平标尺，建立了事前、事中、事后三个评价界面，建立了科研项目投入产出效率评价公式和取值范围，提出了技术隐性收益和技术显性收益两种评价指标体系。同时，为采集这些数据提出了科研管理的基本规范和方法。

　　"科技通则"的颁布具有五个方面的重要意义。一是解决了中国"科技普通话"空白的问题，二是解决了中国"技术脚手架"的问题，三是解决了中国"有办法无标准"的操作问题，四是该标准首次提出"技术增加值"理论与操作办法，五是首次提出"隐性收益和显性收益"理论与操作办法。

　　TME206 标准数据格式是建立在 GB/T22900–2009《科学技术研究项目评价通则》基础之上，具有很强的生命力和广阔的适用性。采用 TME206 标准数据格式，对科研项目和科技成果的管理，就有了"工业化"的管理方法。

　　科技界的每个创新元素，"政、产、学、研、用"这些创新元素现在都处在"信息孤岛"，甚至连共同的语言都没有。其"信息孤岛"的状况比电网、交通、农业等更迫切需要"解围"，迫切需要用一个科技平台将他们联起来，这就是智能科技要做的事情。

　　国际电信联盟给出了物联网四个要素的定义（见下表），智能科技完全符合这

智能科技与物联网

层级	ITU-T 规定的物联网标准结构	智能科技标准结构
四层	应用	技术人员绩效考核 / 创新型企业评价 / 技术 B2B/ 科技成果评价 / 科技成果转化 / 领军人才培养 / 技术孵化 / 科研项目招投标 / 管理 / 监管 / 后评估 / 职称晋升等
三层	中间件	技术超市 / 每个研发团队都需要 / 重要的是每个研发合同都需要将技术供需双方连在一起
二层	接入网	公网 / 专网 / 行业网 / 内部网 / 企业内部网。每个企业研发中心管理的研究人员，都需要隐性技术显性化
一层	传感器网	软件传感器网 /TME206 标准数据格式 / 培训 GB。只要推广认证，大家都讲"科技普通话"。这个网络就会形成
备注	完全符合物联网的标准要件 Y 应用 /M 软件 /N 核心网 /I 网接入 /S 传感网 /Q 其它	

四个要素。最重要的是智能科技提出了一个新的概念，就是一次数据采集的传感器是软件传感器，这是中国人第一次提出的概念。

根据简单对比分析，智能科技的产业化路径，完全符合 ITU-T 规定的物联网标准结构。

●● 第二节　智能科技的重要作用

中国要在 2020 年进入创新型国家行列，那么现在必须改变科技评价制度，没有强有力的科技评价制度，不可能带来创新。创新型国家有一个"底线"指标：为科学技术研究再投入的钱，一定是源源不断地来自以前的科学技术转化为生产力所赚回来的一部分利润，这是一个基本的市场准则。

2009 年 2 月 10 日，张德江副总理在中国国防科技工业企业管理协会"关于推广国家标准《科学技术研究项目评价通则》的报告"上批示："在科技领域推行'科技通则'是一项重大改革，也是一项基础性、战略性工程。建议先试点，取得经验后全面推广。"

一　提高科技成果转化率

任何一个创新型组织，不管是国家、企业、事业，都必须同时具备五个计量指标：

一是必须具有强大的获取与交换知识的能力。主要计量指标：论文数量、专利数量、情报更新速度等；

二是必须具有强大的将知识变为力量的能力。主要计量指标：将知识变成新科研项目的数量、每个科研项目的大小、方向、作用点、按照 TME206 标准数据格式计量每个科研项目；

三是必须具备强大的将力量变为做功的能力。主要计量指标：在力的方向上移动一段距离、实现技术增加值 TVA 等；

四是必须具备强大的将做功变为功率的能力。主要计量指标：单位时间、成本内做功，即 QCD；

五是必须具备强大的将前四个指标变为效率的能力。主要计量指标：有用功与总共之比，即 EVA。

五个指标中的最短板决定是不是一个创新型组织，一个创新型组织，绝对不是仅仅有多少技术创新项目，仅仅有多少实验室，而是技术创新的速度和加速度有多大。

智能科技从科技评价成本的缩减和科技成果转化效率的提升两个层面建立计算模型，核心是探讨科技管理评价实施的紧迫性和重要性，将科技成果转化率从 20% 提升到高于 60%；将科研项目评价成本从 1000 亿降低到 300 亿；将"政、产、学、研、用"用一个科技平台将他们连起来。

国务委员刘延东在 2010 年全国科技大会上指出："要深化科技体制改革，从根本上破除科技成果向现实生产力转化的体制性障碍。要加快以企业为主体的技术创新体系建设，推进产业技术创新联盟建设，促进产学研用结合。要完善科技资源开放共享制度，加强统筹整合，使科技基础能力产生倍增效应。"

这是中国能否建成创新型国家的试金石！只有将这个要求彻底做到位，中国才有可能建成创新型国家！中国多年都没有解决好科技成果向现实生产力转化的问题，在"创新型国家"战略提出后，更应该成为急需解决的问题。

二 科研过程工业化

工业化过程至少有两个标志：一是生产过程工业化，目前从中国的生产线和产品本身来看，确实如中国社科院判断的那样已经进入工业化中后期；二是研制过程工业化，从各方面来看，科研过程仍处在"手工业"化管理阶段。只有生产过程和研制过程同时达到工业化，才是可持续发展的工业化，我国的这个"跛足"的工业化，可以用智能科技来"矫正"。

科技成果向现实生产力转化的体制性障碍有两种：一是行政体制性障碍，二是技术体制性障碍。目前最大的瓶颈是技术体制性障碍，而非行政体制性障碍。到底什么是"技术体制性障碍"呢？科技成果是"手工业"的表述方式，现实生产力是"工业化"的表述方式，两者"沟通"比较困难。如果能够在两者之间建立一个科技平台，一切将迎刃而解！到底什么是"手工业"的表述方式？什么是"工业化"

的表述方式呢?

科研过程"工业化"表述方式的经典案例:

2005 年 10 月 25 日,法新社从巴格达发出一则电讯,认为造成美军伤亡致命的武器是反抗分子埋设在地下的土制炸弹。为解决此问题,美国联邦商务机会网站发布了编号为"FBO#1451"的招标信息:寻求"有技术资格和能力演示一种安装于地面车辆上能探测土制炸弹和反坦克地雷的高性能透地雷达(GPR)的公司"投标。招标书要求提供雷达技术性能指标如下:**即提供该雷达的 WBS 列表,提供每个 WBE 的 QCD 和 TRL,并要求 TRL 最低应该达到 5 级,其中 70% 的 WBE 的 TRL 必须达到 7 级以上。**美国人用这 50 个黑体字的公告,表述清楚了采购雷达的指标。

而我国的部委、院所、大学、企业主流的科研项目评价方式仍然是专家打分制,比如一个最主要的指标是在"技术路线合理、较合理、不合理"中打分,这种评价形式足以证明中国科研过程管理仍处在"手工业"化阶段。

科研过程管理"手工业化"的经典表述

一级	二级指标			总体评价	打分
	指标名称	评价意见			
总目标 10 分	A:与纲要结合程度	结合紧密	一般	关联度不大	很好 8-1 较好 4-7 一般 0-3	
	B:定位集中	准确合理	较集中	不集中		
	C:实现后作用	显著提升	较大提升	作用不明显		
	D:可考核性	指标明确	指标较明确	指标模糊		
技术路线与实施方案 20 分	A:技术路线	合理	较合理	欠合理	很好 16-2 较好 8-15 一般 0-7	
	B:技术关键	选择准确	比较准确	不太准确		
	C:执行年限	恰当	过长	偏短		
	D:年度计划	内容合理	比较合理	欠合理		
	E:技术创新性	突出	一般	不太突出		
备注	摘自某部委评价国家科技支撑计划的文件				

上表摘自某部委国家支撑计划专家评价打分表。请问：几千万甚至上亿的科研项目，就依靠这种手工打分的方式确定能行吗？这是最典型的技术创新过程"自编、自导、自演、自消费"的"手工业"管理思维,须用智能科技改变这种现状。

●● 第三节　智能科技的体系

智能科技不仅仅是提出来一个概念，而是一个庞大的产业，我们可以从这套理论发展的轨迹看智能科技的历程和前景。

一　智能科技的发展历程

1. 1986 年，《工程师能力训练与素质测评》，是最早探索对工程技术人员能力进行数字化评价的论著。这个数字化，不是依靠现在的打分，而是很自然地从科学技术变成生产力的进程中采集相关数据。

2. 1989 年，《国防科技成果商品化转移机理与对策》，是最早比较中美国防科技成果商品化转移效率的论文。

3. 2002 年，《现代院所制度建立的量化思路和方法》，系统分析了我国科研院所现有投入产出效率不符合国家发展的要求和改进的办法。

4. 2006 年，《科学时报》发表了题目是"科技成果评价呼唤国家统一度量衡"，引起科技评价这个热点、难点、焦点问题的再次热议。

5. 2007 年，《知识成果生产力度量衡》一书系统地提出了用生产力标准评价科技成果的模型、思路、方法。该书的核心内容是：知识不是力量，创新可以斗量。该书对英国哲学家培根（1587 年）提出的"知识就是力量"提出了质疑。在漫长的农业经济和悠久的工业经济时代，知识的传播、获得是主要瓶颈，在这种背景下提出"知识就是力量"，是有道理的。但是，今天是信息时代，知识的传播、获得不再是主要瓶颈，而知识转换为力量的速度和加速度则是主要瓶颈，所以对于技术创新的计量问题必须提到议事日程之上。

6. 2008 年，《科技评价理论与方法——基于技术增加值》，该书系统地提出了如何动态地计算每年每个人、每个团队、每个法人在每个科研项目上的技术增加值。

7. 2008 年，第 29 期《改革内参》封面文章刊登"中国能否在 2020 年进入创新型国家行列？"主要观点是：中国的企业或者研究机构谈自主创新能力，必须按照技术投入指数、技术储备指数、技术就绪指数、技术货架指数、技术收益指数、专有技术指数（具有自主知识产权）等 12 个反映企业自主创新能力的系列指标来谈，应按照这套硬指标去做，才可能进入创新型国家行列。

8. 2008 年，CETC 考核院所长的办法，直接采用技术增加值（TVA）及其主要指标。院所自主创新能力考核指标体系，可考核每个院所每年的技术增加值（TVA）。将一套最新的理论与方法用在一个集团公司的评价制度中。

9. 2009 年，在中科院《数学的实践与认识》发表了"技术增加值原理与方法"论文。巨建国和汤万金两位先生提出"企业全价值理论模型 = 技术增加值 TVA+ 经济增加值 EVA"，指出一个企业今天的"技术增加值"仅仅是昨天研发项目"技术增加值"的滞后反映。该论文直接挑战诺贝尔经济学奖获得者美国教授默顿·米勒和弗兰克·莫迪利亚尼提出的"企业价值理论模型 = 经济增加值 EVA"。

10. 国家标准化管理委员会于 2009 年 1 月 12 日颁布 GB/T22900-2009《科学技术研究项目评价通则》，并于 2009 年 6 月 1 日实施。技术增加值（TVA）概念、模型、计算、评价等，从概念提出到变成国家标准，仅仅用了三年时间。

11. 国家国防科工局《军品配套科研项目管理实施细则》中全面采用这套评价办法。

12. 国资委《中央企业战略管理指引》中提出的企业的"技术指标体系"，全面采用这套术语和评价指标。这给中央企业技术创新提供了全套的、具体的操作方法。

13.《国家中长期人才发展规划纲要（2010-2020 年）》中提出建立"权责明确（WBE），评价科学（TRI），创新引导（TVA）"的（现代）科技管理制度，其基础就是这套评价指标体系。

二　智能科技的体系

1. 从国家标准到软件开发阶段

在这个国家标准的基础上，中国电子科技集团公司（CETC）开发了一套

TME206 标准数据格式。打个比方：每个人都不一样，但都有 206 块骨头。每个科研项目（技术）都不一样，但都可以用一套 TME206 标准格式来表述。这套标准数据格式，可以从根本上改变科研管理的 DNA。也就是说，任何一个科研项目或一项技术，只要通过这套数据格式的表述和评价，基本上就能体现该技术的成熟程度等决策信息。

TME206 标准数据格式，为标准化管理科研项目和科技成果评价提供了一个可以信息共享的重要基础。如果每个科研项目都能如此管理，积累的数据就可以在网络上自由实现"政府部门、研究机构、企业（个人）"任何两个供需主体之间对于"任何技术状态的技术项目"的任何形式的技术交易（技术 B2B）和科研合同签订。

TME206 标准数据格式可以同时服务于技术供需双方，将双方对于技术的真实的意思表达实时转化为一种 TME206 标准数据格式，给每一项技术贴上电子标签或条码，标明其技术成熟度、质量、成本、进度、风险等决策要素，进入"技术超市"，实现"线上 60%+ 线下 40%"的技术 B2B 业务模式。其主要目的是在"政、产、学、研、用"各种市场主体之间，提供一种高效沟通的科技评估平台，提供对技术识别、评价、估值的决策数据支持和达成共识范围，从整体上提升创新体系的科技投入产出效率。它不需要物理安装，不需要改变硬件设施，只需要行动发生变化，就可以达提升的目标。其间接用途是通过政府公共服务平台主导的"政、产、学、研、用"各市场主体之间对"科技普通话"的应用，逐步推动各市场主体内部科研项目管理采用《通则》和 TME206 标准数据格式，提升内部科技投入产出效率。最终目的是使各市场主体之间和内部都利用这个科技交易平台，从而建立起技术交易、科研项目合同签订、研发管理、科技成果评价、技术职称晋升等一系列新秩序，打造一个开放、透明、公平、规范、高效的技术交易市场经济环境。

根据 TME206 标准数据格式，设计了一套适合推广使用的"技术 B2B"实施方案。如果技术供需双方都按照这个标准格式表述，就可以在网上实现"技术 B2B"，达到技术有效评价和高效转让的目的。按国家标准技术语言，智能科技交易的是 TRL1-9 级的技术载体。

现在国内科研组织、科研人员对于各类技术的表述基本上属于"各自为政"，沟通效率极低，成本代价极大。智能科技平台着重于在信息管理、数据分类、检索等方面建立统一的标准化指标体系。通过建立完善的信息检索功能，对各种技术市

场网络信息资源进行整合，并按照国际惯例及中国现状对信息进行重新组合，建立数据库，通过便捷高效的检索渠道，提供给用户一个完整的、信息真实可信的、查询便捷的技术网络平台。

2. 从智能科技到科技服务产业阶段

从美、欧、日政府促进工业企业自主创新的政策实践效果来看，政府促进政策和企业自主创新之间，如果要达到良性互动，必须具备三个重要条件：一是政府与企业之间必须有科技交易平台，以确保沟通的效率和政策实施的效果。GB/T22900-2009 国家标准和 TME206 标准数据格式就是这个平台的核心内容；二是政府与企业必须建立统一公开的评价标准，引导企业自主创新水平达到一定的门槛。我们应该建立一套"工业企业自主创新指数"；三是企业内部微观创新机制必须健康有效，能够实时地将外部的评价压力转化为内部的创新动力。我们应该建立一套"企业内部技术报表体系"，提供对各类创新团队和个人创新的评价和计量。

智能科技产业结构

三 智能科技发展趋势

智能科技是一个新的事物，尚需要时间的检验。虽说是针对中国科技发展的问题提出来的全面解决方案，但也适合国际上发达国家对于科技管理的需要，未来推广前景广阔。

1. 具有明确的市场需求

在建设"创新型国家"这个国家战略目标下，"政、产、学、研、用"各方都已经充分认识到迅速把技术和成果面向市场进行转化、转让的重要性和必要性，但缺乏 TME206 标准数据格式这样的高效具体手段。同时，企业、投资者也在苦苦寻求适用的技术，但又没有权威、规范、有效、便捷的信息汇总平台。建设地方、区域、全国各级"技联网"，提供庞大、集中、权威、多样化的信息资源，实现供求双方的信息交流和技术交易，势必受到技术成果供求双方的欢迎，具有良好的发展前景。

2. 具备广阔的数据基础

目前国内所拥有的数百家技术市场网络已经吸纳了大量的信息资源，内容包括技术交易、技术招标、投资意向、政策法规、科技人才等众多大型数据库，几乎涵盖了技术交易领域的所有环节。这些已经通过各地方性网站有效汇集和公开发布的大量技术资源，将为该平台提供充足的数据保障。但这些数据直接开发的价值不是很大，必须按照 TME206 标准数据格式对现有的技术信息进行改造。

3. 具有网络化的发展趋势

我国技术市场正在向网络化、社会化的方向发展，处在一个新的分流重组、结构调整和功能更新的时期，或者说是转型升级的时期。现有的数据格式和模型，都是在现有基础上的综合，有很大的局限性。只有按照 TME206 标准数据格式，才更具有开发推广价值和广阔的应用前景。因为标准化是工业化的一个显著特征。信息网络建设，无论是在网络数量和数据存量方面都呈现增长局面。

在 TME206 标准数据格式的基础上，可以解决很多问题。一是可以横向解决"政、产、学、研、用"主体之间的"科技普通话"问题，提高相互之间的沟通效率；二是可以纵向解决国家、省级、地级、县级纵向技术报表合成的问题。

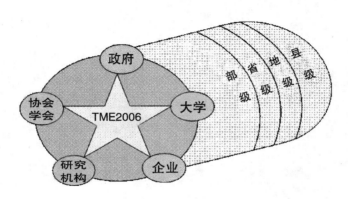

智能科技（技联网）网络模型

英中术语对照表

A

API，Application Programming Interface，应用编程接口
ANCC，Article Numbering Center of China，中国物品编码中心
Aerospace Plane，空天飞机

B

BCI，Brain-Computer Interface，脑机接口
BA, Buiding Automation, 建筑自动化

D

DHWG，Digital Home Working Group，数字家庭工作组
Digital family，数字家园
DOS，Denial of service，拒绝服务攻击
DSP，Digital Signal Processing，数字信号处理

E

EC，Electronic Commerce，电子商务
EPC，Electric Product Code，电子产品代码
E-home，Electronic Home，电子家庭
EPC，Electronic Product Code，电子产品码

G

GPS，Global Position System，全球定位系统
GPRS，General Packet Radio Service，通用分组无线服务

GIS，Geographic Information System，地理信息系统

GSM，Global System for Mobile Communications，全球移动通讯系统

3G，3rd-generation，第三代移动通信技术

H

HDS，Home Data Systems，数字化家庭系统

Home Automation，家庭自动化

Home net/Networks for Home，家庭网络

I

Intelligent Home/Building，智慧家庭 / 建筑

ILS，Intelligent Logistics System，智能物流系统

ITS，Intelligent Transportation System，智能交通系统

IGRS，Intelligent Grouping and Resource Sharing，信息设备资源共享协同服务

IOT，Internet of Things，物联网

IT，Information Technology，信息技术

ITU，International Telegraph Union，国际电报联盟

ICT，Information and Communications Technology，信息与通信技术

INSENSE，Intrusion-tolerant Routing for Wireless Sensor Networks，无线传感器网络容侵路由

IDC，Internet Data Center，互联网数据中心

IA，Information Appliance，信息家电

K

KDC，Key Distribution Center，密钥分发中心

L

LCD，Liquid Crystal Display，液晶显示器

M

MES，Manufacturing Execution System，制造执行系统

M2M，Machine to Machine，机器对机器

MEMS，Micro-Electro-Mechanical Systems，微机电系统

N

Network Home，网络家居

O

ONS，Object Name Service，对象名称解析服务

OSPF，Open Shortest Path First，开放式最短路径优先

P

PDA，Personal Digital Assistant，个人数字助理

PLC，Programmable logic Controller，可编程逻辑控制器

Q

Qos，Quality of Service，服务质量

R

RFID，Radio Frequency Identification，射频标签

RPM，Retrograde Packaging Management Program，物流包裹管理程序

RMS，Retrograde Management System，物流管理系统

S

Smart Home，智慧家庭

SSW, Smart Sensor Web, 灵巧传感器网络

T

TCP/IP，Transmission Control Protocol/Internet Protocol，传输控制协议 / 网际协议

U

UWB，Ultra-Wideband，超宽带

uHouse，ubiquitious House，物联网家庭管理中心

uPDA，ubiquitious Personal Digital Assistant，物联网个人数字助理

uOffices，ubiquitious Offices，物联网办公管理中心

uBus，ubiquitious Bus，物联网巴士管理系统

uBHouse，ubiquitious Blind House，物联网盲人之家

uBDA，ubiquitious Blind Digital Assistant，物联网盲人数字助理

uBank，ubiquitious Bank，物联网银行管理系统

uSupermarket，ubiquitious Supermarket，物联网超市管理系统

uUniversity，ubiquitious University，物联网大学管理系统

V

VoD，Video On Demand，频点播业务

VPN，Virtual Private Network，虚拟专用网络

W

WMS，Warehouse Management System，仓储管理系统

WLAN，Wireless Local Area Networks，无线局域网

WPAN，Wireless Personal Area Network Communication Technologies，无线个人局域网通讯技术

WWAN，Wireless Wide Area Network，移动宽带或无线广域网

WIMAX，Worldwide Interoperability for Microwave Access，全球微波接入互操作性组织。

WSN，Wireless Sensor Networks，无线传感器网络